LAO NIAN REN
FANG PIAN WEI QUAN GONG LÜE

·法护老人·系列丛书·

老年人防骗维权攻略

陈洪忠　陈子钧　韩　洪◎著

中国法制出版社
CHINA LEGAL PUBLISHING HOUSE

序　言

2018 年，本人承担了全国老龄工作委员会办公室一项关于整理编撰全国一年内侵犯老年人案件的老龄法律研究任务，是该项目的负责人。合同履行完毕以后，项目团队研究热情不减反增，利用元旦、春节两节相对闲暇的时光，一气呵成，就有了这本新作。

侵犯老年人合法权益的现象时有发生，给老年人生活带来了诸多困扰和打击。其中，老年人成为刑事犯罪被害人，无疑是对老年人权益最严重的侵犯。“研究老年被害人问题，不仅有助于及时、最大限度地依法维护被害人权益，体现司法公正，维护潜在的家庭幸福、社会稳定，而且有助于探索、发展相关制度，如完善被害人救助制度、扩大法律援助范围和力度等，更是有助于促进老年法的发展繁荣研究，有助于加强对老年法作为相对独立的法律部门的研究，推进老年人权益法律保障制度体系建设。”① 从 2018 年全国各地法院审结的有老年被害人的刑事案件看，数量最多的三种案件是盗窃罪②、故意伤害罪③和欺诈类犯罪。其中，欺诈类犯罪被害老年人数量庞大，增长也最快，社会影响相对较大。本书精选的 180 余

---

① 王永杰、苏敏华：《简论我国老年被害人司法保护问题的研究现状》，载陈洪忠、王冬梅主编：《全国老龄法律论坛 2016 年卷》，法律出版社 2017 年版，第 136 页。

② 在 2018 年审理的盗窃案件中，扒窃犯罪中被害老年人占六成左右，老年人使用现金的比较多，加上反应迟钝、警惕性差，容易遭到扒窃，同时因为盗窃老年人财物的入罪门槛低，易成刑案；入室盗窃犯罪中，进入老年人在家的家庭盗窃，或者找借口入室盗窃的数量都较多，远比“攻克”防盗门或者楼房窗户入室盗窃案件的数量大。

③ 在 2018 年审理的故意伤害案件中，老年人成为故意伤害案被害人的数量较大，多数为骨折导致伤残成案，一些发生在农村地区的故意伤害案件，许多仅是因为在纠纷中老年人被推倒便造成了轻伤的后果。

个欺诈类及与其他犯罪交叉的刑事案例，均为近期法院审结的真实案件。面对骗取老年人财物犯罪的猖獗、高发态势，如何立法加大打击力度，应当是当前老龄刑事法律的重要研究课题。

本书以案例研究破题，写作力求通俗易懂。深入剖析老年人各类被骗的社会原因，以防骗维权为探究方向，攻略部分文字占比大、成果丰富、亮点突出，可以让老年人看后容易掌握防骗方略和维权途径，保障晚年的平安幸福。对于不法分子犯罪行为的刑事定性，在章节开头引言中进行了简单的介绍，阅读本书的老年人最好也能掌握这些相关的法律知识，以便了解相关犯罪的构成，更好地举一反三，提高防骗能力。学习法律知识对于培养法律意识也很有意义，全民具有法律意识，对中国特色社会主义法治社会的建设也有帮助。

我还是北京老龄法律研究会会长，借此机会也普及一下老龄法常识。所谓老龄法，是指以应对我国老龄化为目标，调整老龄社会所发生的各种社会关系的法律法规等强制性规范的总称。根据联合国的标准，当一个国家或地区65周岁以上老年人口占总人口比例超过7%时，这个国家或地区就进入了老龄化社会；当这一比例达到14%即进入老龄社会；比例达到20%则进入超老龄社会。根据这个标准，我国在2000年进入了老龄化社会；到2018年年底，我国65周岁以上人口比重达到了11.9%。目前，一些西方发达国家的65周岁以上人口比重为20%左右，接近或者进入了超老龄社会。正是人口问题导致了这些国家社会经济发展严重受阻，有的国家政府还不得不临时关门，一些国家民众因不满固有福利无法兑现而周周走上街头游行示威……越是法治社会，因为其法治文明形成于老龄社会到来之前，发达的市场经济制度体系越是成了当前老龄社会的掣肘。我国老百姓因为在计划生育实施之前“育儿养老”的生育观较强，积累了一定的人口红利，所以老龄社会到来得相对较晚，但是老龄化发展迅猛，在2030年之后，我国老龄化程度就将接近西方发达国家的现在水平。前车有鉴，社会法律体系建设必须与时俱进。我国还没有一部叫“老龄法”的法律，老龄法与我们常说的商法或军事法类似，是领域法，而不是部门法。积极应对人口老龄化是我国的一项长期战略任务，应当将《老龄法》尽快纳入国家立法计划，规范应对老龄社会的基本法律原则，健全国家应对人口老龄化的顶层设计。除了完善《老年人权益保障法》[①]《人口与计划生育法》《继承法》等几部老龄基本法以外，还应制定老龄金融法、养老房地产法、养老企业法、老年人福利法、老年人卫生保健法、长期照护法以及养老护工教育与人才保障条例、居家养老保障条例、孝老条例、养老服务行为标准、见证行为标准等法律法规、强制性规范，不断增补、修订和完善民法、刑法、劳动法等基本法的相关条款。以老龄金融法为例，不仅要规范养老保险、补充养老保险、长照险等，还要专章规范以房养老，实质性改善养老资金不足的问题；养老护工的法律引导与保障是解决机构养老、长期照护、居家养老的人才难题的有效途径；养老服务行为的强制标准可以解决住养老人意外伤害给机构带来的经营风险，为法院保护养老机构合法权益提供法律依据；孝老法治的实现，不仅是党的十九大精神的要义之一，是宝贵中华文明的复兴，也是克服少子化人口难题的一剂良药；见证行为标准可以排除法律人不敢从事见证业务的障碍，能为老年人提供遗嘱、监护见证服务，促进律师等法律人为老年人财富传承提供有效服务。

本书是在2018年出版的《老年人权益维护案例精选与解析》[②]“刑事介入”一章中部分思想基础之上发展而来的，所涉章节，基本属于老龄刑事法治范畴，沿着如何完善刑事被害老年人权益保护、打击和防范相关犯罪的脉络分类开展研究，具有一定的前瞻性、探索性，也是换个角度来普法，就当是竖一个靶子，期待各位读者的批评指正。

---

① 为便于阅读，本书中相关法律文件标题中的“中华人民共和国”字样均予以省略。

② 陈洪忠编著：《老年人权益维护案例精选与解析》，中国法制出版社2018年版。该书从家事权益、侵权保护、人身救济、刑事介入等方面以案释法，诠释了家庭、社会、行政、司法等在维护老年人权益方面的作用，形成了财产分割、婚姻、继承、收养、赡养，名誉侵权、啃老侵权、养老机构侵权，过失侵权、故意侵权，刑事侵权，人身保护令，安乐死以及无过错责任等案例体系，为老年人权益维护提供了相对全面的策略解析，为老年人权益保护的系列研究开辟了新的途径。

本书的读者群以老年人、老年人的家人为主，也包括老龄法学者，还包括保护老年人权益的其他社会主体。对于老年人的子女而言，通过本书研究成果让家里老人免受意外的财产损失和精神打击，开卷有益，赠书也是一种孝老的表现。各级政府致力于形成全社会的防骗态势，多措并举有效压制不法分子欺诈老年人的违法意图实现，严厉打击侵犯老年人权益的犯罪，也是敬老的表现之一，更是积极应对老龄化的一个重要方面。老龄社会应当有与其相适应的全新法律制度体系，目前法学界专家的精力投入和成果都比较不足，本书抛砖引玉，法律人应当广泛探讨和深入研究，加强老龄社会立法和顶层设计，能够为老龄社会提供更加专业的法律服务。

在此要感谢北京老龄法律研究会党支部孟龙书记，他参与了本书的审稿，并撰写了每一节的导读。他出身于解放军某部政治工作部秘书处处长，虽然不是法律人，但是学习法律的热情很高，其编写的“导读”朗朗上口，方便老年人阅读和记忆，也为本书添色不少。

是为序。

陈洪忠

2019 年 3 月

目　录

Contents

第一章　生活中如何避免受骗上当

老年人群体可支配的资产相对较多，一些老年人退休后不甘被社会“忽视”，总想有所作为；还有一些老年人看中了小恩小惠；也有一些老年人阿尔茨海默病症状明显；更有具备以上综合“症状”的……因此，诈骗老年人财产，成了一些犯罪分子绞尽脑汁“钻研”的课程。

诈骗罪，是指以非法占有为目的，用虚构事实或者隐瞒真相的方法，骗取数额较大的公私财物的行为。

根据《刑法》第 266 条的规定，诈骗公私财物，数额较大的，处 3 年以下有期徒刑、拘役或者管制，并处或者单处罚金；数额巨大或者有其他严重情节的，处 3 年以上 10 年以下有期徒刑，并处罚金；数额特别巨大或者有其他特别严重情节的，处 10 年以上有期徒刑或者无期徒刑，并处罚金或者没收财产。诈骗公私财物价值 3000 元至 1 万元以上、3 万元至 10 万元以上、50 万元以上的，属于“数额较大”“数额巨大”“数额特别巨大”。因为我国地域辽阔，各省、自治区、直辖市高级人民法院、人民检察院可以结合本地区经济社会发展状况，在前款规定的数额幅度内，确定本地区执行的具体数额标准。比如，北京市规定数额较大为人民币 3000 元以上；上海市规定数额较大为人民币 4000 元以上；河南省规定数额较大为人民币5000元以上……依法酌情从严惩处的情形有：①通过发送短信和拨打电话或者利用互联网、广播电视、报纸杂志等发布虚假信息，对不特定多数人实施诈骗的；②诈骗救灾和抢险、防汛、优抚、扶贫、移民、救济、医疗款物的；③以赈灾募捐名义实施诈骗的；④诈骗残疾人、老年人或者丧失劳动能力人的财物的；⑤造成被害人自杀、精神失常或者其他严重后果的。

本章案例中虽以典型诈骗罪作为分章基础，但也不乏抢劫罪、盗窃罪的判定，主要考虑的都是基于犯罪分子在对老年人实施诈骗的过程中当场使用暴力而转变成的抢劫罪行，或是在诈骗过程中趁机秘密窃取了老年人的财物，犯罪客体发生了变化，因而才被认定为其他罪行的。因为本书的读者群定位于老年人，所以尽量根据一般老年人认为的上当类型进行分节写作。

第一节 投资收益可练，不要背着家人

老有想为可理解，“褚橙”横空世人羡。投资之前须谨慎，需要家人共协商。攀亲不是送温暖，十有八九为索财。高息回报是噱头，项目皆说有利图。子女多来嘘寒暖，关键时刻能把关。提倡社会多平台，能让老人有作为。

我们常把最开始锻炼做买卖的行为叫作“练摊”。一些老年人与社会接触机会有限，从工作岗位退下来以后并不能很好地适应社会环境，表现为过于保守、不愿学习新知识、与子女明显存在代沟、不愿意与子女沟通，许多老年人被骗就是因为背着家人投资造成的。

老有所为、积极养老，这是最健康的一种养老方式。2002年，74岁的褚时健与妻子在云南省玉溪市承包荒山种橙子开始了第二次创业。2012年，褚时健种植的“褚橙”通过电商开始售卖，褚橙品质优良，常被销售一空，褚时健被称为“中国橙王”。2018年，云南褚氏果业股份有限公司举办了成立仪式，90岁高龄的褚时健任董事长一职。所以说，老年人投资兴业不是不可以，但是经商如下海，我们以前可能没有经商经验的积累，“练摊”应当尽量与子女保持沟通，听取晚辈的意见和建议。

典型案例

案例1：2013年上半年，浙江青田人叶某一家租住到老年人张某家，叶某与张某关系看上去很好，张某将叶某当儿子看待。叶某于2013年年底开始陆续向张某借钱，具体用途没有说，只说会给利息。2014年2月的一天，叶某说自己老家青田的自留山杨梅树地下挖出两块大石头，看上去是很值钱的玉石矿，后叶某带张某到青田农村家中看那两块石头，还说自留山上有很多这样的石头，提议让张某投资入伙一起做石头生意，张某同意。二人于是进行了口头约定，没有签订合同。叶某以买挖石设备、运输工具、到外地销售石头的各种花销、做矿石生意在外碰到各种事故赔偿等理由，隔三岔五找张某要钱，张某一直相信叶某。经统计，张某从2013年年底至案发时共通过银行给叶某汇款180多次，共被叶某骗走50多万元。张某被叶某骗的事情都是瞒着其家人的，向亲戚借钱时也没和他们说实情。

浙江省丽水市莲都区人民法院经审理认为，2014年2月，被告人叶某以做矿石生意让被害人张某投资为由骗取被害人张某的信任，后于2014年3月至2017年10月，编造购买挖矿机器、购买运矿车、在运输矿石途中被罚款等各种理由让被害人张某将钱款转账到其提供的章某、叶某某、吴某等人银行账户。经查，被告人叶某共骗取被害人张某人民币506840元，且上述钱款已被被告人叶某挥霍。

2018年10月10日，法院以被告人叶某犯诈骗罪，判处有期徒刑10年6个月，并处罚金人民币25万元。

案例2：2018年10月20日，有一则以“老人瞒着家人抵押房屋贷款做投资，83万1年半收益500万?”[①] 为题的新闻报道称：周先生在重庆工作，家里的双亲都在成都。周先生的父亲年事已高，已经退休有些年头了。前段时间，周先生忽然听说自己的父亲竟然把家里的房子抵押了出去，房子加上老人的积蓄一共83万元全部给了一个开按摩店的胡姓男子。得知此事的周先生心里十分不安，连忙赶回了成都老家，并且见到父亲，向其询问此事。老人告诉周先生，自己是去盲人按摩店做按摩

---

① 引用自百度百家号。《社会贴！老人瞒着家人抵押房屋贷款做投资，83万1年半收益500万?》，来源网址：https：//baijiahao. baidu. com/s? id = 1614812480749066890&wfr = spider&for = pc，最后访问日期：2019年1月20日。

的时候听他们老板介绍的一个 REC 黄金树的投资项目，说是资金只要投入一年半，就能有连本带息超过 6 倍的收入。而且投入的越多，就赚的越多。在胡某的不断游说下，老人最终动了心，瞒着家里人偷偷把房子拿去抵押贷款，于是老人陆续通过微信和银行卡转账把83 万元全部交给了胡某。胡某说是83 万元一年半之后最少能得500 万元的收益。就这样老人坐等着收益，眼看着时间一点一点过去。结果超过了约定的时间，老人开始急躁了，并且把此事和盘托出告诉了家里人。目前此案警方已经受理，案件的具体情况还在进一步调查中。这是发生此类案件比较常见的情形。

案例3：被告人高某某于2003 年为孟某（女，1942 年 12 月出生）进行房屋出租中介而结识，后二人结为干姐弟，被告人高某某取得孟某信任。2004 年至 2016 年，被告人高某某以投资入股、合股做古董生意、资产被银行冻结需要活动经费为由，先后多次在武汉市江汉区杨汉湖长航警校宿舍、武汉市武昌区民主路武警医院等处，累计骗得孟某人民币 50 万元。被告人高某某于2017 年 7 月 7 日被孟某的亲属扭送至公安机关。

被害人孟某的报案材料及陈述称：高某某说有个姓杨的婆婆跟着他赚了五六万元。我料想他既然认我当姐姐，就不会骗我，所以给了他 3 万元作为投资，他当时就给了我几千元的回扣，这样我就更相信他了。后来高某某找到我说他和一个香港人在香港路那边开了一家古董店，叫我入股做生意，我考虑了一段时间后就答应他入股。最大的一笔是 2006 年说投资做生意，一次性拿了3 万元；2011 年以后在武昌武警医院这边也大概拿了 20 万元。高某某拿钱都没有写条子，因为他叫我姐姐，我一直很信任他。他总说我是他姐姐，怎么会骗我？我如果不配合他，他说一分钱也拿不回来，我就只能听他的，一次次地拿钱给他。后来我的子女发现放在我这里的钱没有了，他们就让高某某过来将之前拿的钱算了一下，保守来算得有50万元。

2018年6月26日，湖北省武汉市武昌区人民法院以被告人高某某犯诈骗罪，判处有期徒刑10年6个月，剥夺政治权利1年，并处罚金人民币2万元。

防骗攻略

像褚时健这样著名的商业人士，74岁二次创业成功，人家是轻车熟路，而且经营的又是绝对的实体行业。我们许多老年人，以前或是知识分子，或是医生、工人、农民、军人，对商业风险知之甚少，往往在没有见到经营实体的情况下，只是出于对人的信任就压上了自己的养老钱，结果被骗。

1. 在陌生行业下海，要让家人多参谋

许多诈骗分子都会编造一套套的理由先"稳住"老年人，叮嘱其在诈骗过程中一定要瞒着自己的子女。一年多前，北京发生的数十起"以房养老"案件[①]中，多半是因老年人背着子女"以房养老理财"而受骗的，直到房子被过户，新房主来强行收房，

① 参见《"以房养老"看似美，一不小心房屋丢》一节文章，载陈洪忠编著：《老年人权益维护案例精选与解析》，中国法制出版社2018年版，第255~274页。

甚至老年人被赶出家门时，子女才知道事情的经过，但一切为时已晚。

例如，广东湛江发生一起诈骗案，被害老年人李某证实："我认识李某娟（被告人）有半年多了，她跟我说她是与别人做海滩养殖及合股做渔船海鲜生意，有关参股的事我只是听李某娟说过，她也经常拿些鱼、虾、蟹等海鲜给我，所以我就相信了她。我没有领到分红。李某娟每次向我借钱都叫我千万不要告诉我家人。"李某女儿彭某证实："李某娟骗了我妈的钱后没钱还，我去找她还钱时才认识她。李某娟骗我妈前她没有固定档口①，只是收购一点海鲜在路边摆地摊，我去东南码头找过人了解情况，根本就没有人认识李某娟，也没听说船主要转让渔船，根本就没听说她要买渔船做生意的事情。根据我的计算，李某娟总共欠了我妈33.1万元本金……"被害人蔡某证实："大概是2015年8月20日上午李某娟又打电话给我，她跟我说无论如何再帮她借四五千元办理出海证费用（先前已陆续骗走18.25万元），我实在没钱了，并把情况告诉我老婆，我老婆打电话通知女儿回来。当天14点左右，李某娟来我家，我女儿打电话到东南码头那边核实情况，那边的人说没有造船这回事，另外经核实霞山东风市场李某娟的档口情况亦不属实，我们就怀疑是诈骗，于是报警……"检察院指控被告人李某娟诈骗包括李某、蔡某在内的四位被害人共计80余万元，为了让被害人相信其能力还将一份虚假的工商营业执照和一份编造的渔业船舶航行签证簿

① 档口，在广东口语中使用，形容做小生意的商店。

交给被害人蔡某。2017 年 3 月 30 日，湛江市霞山区人民法院以被告人李某娟犯诈骗罪，判处有期徒刑 10 年 6 个月，并处罚金人民币 2 万元。

投资有风险，这是真理。如果告诉你某种投资稳赚不赔，那么它不是欺诈就是诈骗。[①] 老年人投资兴业或者进行大额理财时，无论遇到多么冠冕堂皇的稳赚理由，一定要让自己的子女来做参谋，许多骗术是过不了信息渠道较多的年轻人这一关的。

2. 子女要主动过问老年人的财产去向，这不是干涉，而是一种关爱

因两代人各自的经历不同，随着年龄的变化和时代的变迁，不论子女和父母的关系看上去有多么亲密，代沟都是或大或小地客观存在的。

很多时候子女会觉得与父母沟通不下去了，甚至对消除代沟这件事感到绝望，进而以逃避的方式来避免争吵。其实往往都是因为沟通较少，没能理解包容彼此造成的。孝就是顺，这是我们中华民族的文化传统。我们首先要做到孝老，多拿出点时间慢慢和父母沟通，代沟之上就会架出畅通之桥。我们中年人、青年人的优势是与时俱进，而老年人开始恋旧，越来越不敢尝试新东西。我们要时常回过头来引导老人家领略新世界的精彩，去感受时代的新气息。

---

① 欺诈，是指在民事活动中，故意以不真实的情况使对方陷入错误的认识，从而达到发生、变更或消灭一定民事法律关系的不法行为，但没有非法占有的目的；诈骗的主要表征是主观上具有占为己有的故意。

因差异才有代沟，交流顺畅了，老年人就愿意把自己的想法都说出来了，也愿意把大项财务开支及时通报给子女，我们也就能较容易地指出投资风险所在，当好老人家的“投资参谋”了。

我们大多数子女都不希望父母退休后再创业，一般都是怕父母累，怕父母承受不了风险。其实，老年人如果确实想创业、实现一把人生梦想，我们子女可以给予支持。有事情做，老年人会感觉生活充实，身心会更健康。

3. 社会应当努力为老年人搭建更多的创业平台

大多数退休老年人对于二次创业并不太感兴趣，但他们大多数都想继续找一份适合自己的工作，既可以打发时间，又能有一份额外收入。在许多大城市，越来越多的城市志愿者都是由退休老年人担当的，他们为社会平安和秩序继续贡献着力量。

但是，仍有不少老年人的确想像年轻人一样去创业，只是被诸多困难牵绊不能成行。有调查报告显示，2015 年，日本新创业人群中约 1/3 是 60 岁及以上的老年人，30 年前这个数字只是 8%。而我国目前的老龄化程度与 30 年前的日本基本相当。老年人力是社会的宝贵财富，我们要为越来越多有创业需求的老年人提供一个好的社会环境，建立一个科学的制度体系，这既是对老年人应有的关爱，也是积极应对即将到来的全面老龄社会的应有之义。

第二节 一生节俭持家，不可贪图便宜

天上不会掉馅饼，贪图小利吃大亏。免费送的是套路，后续才是真陷阱。先交钱后退款，一副诱人好算盘。一旦钱财到了手，跑路以后没法找。其实骗局不高明，售后索票现原形。购物要去大超市，正规有序不出事。基层组织要给力，宣传多去偏僻地。防范工作做到位，就是敬老有作为。

许多老年人勤俭持家一辈子，其中一些人逐渐喜欢上了贪占便宜，难免会中“先付款后退款”式，即先套近乎后骗钱的招数。

这些骗子一般都会以超市活动、敬老公益等为噱头，说是会连续搞多日的活动，比如说 5 天或者 7 天。他们先是以小价格的商品先付款后退款，以后逐渐变为贵重的物品。第一天付款时，大家一般还是会怀疑的，大部分人会观望，但是付出金额很有限，一小部分人也就出手了。第二天真的全款退还了，买的东西白得了，这就使人半信半疑了，于是又购买了一件新商品，昨天犹豫的老年人还会感到后悔，参与的人也就明显多了起来。第三天，这件新商品的钱又都全退回来了，老年人就真的相信了，有的还帮着骗子们宣传起来，就有更多的人排队购买贵重的物品……一旦骗子们认为得手了，他们就会逃之夭夭、无影无踪了。这种案

子一年比一年频发，基本上都是骗子失约当天就有报案的了，这些老年人一下子就都醒悟过来了，但为时已晚。

典型案例

案例1：2016年9月7日至9日，被告人商某某伙同其丈夫杜某在天津市滨海新区戴斯·碧海湾酒店内，以赠送“SOD”活性蛋白酶产品，先付款后退款为由，骗取崔某等11名被害老年人总计人民币186700元。

2018年9月29日，天津市滨海新区人民法院认为，被告人商某某诈骗老年人财物，酌情从重处罚，以被告人商某某犯诈骗罪，判处有期徒刑4年，并处罚金人民币4万元。

案例2：2018年3月8日早上，罗某某、罗子（罗某某之子）伙同他人（另案处理）由罗子驾驶轿车从武汉市新洲区至麻城市宋埠镇谢湖新村，四人携带大量传单、劣质眼镜、假银圆、决明子、鞋垫、牙膏等物品到麻城市宋埠镇谢湖新村，以“送眼镜、送银圆、送空调”为幌子进行诈骗活动。在马家泊稻场，罗某某担任活动主持人，自称佛教信徒，宣传眼镜功效、讲授养生知识，免费发送红卡、决明子、鞋垫等物品，骗取村民的信任，并推销移动空调，承诺只需210元，次日可送价值990元的空调一台，罗子及他人负责登记、收钱、分发红卡绿卡，骗取李某、陈某、江某等77位老年人共计人民币15410元。

被告人罗某某供述，他先用话筒谈自己的人生经历，通过自己的经历来博取老百姓的同情。接着就谈到养生、口腔卫生，现场想要金银花牙膏的人比较多，他就说想要的人现场就交10块钱，老人交了10块钱得到牙膏后，他就把钱退给老人。接着他又讲到老年人保护眼睛，他问有谁想要眼镜，这时候现场有200多人想要，他就说手上没有那么多眼镜，只有2个眼镜样品，并选了2位老人试戴了眼镜，在现场其他老人也说眼睛不好，希望照顾一下时，他就说你们准备10块钱到我的工作人员那里登记，下午带200块钱来就能拿一副眼镜，登记的时候他就给老人们一张绿色的卡片，下午过来的时候凭绿卡带200块钱就能领眼镜和一个无价之宝（假银圆），一共登记了200多位老年人。到了13点半的时候，现场就来了200~300位老年人，他先讲了一些关于迷信的“事迹”，让老人们相信他，然后就顺着讲到“袁某某”的事，接着他就把上午给200块钱拿眼镜的老人叫上来，问了他们眼镜好不好，老人都说好，他就当场把2位老人的每人200块钱退还给他们，接着他说上午拿10块钱登记的老年人把手上绿卡拿过来，他说“我没有带那么多眼镜，那么你们带了200块钱的老人就可以得到眼镜，先拿先有，后拿没有。你们老人总共给210块钱可以得到神奇的眼镜一个、决明子一袋、银圆一个。收绿卡给一张凭条，红卡明天早上我们过来送一台移动空调给你们，或许我的师父过来会不要你们的钱，凭红卡的说不定退钱给你们”。当时现场有100多人拿了红卡，这个时候他就通知他们四人一起迅速离场。到了2018年3月9日早上，他们没有出现，也没有给老人们空调，拿着钱就直接跑了，一共骗取了2万余元。

2018年9月28日，湖北省麻城市人民法院以被告人罗某某犯诈骗罪，判处有期徒刑10个月，并处罚金人民币1.5万元；被告人罗子犯诈骗罪，判处有期徒刑8个月，并处罚金人民币1万元。

案例3：2016年9月至11月，被告人李某某、杨某某等16人在重庆市潼南区、忠县、丰都县、涪陵区等地，以福莱尔、永辉超市等厂家搞产品销售宣传活动为由，实施诈骗作案。被告人李某某将上述人员分为4组，分别实施诈骗作案。在各小组中，一人负责主讲宣传产品，其他成员负责搭设场地、维持秩序、发放礼品等工作。诈骗所得钱款由李某某在扣除各组成员工资（每天100～200元不等）及其他成本后，由李某某、杨某某、许某某及王某均分。具体作案方法为：

第一天，被告人李某某、杨某某、许某某各自带领组员，到达不同作案地点。主讲人（李某某、杨某某、许某某）向村民宣称他们是福莱尔公司、永辉超市等公司搞产品宣传活动的，活动期间为6～8天，并开展现金兑奖活动，同时会给村民发放小礼品。之后，他们告知第二天会带来新产品做宣传，且依然有礼品相送及现金兑奖活动等。

第二天，被告人李某某、杨某某、许某某各自带领组员又来到作案地点，介绍电压力锅，之后拿出不锈钢盆，以10元的价格卖给村民，随后又把10元退给买家，并说让大家积极帮助宣传；接着卖电压力锅，并称数量有限，每个460元，同时给买锅的村民发1张友情回报卡，称明天将卡带来，有大回报给大家，且告知村民第三天会带来高科技新产品，还会继续进行现金兑奖活动。

第三天，被告人李某某、杨某某、许某某各自带领组员再次来到作案地点。先介绍多功能食品加工机，然后让前一天买电压力锅的人拿出友情回报卡，并将460元现金退还给买电压力锅的村民。接着“卖”多功能食品加工机，先让村民以10元或者20元买一张卡，再让他们凭该卡以450元价格“买”1台多功能食品加工机（进价160元，下同），再发1张友情回报卡。之后，告知村民明天将友情回报卡带来，依然有惊喜、有回报。在“卖”完多功能食品加工机后，有时会以每副100元的价格向村民“卖”眼镜（进价25元，下同），并谎称该眼镜有治疗白内障、老花眼等功能，同时给“买”眼镜的村民发1张幸福卡，并告知明天把卡带来，依然有惊喜、有回报。被害人因被告人之前的退款行为而误认为购买产品的钱款同样会返还，进而“购买”多功能食品加工机、眼镜。第三天活动结束后，李某某、杨某某、许某某等人逃离作案地点。

被告人李某某、杨某某、许某某等人在此期间实施作案共计20次，共计骗取761名被害人购买多功能食品加工机633台、眼镜532副，涉案金额共计234710元。

2018年7月24日，重庆市忠县人民法院判决认为，被告人李某某、杨某某、许某某以非法占有为目的，虚构事实，隐瞒真相，诈骗他人钱财，数额巨大，其行为均已构成诈骗罪。故以被告人李某某犯诈骗罪，判处有期徒刑4年6个月，并处罚金1.5万元人民币；被告人杨某某犯诈骗罪，判处有期徒刑3年10个月，并处罚金1.2万元人民币；被告人许某某犯诈骗罪，判处有期徒刑3年2个月，并处罚金1万元人民币。

案例4：2017年11月至12月，被告人史某某、高某等9人单独或结伙分别至江苏省徐州市铜山区刘集镇、柳新镇、河南省灵宝市阳店镇、山东省微山县西平镇、安徽省灵璧县朝阳镇等地，以商品宣传的名义，采取先发放宣传单及赠送小礼品的手段吸引群众关注，以交300元钱领一个电锅，第二天再退款、发红包、赠送礼品等为借口，诱使多名被害人购买商品，在收到货款后携款而逃。其中，被告人史某某、岳某某、史某共同作案7起，诈骗3万余元；被告人高某参与作案2起，诈骗9000余元；被告人岳某某1参与作案5起，诈骗2万余元；被告人韩某参与作案5起，诈骗3.3万余元；被告人陈某参与作案4起，诈骗3万余元；被告人宋某、张某某共同作案3起，诈骗1.2万余元。

2018年9月17日，徐州市铜山区人民法院分别以被告人史某某等9人犯诈骗罪，判处1年1个月以下不等有期徒刑，并分别处以人民币6000元以下不等的罚金。

防骗攻略

以上每个案件的犯罪分子的诈骗手法虽不尽相同，但都是先让老年人占点小便宜，正应了“占小便宜吃大亏”的古训。有报道称，一伙人以先交钱、后退款、免费送药为名，吸引了许多老年人纷纷参加活动，一些老年人不听子女的劝阻。有一位张先生的父母，也非要先交上几万元参加活动，张先生说服不了他们，只好带着父母亲去向记者求助……

1. 不贪小便宜就不会上当受骗

对于号称免费送药、赠送礼品、低价换取超值商品、先交款后退款的活动，对于那些过于热情、套近乎的推销人员，对于所谓免费体检、咨询、讲座的非正规社会组织的“公益”活动，老年人都要保持高度警惕。先给好处后骗钱，基本上成了此类诈骗犯罪的定律。无数案例证明，不贪小便宜就不会上当受骗！

2. 购物要尽可能到正规超市，购物须索要发票

从以上案件可以看出，该类诈骗案件被告人多选择没有大型超市的偏远地区，有的打着大型超市的旗号以“促销”为噱头实施诈骗。俗话说，跑得了和尚跑不了庙，首先应尽量去正规超市采购。不法分子一旦诈骗得手就会立马遁形，而正规超市、大型连锁超市一般不会凭空消失，市场监管体系也比较健全，诈骗犯罪难以进行。

其次要查看举办活动的企业，要求活动方出示营业执照等信息，然后去企业信用信息公示系统查询，看看有没有相关信息、企业的注册人和注册资本等。本书案例中就有打着注销企业旗号行骗的，经过简单查询就能戳破骗局。

诈骗分子一般没有发票，索要发票一般就会使之现出原形。而且，发票可以用于记账、帮助理财，还可以在投保、作证时使用；电器之类的发票可作为保修凭证，购买了假货可以凭票投诉等。发票是证明购买商品价值的唯一证据，只有开在发票上的价格才是最为真实的价格。

3. 各级政府部门和偏远乡村组织要做好宣传防范工作

笔者随机询问过一些老年人，他们都能确认这种类型的诈骗，表示绝对不会上这种当。因为这种诈骗形式已经广泛存在了多年，基本话术也万变不离其宗，只要宣传到位，老年人一般就能自行

识别，不会上当的。在2018年持续发生的这些案件中，被害人基本都是没有接受过类似的防骗教育，思想上毫无戒备的老年人。所以，我们各级政府部门要加强偏远乡村法律宣传力度，及时推广老龄法律社会组织的防骗攻略研究成果，当地基层群众性自治组织和依法设立的老年人组织也要协助做好宣传防范工作。

第三节 养老金靠积累，行歪门反蚀米

养老保险有规范，缴存积累是前提。贪图小利不划算，临时抱佛不能干。相信“能人”走捷径，行贿损财又害己。要享福利行正道，一切歪门不提倡。养老保障党重视，基本制度会跟上。

养老保险，全称是社会基本养老保险，是国家和社会根据一定的法律和法规，为解决劳动者在达到国家规定的解除劳动义务的劳动年龄界限，或因年老丧失劳动能力退出劳动岗位后的基本生活而建立的一种社会保险制度。党的十九大报告中指出，加强社会保障体系建设。全面建成覆盖全民、城乡统筹、权责清晰、保障适度、可持续的多层次社会保障体系。全面实施全民参保计划。完善城镇职工基本养老保险和城乡居民基本养老保险制度，尽快实现养老保险全国统筹。完善统一的城乡居民基本医疗保险

制度和大病保险制度。完善失业、工伤保险制度。建立全国统一的社会保险公共服务平台。可见，国家对养老保险的规范是十分严格的，对因各种原因没有上养老保险的老年人也都逐步有了相应的保障措施。

但是，个别老年人不仅贪图便宜，还把陋习带进了新时代，喜欢花钱走后门、拉关系，结果被不法分子利用而上当受骗。

典型案例

案例1：2017年6月17日，被告人刘某某在大连市普兰店区太平街道办事处峰华堂药房内与被害人王某（66岁）、高某（65岁）老夫妇攀谈，当其得知王某未能办理养老保险并深以为憾时，谎称自己是劳动局工作人员，可为其办理养老保险，取得被害人信任后，以交费为由先后骗取王某、高某钱款共计人民币1.8万元。

2017年9月12日，被告人刘某某乘坐大连市105路公交车时，又与被害人梁某（63岁）攀谈，谎称可帮其补交养老保险，在取得被害人信任后，以交费为由先后骗取梁某钱款共计6100元。

2018年7月3日，辽宁省大连市普兰店区人民法院以被告人刘某某犯诈骗罪，判处有期徒刑1年10个月，并处罚金人民币1万元。

案例2：被告人黄某某在河南省汝南县与谭某认识，黄某某谎称其认识领导能办理统筹养老保险，骗取了谭某的信任。2014年12月，被告人黄某某以给谭某的丈夫牛某办理统筹养老保险为名义，骗取谭某人民币 8.3 万元；2015 年 5 月，被告人黄某某以给谭某的亲家朱某某办理养老保险为名义，骗取谭某的女婿徐某人民币 2.7 万元；2015 年 7 月，被告人黄某某以办理养老保险需要送礼为名义骗取谭某人民币 1.5 万元；2016 年 7 月，被告人黄某某以养老保险已经办好，拿保险本需要给人送礼为名义，骗取谭某人民币 9000 元。被告人黄某某共骗取他人钱款 13.4 万元。

2018 年 11 月 6 日，汝南县人民法院以被告人黄某某犯诈骗罪，判处有期徒刑 3 年，并处罚金人民币 5000 元。

案例 3：贵州省毕节市七星关区人民检察院指控被告人汪某 10 起诈骗犯罪。其中，2017 年年初，被告人汪某自称其是毕节市副市长、毕节市纪委书记，以帮助杨某家办理低保、办养老保险为由，骗取杨某人民币 2 万元。

2018 年 12 月 17 日，毕节市七星关区人民法院以被告人汪某犯诈骗罪，判处有期徒刑 5 年，并处罚金人民币 1 万元。

案例 4：自 2014 年开始，被告人林某某以能帮他人办理社会养老保险、低保为名收取他人办理费用，但其并没有办理社会养老保险、低保的能力，在收取马某等人费用后为了掩盖事实真相，找他人制作假的“黑龙江省社会养老保险费（基金）专用收据”给部分受害人，并用自己诈骗获得的钱款支付给部分先受骗的被害人，谎称是社保开支。被告人林某某共诈骗 83 起，涉案总金额 281.464 万元人民币。

2018 年 11 月 15 日，黑龙江省肇源县人民法院以被告人林某某犯诈骗罪，判处有期徒刑 14 年，并处罚金人民币 20 万元。

案例 5：2014 年 6 月至 2017 年 6 月，被告人刘某虚构能为他人安排进太钢医院、太钢集团等单位正式工作以及为无业人员办理太钢福利厂退休职工手续，为他人提升退休工资等，骗取被害人李某、刘某、武某等人共计123万余元。其中，2017年5月20日，被告人刘某以为被害人崔某的邻居戴某办理提升退休工资为名，诈骗崔某2万元；2017年5月15日至19日，被告人刘某以为被害人曹某的妻子安排至太钢医院工作、为曹某亲属提升退休工资为名，诈骗曹某3.8万元；2016年10月至2017年5月，被告人刘某以为被害人武某妻子、亲友办理太钢福利厂退休职工手续以及安排至太钢集团工作为名，诈骗武某53.9227万元；2014年6月至2017年5月，被告人刘某以为被害人暨某办理太钢福利厂退休职工手续为名，诈骗暨某11.994万元。

2018年9月11日，山西省太原市尖草坪区人民法院以被告人刘某犯诈骗罪，判处有期徒刑10年6个月，并处罚金人民币20万元。

案例6：2014年至2017年，被告人占某某以虚构事实、隐瞒真相的方法，以帮他人办理社会保险的名义，犯罪8次共骗取他人财物计33.248万元。2014年10月，被告人占某某以帮被害人邓某挂靠单位补办社会保险的名义，与他人合伙收取邓某17.62万元补缴款，另收取3000元手续费，后占某某从网上联系制售假证人员，为邓某伪造了社会保障卡、职工保险手册、社会保险个人补征缴费单各一份给邓某，并每月以社保名义实为私人账户转账发放600~800元现金给邓某，邓某累计收到占某某返还的现金16982.86元；2015年7月，被告人占某某在初中同学群里散布可以帮人挂靠单位交社保的信息，并承诺交社保之后每个月返还七八百元，占某某的同学张某联系占某某帮其母亲宋某上社保，占某某分两次收取张某的银行转账 3.54 万元，后伪造社会保障卡、职工保险手册、湖北省税务局发票各一份交给宋某，并每月以同样方式发放现金给宋某，宋某累计收到占某某返还的现金 14103 元；2015 年 9 月，被告人占某某的同学王某联系占某某，占某某表示可以找关系让人挂靠单位交社保，一次性交清之后，每月可以返还养老金 700 元左右。后占某某带领王某母亲宋某某到社保局年审大厅，伙同他人收取宋某某 3.5 万元现金，占某某以个人名义出具收条，后宋某某累计收到占某某返还的现金 9493 元……

2018 年 3 月 26 日，湖北省蕲春县人民法院以被告人占某某犯诈骗罪，判处有期徒刑 7 年，并处罚金 1 万元。

防骗攻略

建立养老保险制度，为老年人提供了基本生活保障，使老年人老有所养，既是公民社会保障的重要方面，也是应对人口老龄化的一项重要措施。

1. 养老金只能靠缴存积累，并无捷径可寻

因为养老保险是全民实施的，被保险人享受待遇的时间较长，费用收支规模庞大，所以全社会统一规则、统一管理和统一组织实施，除了实施之初的一些过渡政策以外，现在要想通过正规渠道以外的方式取得养老保险是不可能的。如果有“能人”出现，那就一定是以占有为目的的虚构身份和能力，一旦相信，上当受骗就是必然的。

值得注意的是，如果老年人明知所给付财物是用来行贿的，受贿人还被追究了刑事责任，那么所付出的财物是要被上缴国库的，自己还可能因犯行贿罪而被追究刑事责任。客观上，去搞权钱交易，要比被诈骗财产损失的结果更为可怕。

2. 要养老金充盈需早谋划，避免临时“抱佛脚”

60岁以上的老年期，是我们每个“不夭折”的人之必经人生阶段。所以，即使你现在还很年轻，即使你还不算老年人，养老金的准备也不能忽视。

新时代的最强音之一，就是追求美好的晚年生活。除了为基本养老金准备的社会保险要坚持长年足额缴存以外，补充养老金也不可忽视，一定要早做准备。

补充养老保险包括企业年金、团体商业养老保险以及试点的个人补充养老保险产品。企业年金，是对国家基本养老保险的重要补充，又称为“企业退休金计划”或“职业养老金计划”。团体商业养老保险，即公司员工每年按一定工资比例向保险公司缴纳保险费，保险公司为员工集体提供保障，包括预存管理年金保险、团体投资年金保险、团体延期年金保险、团体分红年金保险四种；前两项也被称为“企业补充养老保险”。个人补充养老保险产品，是指个人储蓄性养老保险，参保对象是已参加基本养老保险，并按时缴纳基本养老保险费的与原单位签订协议保留社会保险关系后有劳动收入的人员、从事非正规就业的人员、在单位内办理待退休手续后有劳动收入的人员、经市劳动和社会保障局批准的其他人员，要求参加补充养老保险的人员，需携带本人身份证到就近的区县社保中心办理有关手续。

只有平时养老金准备充分了，进入老年期时心里才会踏实，才不会去临时“抱佛脚”，不法分子的该种诈骗预谋也就没有了可钻的空子。

3. 政府要努力建立健全福利养老金制度

在案例6中，被告人占某某在同学微信群中小做宣传，“客户”踊跃，诈骗屡屡得手，值得深思。被告人占某某的供述证实：占某某以帮别人办理社会保险的名义，骗取邓某、宋某等人财物，并向部分被害人提供虚假的社保证和社保缴费凭证；为了隐瞒其没有真正为他人办理养老保险的事实，占某某从自己的银行卡以养老金、退休金名义按月转钱给被害人，造成已经给被害人办理养老保险的假象。

福利养老金制度，是指在我国基本养老金制度之外所设立的一种针对无保障老年人的福利制度。福利性养老金政策与我国现阶段倡导的适度普惠型社会福利相呼应，是一项适度普惠型的现金福利政策。现在，我国尚未建立统一的福利养老金制度，目前只有北京市和上海市的福利养老金制度相对完善。由于种种原因没有缴存养老保险的老年人，如果他们都能有基本的养老保障，也会减少寻求非法途径解决养老资金的想法，自然也就会减少被诈骗的可能性。

党的十八届三中全会提出要“推进城乡最低生活保障制度统筹发展”，全国多地已经实现城乡低保标准的统一，通过社会救助保障民生底线，让更多困难群众享受到了国家经济发展的成果。

2019 年 2 月 21 日下午，国新办举行 2018 年民政事业改革发展有关情况发布会。民政部部长黄树贤在会上指出，2018 年我国民政事业实现全面推进，其中，城乡低保标准分别同比增长 7.2%、12.4%，4500 多万低保对象的基本生活得到了更好保障。[①] 可见，为了养老金去冒险“补办”，得不偿失。

第四节 戏法艺术欣赏，生活岂能依靠

> 戏法背后有玄机，专找老人来“炫技”。障眼法里藏陷阱，涉及现金须当心。魔术戏法小伎俩，不被迷雾遮双眼。老有所学得真知，科学常识见长远。陶冶情操无厚非，莫将戏法当财道。精神充实不信邪，道高一丈破圈套。

老年人本应对客观世界有更加深刻的认识，可有的老年人却相信魔力，也会犯一些低级的错误，竟然追求以戏法增加财富。还有一些老年人，稍不留神，钱财就被不法分子用障眼法给骗走了。一定要留心：街头戏法背后有阴谋。

---

① 《民政部：去年城乡低保标准分别同比增长 7.2%、12.4%》，来源网址：https://www.thepaper.cn/newsDetail_forward_3019376，最后访问日期：2019 年 2 月 21 日。

典型案例

案例1：2018年3月12日，被告人王某某与陈某成、吴某学（因本案均已被判刑）商议共同骗钱，并具体分工，即陈某成扮商人，吴某学当托，被告人王某某观察动静以便不测时逃离。2018年3月13日，由王某某负责望风，陈某成、吴某学出面实施诈骗，陈某成谎称可以将钱变多，取得了被害人杨某华的信任，由吴某学在旁配合将冥币与人民币进行调包，骗取了老年人杨某华人民币5000元；次日，被告人王某某伙同陈某成、吴某学以同样的方式骗取杨某华人民币1万元。骗钱成功后，三人除去开支分掉赃款，其中被告人王某某分得3500元。

2018年3月16日，三人想继续骗取杨某华钱财时，吴某学被识破真相的被害人杨某华等人当场抓获扭送至湖南省道县公安局寿雁派出所。2018年4月2日，陈某成家属退赔被害人经济损失1.8万元，取得被害人谅解。

2018年9月19日，道县人民法院以王某某犯诈骗罪，判处拘役5个月，并处罚金人民币6000元。

案例2：福建省三明市梅列区人民法院经审理查明：2017年4月至6月，被告人蔡某某、黄某某经过预谋，一人以做生意、算命为幌子接近被害人并与其聊天，另一人利用卜算和变戏法的手段制造出烟盒里钱变多的假象予以配合，取得被害人的信任。之后，二人吓唬被害人家里会有灾难，并谎称其会作法消灾，让被害人交出财物装入烟盒里进行作法。在作法及交还烟盒的过程中，趁被害人不注意进行调包，窃取被害人的财物后伺机逃离。

二被告人在三明市、长汀县等地利用该手段作案 5 起，窃取被害人陈某、傅某、兰某、王某、邓某的财物价值共计人民币 19864 元，所得赃款二人平分。

三明市梅列区人民法院以被告人蔡某某犯盗窃罪，判处有期徒刑 1 年 4 个月，并处罚金人民币 5000 元；被告人黄某某犯盗窃罪，判处有期徒刑 1 年，并处罚金人民币 3000 元。二被告人不服判决，提起上诉。2018 年 2 月 6 日，三明市中级人民法院裁定：驳回上诉，维持原判。

案例 3：2017 年 7 月 12 日上午，被告人王某某、周某某骑摩托车来到江西省会昌县麻州镇。被告人王某某负责搭讪，被告人周某某当托，以支付 200 元报酬请人帮忙卸货为由，将被害老年人曾某骗至一野外山脚下。被告人王某某谎称其能将小钱变成大钱，并与被告人周某某合伙演示骗取曾某的信任。两被告人尽力劝说被害人曾某多拿钱变更多的钱，曾某信以为真，便回家拿取现金及存折，并从银行支取部分现金。趁被害人曾某回家拿钱之际，被告人王某某、周某某用事先准备好的纸张折成一沓用报纸包好备用。被害人曾某返回后将从家中拿到的及从银行支取的现金共 23200 元交给被告人王某某，希望变出更多的钱。被告人王某某收钱后用报纸把钱包好，被告人周某某根据被害人拿钱的数量整理好准备调包的纸张，被告人王某某叫被害人往天上拜一拜，两被告人趁机将真假钱调换，把调包后的纸张还给被害人，并叫被害人走远一点等待。在被害人走远后两被告人趁机逃离现场，并将所盗现金予以私分。

2017 年 8 月 6 日上午，被告人王某某、周某某骑摩托车来到江西省于都县葛坳镇。被告人王某某负责搭讪，被告人周某某当托，以支付100元报酬请人帮忙卸货为由，将被害老年人肖某骗至离圩镇不远的路边上。两被告人采用同样的小钱变大钱的表演方式骗取受害人肖某的信任。被害人肖某将随身带的6500元交给被告人王某某，两被告人趁被害人跪拜时将事先准备好的假钱与被害人的真钱调包，并叫被害人走远一点跪拜祈祷，两被告人遂趁机逃离现场，随后将盗取的6500元私分。

2018年1月17日，会昌县人民法院以被告人周某某犯盗窃罪，判处有期徒刑1年，并处罚金人民币1万元；被告人王某某犯盗窃罪，判处有期徒刑11个月，并处罚金人民币1万元。

案例4：近几年，不法商贩骗取老人钱财的报道不少，由于每起犯案数额小、立案难，案发概率较小。例如，广州杨老伯的被骗经过如下。他在回家的路上买了一斤香蕉，但当他给商贩零钱时，商贩说："我零钱很多，要不你给张100元的，我好找些零钱给你?"当时杨老伯并未多想，便掏出了一张百元大钞给商贩。商贩收钱后，找回杨老伯98元。但当杨老伯想把钱放进口袋时，商贩突然把钱夺了回去："不好意思，我数错了。"还没等杨老伯反应过来，小贩又把一沓已经卷起来的钱塞在杨老伯手里，并匆匆离去。杨老伯拆开一数，发现所谓的98元竟只有18元，一张10元和8张1元的人民币。而等他反应过来，商贩早已消失在街道中。

案例5：2018年12月18日，"光明微直播"以"流窜'变戏法'的骗子逮住啦"为题报道了一起案件。2018年12月5日，山东省禹城市公安局安仁派出所接到村民报案：8点多，一男子来本村小卖部内说要买烟，拿好烟后交钱，以有差头重复数钱的方式，骗走1050元，于是小卖部的人报警。近日其他乡镇也有类似案件，犯罪嫌疑人专向农村小卖部、超市经营者且年龄偏大的受害人下手，多起案件证据同一指向明显，嫌疑人的特征都与12月5日在安仁南孙村超市内实施诈骗的嫌疑人的特征相仿，办案民警确定这是一起涉及面极广的系列诈骗案，对近期发生在禹城辖区内的类似案件进行全面梳理，调阅大量案发现场视频，终于掌握了嫌疑人的活动规律。2018年12月10日晚，经专案组民警5个日夜的追踪与蹲点守候，在一旅馆将犯罪嫌疑人张某抓获。

经查，张某（男，55岁，济阳人，已因同样手法有两次犯罪前科）在禹城市诈骗作案6起，案值5000余元。犯罪嫌疑人张某已被刑事拘留，截至本书交稿，案件还在侦查程序中。

防骗攻略

很多看似老套的街头戏法，可能会让人吃大亏，而且，许多骗子都是利用老年人警惕性低、防范能力差的弱点，专门针对老年人行骗。

1. 戏法不一定能看破，但没有的东西是绝对变不出来的

戏法，也称魔术，是一种看似违反客观规律的表演。它能够产生特殊幻影，是以迅速敏捷的技巧或特殊装置把真实的动作掩盖起来，使观众感觉到物体变化的一种杂技。凡是呈现于视觉上不可思议的事，都可称为魔术。而表演者下功夫去练习，然后让人们去观看这种不可思议的表演效果，就是“表演魔术”。

案例 1、案例 3 中的这种利用戏法公然诈骗的案件并不常见，被害人似乎是“大脑短路”，好像是被迷惑了而受骗。既然一年有多起案件发生，我们就应当积极宣传，杜绝其他老年人再犯类似错误。

在这里有必要把被告人的骗术曝光一下。

在案例 3 中，被告人王某某供述称：2017 年 7 月的一天，他与周某某骑着周某某的红色太子摩托车来到会昌准备骗钱。在一个乡镇的圩上看到一名老年男子，就把他当作作案目标，他过去跟这名老人说话，并跟他说帮忙卸货，会给他 200 元的酬劳，那名老人听后同意了，然后坐上了他们的摩托车，他们把老人带离圩上，来到一个比较偏僻的路边山上停下来，他就跟那名老人说他有用小钱变大钱的本事。意思就是会用面值 10 元的人民币变成面值 100 元的人民币，其实就是调包，用事先准备好的面值 100 元的人民币与面值 10 元的人民币调包。随后他就表演了一次变钱，并把变出来的 100 元钱给了那名老人，那老人就相信了他，并跟他说还有一点钱叫他帮忙变一下，他就说好，拿多的钱他就能变更多。他就叫老人把钱拿到这里来。随后他们把那名老人送到圩上，他和周某某在圩上等老人，老人自己回去拿钱了，在等老人的时候，他和周某某用事先准备好的纸张折成一沓，并用报纸包好。过了一会儿，老人把钱拿过来，周某某骑着摩托车载着他与老人一起回到刚才变钱的地方，他就叫老人把钱给他，他用报纸把钱包起来，周某某就根据那个老人拿钱的数量整理好准备调包的纸张，他包好钱后叫老人往天上拜一拜，在老人往天上拜的时候他趁机把真钱和他们准备好的用报纸包好的纸张进行调包，调好包后他把调包的纸张还给老人，然后叫老人到一旁看不到他们的地方去等，等他过去的时候就变成功了。等那老人走过去后，他们就趁机溜走了。

2. 要相信科学，要学习科学

《老年人权益保障法》第 4 条第 2 款规定，国家和社会应当采取措施，健全保障老年人权益的各项制度，逐步改善保障老年人生活、健康、安全以及参与社会发展的条件，实现老有所养、老有所医、老有所为、老有所学、老有所乐。

所谓老有所学，是指老年人根据社会的需要和本人的爱好，学习掌握一些新知识和新技能，既能从中陶冶情操，又能学到“老有所为”的新本领。我们有许多人坚持“活到老，学到老”的人生准则，精神充实，见识增长，也相对更加健康长寿。老有所学并不是为了得到一个新学历或新学位，而是为实现老年人“以学促为”和“学为结合”。

有了科学知识武装头脑，街头戏法诈骗也就失去了实施的空间。

3. 陌生人拿了您的钱再还回时，一定要小心

案例 4、案例 5 中的戏法般骗钱时常发生，但涉及金额少，报警很难。老年人每当遇到对方将钱拿走再还回来的情况，一定要注意一下手中的钱数，如果是 100 元或 50 元大票，还要看看是否被换成了假币；如果找回来的是零钱，一定要看是否还是正确的数额。

第五节

健康人人追求，帝王屡栽捷径

自古未有长生药，秦皇寻丹成笑谈。自然规律不可违，生老病死一循环。包治百病怎能信，健康心态是良药。儿女要为老人想，多陪运动也是孝。要想身体多强壮，科学调理是强项。正确选择保健品，小摊面前莫动心。

从秦始皇开始，有许多帝王都举国力去寻找长生不老丹药，但往往都活得并不长久。人人都会追求健康长寿，一般老年人可能会感到身体在走下坡路，为了恢复健康体魄容易相信药补，有的一不小心就上当受骗了。

生产、销售假药罪，是指生产者、销售者违反国家药品管理法规，生产、销售假药，足以危害人体健康的行为。只要具有主观故意生产、销售假药的行为，即构成本罪。根据《刑法》第141条第1款的规定，生产、销售假药的，处3年以下有期徒刑或者拘役，并处罚金；对人体健康造成严重危害或者有其他严重情节的，处3年以上10年以下有期徒刑，并处罚金；致人死亡或者有其他特别严重情节的，处10年以上有期徒刑、无期徒刑或者死刑，并处罚金或者没收财产。

根据《最高人民法院、最高人民检察院关于办理危害药品安全刑事案件适用法律若干问题的解释》第 2、3、4 条的规定，生产、销售假药，具有下列情形之一的，应当认定为《刑法》第 141 条规定的“对人体健康造成严重危害”：（一）造成轻伤或者重伤的；（二）造成轻度残疾或者中度残疾的；（三）造成器官组织损伤导致一般功能障碍或者严重功能障碍的；（四）其他对人体健康造成严重危害的情形。

生产、销售假药，具有下列情形之一的，应当认定为《刑法》第 141 条规定的“其他严重情节”：（一）造成较大突发公共卫生事件的；（二）生产、销售金额 20 万元以上不满 50 万元的；（三）生产、销售金额 10 万元以上不满 20 万元，并具有本解释第 1 条规定情形之一的；（四）根据生产、销售的时间、数量、假药种类等，应当认定为情节严重的。

生产、销售假药，具有下列情形之一的，应当认定为《刑法》第 141 条规定的“其他特别严重情节”：（一）致人重度残疾的；（二）造成 3 人以上重伤、中度残疾或者器官组织损伤导致严重功能障碍的；（三）造成 5 人以上轻度残疾或者器官组织损伤导致一般功能障碍的；（四）造成 10 人以上轻伤的；（五）造成重大、特别重大突发公共卫生事件的；（六）生产、销售金额 50 万元以上的；（七）生产、销售金额 20 万元以上不满 50 万元，并具有该解释第 1 条规定情形之一的；（八）根据生产、销售的时间、数量、假药种类等，应当认定为情节特别严重的。

因销售假药罪突出一个“骗”字，即以假药骗取钱财，故其与诈骗罪有相似之处。销售假药罪与诈骗罪的区别在于：（一）侵犯的客体不同。生产、销售假药罪侵犯的客体是国家药政管理制度和公民的生命权、健康权；而诈骗罪侵犯的则是公私财物的所有权。（二）客观方面的表现不同。生产、销售假药罪在客观方面表现为生产、销售假药，足以严重危害人体健康的行为；而诈骗罪的客观方面则是行为人采取虚构事实、隐瞒真相的方法，使财物所有人、管理人信以为真，从而自愿交出财物的行为。（三）定罪的标准不同。生产、销售假药罪以足以严重危害人体健康为构成犯罪的标准；而诈骗罪则以诈骗公私财物的数额较大为构成犯罪的标准。

一般情况下，销售假药罪与诈骗罪不会构成牵连犯，但在有些案件中，如果行为人为达成销售假药的目的，做出了其他虚构事实、隐瞒真相的行为，而且主要是这部分行为导致消费者陷入认识错误的，就可能构成销售假药罪和诈骗罪的牵连犯，如2009年新疆李某销售假药案。在该案中，被告人李某虚构事实，以“中国慢性病康复协会”会诊的名义，用免费讲课、检测为诱饵，私售假“糖脂宁胶囊”，并在网络、电视、报纸等媒体上随意夸大药物疗效，骗取消费者购买假“糖脂宁胶囊”。后因新疆喀什地区两名糖尿病患者服用假“糖脂宁胶囊”后死亡而案发。本案中，李某为达成销售假“糖脂宁胶囊”的目的，使用了多种欺骗手段，其手段行为构成诈骗罪，目的行为构成销售假药罪，目的行为导致二人死亡，按照牵连犯从一重罪处断的原则，应以销售假药罪论处。但如果销售假药的行为未导致食用者死亡或其他特别严重的后果，不足以严重危害人体健康，且符合诈骗罪构成要件特征的，则以诈骗罪论处。

典型案例

案例1：2016年7月至10月初，安某某为焦某某工作并听从焦某某授意，向翟某某、李某（均已判刑）等人提供蜂胶和“亿蜂宝－蜂毒”的文档、视频等各类宣传资料，并向购买产品的顾客提供电话咨询服务并欺骗顾客。在河南省虞城县木兰大剧院，李某、焦某某等人明知蜂胶产品仅为保健品、并非治疗疾病的药品，仍然虚构身份，隐瞒该产品的真实情况和特定性能，向防范和辨别能力较差的老年群体开展宣传，利用老年人祈求健康的心理，虚构其产品通灵牌蜂胶胶囊具有“六抗、四降、一增一促、一补一美一清”即“抗衰老、抗氧化、抗病毒、抗肿瘤、抗癌、抗真菌、降血压、降血脂、降血糖、降胆固醇、增强身体免疫力、促进皮肤组织再生、补充体内SOD、美容养颜、清除体内自由基”的功效，针对每个老年人不同的身体状况虚构通灵牌蜂胶能够治疗心脑血管疾病、高血压、糖尿病、腰腿疼痛等，虚构“亿蜂宝－蜂毒”能够治疗风湿病等骗取老年人的信任。经商丘市食品药品监督管理局认定，“亿蜂宝－蜂毒”为假药。

2018年9月19日，虞城县人民法院以被告人安某某犯销售假药罪，判处有期徒刑6个月，缓刑1年，并处罚金人民币2万元。

案例2：被告人刘某某、李某某、郑某、黄某某、林某某经事先共谋，将槟榔包装成包治百病的草药“山珍果”，由林某某负责望风，李某某负责摆摊卖药，刘某某、郑某、黄某某负责做托，骗取他人购买。2018年3月3日，5名被告人在福建省作案，刘某某以让被害人陈某帮忙购买“山珍果”并给予好处费为由，按照之前的分工相互配合，骗取陈某人民币4400元，后逃离现场；2018年3月6日，5名被告人在福州市一医院门口，以同样的方法，按照之前的分工相互配合，骗取被害人赖某平2700元，后逃离现场。

2018年7月26日，福州市台江区人民法院以被告人刘某某、李某某、郑某、黄某某、林某某犯诈骗罪，分别判处拘役5个月或4个月，并各处罚金人民币3000元。

案例3：2017年11月2日，被告人李某某、胡某、胡某某伙同王某（已判处）在湖南省洞口县广播电视局下面的菜市场里面摆摊，按事前分工，被告人胡某某和同案人王某负责向在菜市场的老年人发放传单，被告人胡某身穿少数民族服饰表演魔术，被告人李某某给前来的老人品尝药酒等引诱老人上钩，将一颗“乌鸡白凤丸”药丸（每盒市场价10多元，每盒6颗）碾碎后，再加工成十几颗小药丸，向观看的群众吹捧该药为神药，能包治百病。受害人梁某在被告人李某某等人的吹捧下，口服了11粒，被告人李某某等人便以每粒500元的价格向梁某收取钱财，骗取了梁某人民币5500元。

2018年5月24日，洞口县人民法院以被告人李某某、胡某、胡某某犯诈骗罪，分别判处6个月或者5个月拘役并缓刑，并分别处人民币5000元罚金。

案例4：被告人刘某某、向某某、周某（批捕在逃）、谭某（未抓获）从湖南省张家界市来到龙山县境内，采取冒充神医包治百病、画符“调包”的方式窃取他人财物。2017年9月30日至2017年10月8日，在龙山县境内窃取被害人康某现金5600元、一本地老妪一枚黄金戒指（价值人民币1169元）、被害人罗某现金2000元与一副金耳环（价值人民币933元）等。

2018年5月18日，龙山县人民法院以被告人刘某某犯盗窃罪，判处有期徒刑1年6个月，并处罚金人民币1.5万元；被告人向某某犯盗窃罪，判处有期徒刑1年4个月，并处罚金人民币1.5万元。

防骗攻略

1. 苛求健康长寿、寻求良药，可能会与不法分子不期而遇，一不小心就会伤财伤神还伤寿

老年人要“服老”，要调整好心态。包治百病的神药并不存在。老年人要学会科学养生，有需要时，要去正规医院寻求医疗或者康养帮助。

在2018年审判的案件中，有的老年人因此被假药坑骗，有的老年人被诈骗了钱财，有的老年人因此被盗窃。案例4的被害人康某被骗的过程中，由周某负责扮演神医，向某某负责扮演求医妇女，刘某某负责将向某某与康某带往周某处，谭某负责在周围望风，周某在治病过程中，将被害人的5600元现金以“调包”方式盗走。

保持好的心态，随遇而安，知足常乐，寿命自然会长。如果苛求良药，不法分子就会在您“寻药”途中设伏，可能会让您得不偿失。

2. 普及科学健康知识，树立正确健康观念

人民健康是民族昌盛和国家富强的重要标志。为推动实施健康中国战略，树立大卫生、大健康理念，把以治病为中心转变为以人民健康为中心，预防控制重大疾病，积极应对人口老龄化，加快老龄事业和产业发展，为人民群众提供全方位、全周期健康服务，2018 年 3 月，第十三届全国人民代表大会第一次会议批准的《国务院机构改革方案》提出，将国家卫生和计划生育委员会、国务院深化医药卫生体制改革领导小组办公室、全国老龄工作委员会办公室的职责，工业和信息化部的牵头《烟草控制框架公约》履约工作职责，国家安全生产监督管理总局的职业安全健康监督管理职责整合，组建国家卫生健康委员会，作为国务院组成部门。今后，我国卫生健康基本公共服务均等化、普惠化、便捷化和公共资源向基层延伸等政策措施，必将得到大力推进。

有老年人的社区要按照政府的统一部署和要求，开展好健康知识的普及，要定期为老年人查体，邀请保健专家或者医生回答老年人的健康问题。老年人只要有了一定的科学意识，以上不法分子吹嘘的“灵丹妙药”也就很容易现出原形了。

3. 子女要多陪老人室外活动，缓解老年人的健康忧虑

老年人经常出去走走，对健康长寿可能会有利。一家三代人、四代人常在室外赏游，老年人精神上可能会得到很大的满足，经常交流，还能够及时排解老人在健康方面的忧虑，会在很大程度上避免老年人单独“听课”而被骗情形的发生。

4. 学会正确选择保健品

首先要清楚，保健品是特殊食品，不能替代药品。宣传保健品有疾病治疗、预防作用，都是法律所禁止的。

要通过正规的渠道购买保健食品，并注意查验商家是否证照齐全。保健食品必须注明生产企业名称、标识（蓝帽子）及批准文号，相关产品信息可在国家市场监督管理总局网站上查询。购买保健品时要索要正规发票、咨询商家地址和联系电话，并且核对发票上单位名称是否与实际销售厂商名称一致。要尽量到证照齐全的店铺购买，避开无店铺的现场销售，以免经营者抵赖或者跑路。

第六节

治病特效秘药，不忘信息辨伪

什么“特效”“秘制”药，各种幌子夸奇效。电话骚扰打广告，先编身份后卖药。有病要到医院治，当面寻医才可靠。遇到问题不放心，医生律师作指导。

前一节说的是没有病的老年人因追求健康长寿而被骗的情形。老年人大多处于慢性病的多发期，一般都需要长期服药。但是，面对突然冒出来的所谓“特效药”“秘制药”，一定要在思想上设防，特别是老年人。在犯罪手段上，卖假药也是电信诈骗犯罪的多发情形。

典型案例

案例1：2015年8月，李某志（已被判刑）先后招募被告人刘某、蔡某、霍某、岳某、崔某、郭某、孙某梅等人（均已被判刑），在北京市朝阳区设立四个诈骗窝点，由话务员冒充医生、专家及产品回访中心工作人员，或栏目组工作人员，或中华医学会工作人员等身份，以问诊病情、谎称提供特效药或秘制药等手段，对全国各地包括湖州市南浔区的被害人实施诈骗。其中被告人刘某在天畅园窝点内对新进人员进行话术培训，并担任话务员。被告人孙某梅在朝阳路69号窝点内担任话务员。话务员按照李某志提供的人员信息，向被害人拨打电话，骗取被害人财物。被告人刘某在2015年8月加入，从2015年8月至2016年9月，天畅园三个窝点诈骗数额共计人民币510万余元。被告人孙某梅参与期间（从2016年3月7日起计算），朝阳路69号窝点诈骗数额共计290余万元。

2018年6月29日，浙江省湖州市南浔区人民法院以诈骗罪分别判处被告人刘某有期徒刑3年，缓刑3年6个月，并处罚金人民币14万元；判处被告人孙某梅有期徒刑3年10个月，并处罚金人民币4.5万元。

案例2：2017年8月2日，被告人漆某某驾驶摩托车至江西省宜丰县被害人张某、周某甲家中，用可乐兑水冒充“蛇药”，假扮捕蛇人捕捉事先藏匿的已拔出毒牙的眼镜蛇，佯装身中蛇毒后服用“蛇药”迅速解毒，并谎称“蛇药”为祖传秘方，可以治愈张某的疾病，骗取被害人信任后以3500元的价格销售此“蛇药”，骗得张某、周某甲现金3200元。

2017年8月4日，被告人漆某某驾驶摩托车至宜丰县被害人周某乙家中，以同样的手法骗取周某乙信任，以替周某乙治疗高血压为由向周某乙销售“蛇药”，骗得周某乙现金2000元。

2017年8月5日，被告人漆某某窜至宜丰县刘某甲家中，以同样的手法诈骗刘某甲，在意欲向刘某甲推销自己的“蛇药”时被村民唐某、邹某等人当场识破，唐某等人将漆某某控制并报警。

2018年6月19日，江西省宜丰县人民法院判决认为，被告人诈骗老年人财物，诈骗次数2次以上，均可酌情从重处罚，以被告人漆某某犯诈骗罪，判处有期徒刑9个月，并处罚金2000元。

案例3：2018年年初，被告人杜某某向被告人杜某甲、杜某乙提议，以中药“大血藤”“木蝴蝶”能治慢性病为由骗取他人钱财，杜某甲、杜某乙同意参与。后杜某某、杜某甲买来了上述中药，杜某乙负责分包并叫来了被告人杜某丙参与。经预谋，杜某某、杜某甲、杜某乙决定从兰州市乘火车到宝鸡市实施诈骗。2018年2月6日，被告人杜某某、杜某甲、杜某乙携带“大血藤”“木蝴蝶”来到宝鸡市金台区东风路解放军第三医院。在该医院门诊楼，杜某某向被害人冯某（72周岁）谎称中药“大血藤”“木蝴蝶”能治癫痫，杜某乙携带该药物从被害人面前经过，两被告人互相配合骗取被害人信任后，将其带至事先在医院院子等待的杜某甲处，用“大血藤”“木蝴蝶”各5袋，骗取被害人冯某人民币5000元，被告人杜某某、杜某乙分获赃款1750元，杜某甲获赃款1500元。被害人冯某发现被骗后于次日报案。

2018年3月20日上午，被告人杜某某和杜某甲、杜某丙经预谋后，至宝鸡市金台区东风路解放军第三医院，在门诊楼门口，杜某某谎称中药“大血藤”“木蝴蝶”能治脑病，伙同杜某丙采取前述手段获得被害人晁某（65周岁）信任后，将其带至在医院院子等待的杜某甲处，用“大血藤”“木蝴蝶”各6袋，骗取被害人晁某人民币6000元，被告人杜某某、杜某丙分获赃款2100元，杜某甲获赃款1800元。被害人晁某发现被骗后于当日报案。

2018年9月10日，陕西省宝鸡市金台区人民法院分别以被告人杜某某、杜某甲、杜某乙犯诈骗罪，判处1年以下不等有期徒刑，并处以人民币2000元以下不等的罚金；以被告人杜某丙犯诈骗罪，判处拘役5个月，并处罚金人民币1000元。

案例4：2017年9月26日，被告人李某某、徐某某伙同罗某某、马某某、罗某甲、王某某经预谋后，在贵州省遵义市红花岗区花台坡菜市内通过各自扮演商贩、医生、路人等角色的方式，将净重11克的一种名为“海燕”的中药，以夸大药力、隐瞒真相的方式卖给被害人官某（1947年6月24日出生），诈骗被害人官某现金9600元。经鉴定，涉案中药“海燕”价值人民币10元。破案后，六被告人家属将赃款退还给被害人官某，被害人官某表示对六被告人谅解。

2018年8月28日，遵义市红花岗区人民法院以被告人李某某、徐某某、王某某犯诈骗罪，分别判处有期徒刑11个月，并处罚金人民币1000元；以被告人罗某某、马某某、罗某甲犯诈骗罪，分别判处有期徒刑10个月，并处罚金人民币1000元。

案例5：2016年5月7日至2017年7月29日，被告人王某某与胡某生、苑某彬、丛某辉、许某、刘某（均另案处理）经过招聘成为话务员，负责拨打电话实施诈骗。按照胡某杰、吴某和等人提供的话术本和公民个人信息，通过打电话方式分别冒充“解放军301医院”“北京中南海保健协会”“百康保健协会”的医生、专家等身份，取得被害人信任，同时虚构或夸大产品疗效，让被害人以货到付款方式高价购买保元丹、欧米咖三鱼油胶囊、倍奥胶囊、海洋星虫胶囊等保健品。上述保健品由胡某杰、付某奎通过网络低价购买。胡某杰等人通过虚构身份、夸大疗效、低进高出的方式，骗取全国各地被害人张某某等近千人，且多为患有各类身体疾病的老年人，诈骗金额共计人民币121万余元。

2018年6月5日，重庆市巫山县人民法院以被告人胡某杰、吴某和、王某某犯诈骗罪，分别判处11年至2年不等有期徒刑，并分别处以人民币30万元至5万元不等的罚金。

案例6：被告人廖某某伙同许某、陈某、陈某甲（三人均已判刑）经事前共谋通过卖中草药的方式诈骗老年人钱财后，以数十元每斤的价格购得数种中药，四人根据各自分工，由一人摆摊卖药，一人寻找作案对象，一人假扮购药人，一人假扮医生向被害人谎称中药为走私药能治疗高血压、心血管病或肝病等疾病，最后高价卖给被害人以诈骗被害人财物。2017年9月26日上午，被告人廖某某同许某、陈某、陈某甲来到重庆市璧山区北街农贸市场，向被害人张某谎称事前准备的一种中药系走私药，能根治高血压、心血管病、糖尿病等，以每克50元的价格卖给被害人张某。由于被害人张某未随身携带足量现金，被告人廖某某与许某等人便以抵药费的方式骗得被害人张某佩戴的一个黄金手镯，后被告人廖某某分得赃款600元。经重庆市璧山区价格认证中心鉴定，该黄金手镯价值12900元。

2018 年 8 月 10 日，重庆市璧山区人民法院以被告人廖某某犯诈骗罪，判处有期徒刑 6 个月，缓刑 1 年，并处罚金 5000 元。

防骗攻略

以上案件涉及的“药材”、医疗研究机构等，大都具有一定的知名度，各案的“话术”都具有典型性。这些案件应当广为宣传，避免老年人上当受骗。

1. 购药、用药，一定要得到正规医生的指导

医学，是通过科学或技术的手段处理人体的各种疾病或病变的学科。研究领域大方向包括基础医学、临床医学、法医学、检验医学、预防医学、保健医学、康复医学等。想要成为医生，需符合《执业医师法》《医师资格考试暂行办法》《传统医学师承和确有专长人员医师资格考核考试办法》的有关规定，通过严格的医师资格考试和考核才能执业。

老年人身体不好应当到正规医疗机构进行诊疗。如果因为某种机会遇到了某种“特效药”或者“秘制药”，千万不要急于付款，要先去咨询一下医生，一定要听取医生的建议，这样一般就不会上当受骗了。

2. 老年人最好多与医生、律师做朋友

我们每个人都应当结交医生、律师朋友，医生是帮助你健康长寿的，律师是帮助你平安幸福的。而且认识的医生、律师朋友越多越好，因为他们一般分工很细、专业性很强，肯定是多多益善。

如果遇到以上案例里的任何一种诈骗情形，一个及时的电话就能躲过“此劫”了。而且，那些不怕以上这种诈骗财产损失的较富裕的老年人，更应当聘请私人医生、私人律师、私人税务师，不仅可以避免类似情况发生，还可以更健康、更安全，资产得到保值和增值。

靠卖药或保健品骗钱的不法分子，有的并不是编造更多的奇妙疗效，而是靠小恩小惠、先买后返等手段骗你的钱款的，这样在入手不入口的时候也就没有必要请教医生了，但应当请教律师。例如，被告人高某、高某伟冒充洛阳天生药业有限公司安神补心片的推销经理等身份，以开展健康讲座、免费赠送礼品和药品的方式吸引中老年人围观，骗取信任，编造买药后凭所发亲情卡和单据可领取红包、返还买药现金等事实，让大家产生购买药品后还会以红包的形式返还购药款的错误认识，引诱刘某、董某等26名被害人购买药品（其中24名为60岁以上老年人），骗取每人现金人民币1610元，共计41860元。2018年8月21日，河南省遂平县人民法院以被告人高某犯诈骗罪，判处有期徒刑1年8个月，并处罚金人民币7000元。

再如，2016年10月31日，被告人陈某冒用华亚国际集团有限公司副总经理的身份向参加会议的老年人讲解健康知识并借机推销保健品，在讲课过程中先以100元1份的价格推销“燕窝”，收款后开具收据，暗示次日凭收据返还100元；11月1日按约定将100元返还，再以1000元1份的价格推销“血参”，收款后开具收据，暗示次日凭收据返还1000元；11月2日按约定返还1000元，再以1900元1份的价格推销“五行营养粉”，收款后开具收据，暗示次日返还1900元；11月3日返还1900元，又以

1900 元 1 份的价格推销“虫草口服液”，收款后开具收据，暗示次日凭收据返还 1900 元，当天共收款 20 余万元，收款后被告人郝某某、陈某等人分批离开吉利区，共诈骗 22.682 万元。2018 年 5 月 30 日，河南省洛阳市吉利区人民法院以被告人郝某某、陈某、张某某、娄某某、郝某犯诈骗罪，分别判处 5 年至 2 年 6 个月不等有期徒刑，并处人民币 5 万元至 2.5 万元不等罚金……类似案例每年都不断重复上演着，成为律师普法授课时的主要警示案例。

3. 社会应当及时在老年人群中宣传典型案例

随着医养结合的深入发展，随着村居法律顾问、律师的不断普及，卫健委部门和司法行政机关应当指导医护人员、服务律师，在进行医药科普或者普法活动时，及时发布最新的以“特效药”“保健品”为噱头的诈骗案例，曝光诈骗新话术、新招数，保持警钟长鸣。

近几年，比较典型的一种诈骗授课活动情形是：开场的时候“讲师”会带老年人做轻松的游戏活动，帮老人拍打肩膀，让老人放松警惕。接下来先是煽情，讲这一代老人多么不容易，抗战、抗美援朝、自然灾害，一辈子都不舍得花钱，现在老了就要为自己舍得。然后讲一些战役，一般参过军的老人在这里就被打开了心理防线；讲一些困难时期的典型事例，大多数老年人都会跟着进行痛苦的回忆。当“火候”差不多时，抛出一些例子说某些名人都是患癌去世什么的，使老年人对死的恐惧感骤增，惜命的老年人这时就被攻陷了。如果还有老年人未被“俘虏”，骗子就会进入孝子环节，“讲师”给老年人讲自己孝敬爸妈的事情，树立自己的孝子形象，声泪俱下，老人们也跟着一起哭，此时来一个现场认亲环节，孤独的老年人几乎在这里全部被瓦解了。“讲师”最后会宣布一个非常大的折扣，台下的骗子带着老人拼命叫好鼓掌，表达感谢，这时音乐响起（一般是《感恩的心》或者《运动员进行曲》），销售人员冲到老人跟前，激动地问老人要一套还是要两套（这里就有一个话术，不让老人思考而直接让他/她做选择），老人如果还在犹豫，这时猛拍他/她后背，告诉他/她这批货有限，再不买就要被别人抢走了，这时其他同伙会过来抢他/她手里的货：王阿姨这套产品你要不要啊？不要我拿给李叔了，他要两套……又一个“被骗狂潮”就这样“成就”了……

如果老年人能够认清上述诈骗情形，时下再被类似情形洗脑的可能性就会大大降低。

第七节

馅饼天降别信，不陷“丢包”圈套

> 看到“丢包”多个心，提出分钱别当真。馅饼不会轻易掉，别人钱财莫私分。骗子都会设圈套，心思诡秘手段狠。拾金不昧是美德，不起贪念不失本。

有人说，诈骗防不胜防。主要是因为一些诈骗分子事先已经做足了功课。

“拾金不昧”是社会倡导的美德，现实中却有人贪小便宜，捡到东西想“拾金而昧”。“丢包党”抓住了部分人的这种心理，通过“假装掉钱包，捡到钱包的‘我们’有福同享一起分”的方式诈骗老年人钱财。

典型案例

案例1：2018年4月至5月11日，被告人聂某某与驾驶一辆套牌现代白色轿车的被告人郭某某来到湖南省汉寿县岩汪湖镇物色诈骗对象。聂某某冒充外地乘车老板，将事先用黑色丝袜包裹好的冥币掉在地上或车上，郭某某负责假装捡钱后交给被害人，以分钱的名义骗取被害人的信任，让被害人交付一定财物。郭某某取得财物后趁机驾车与聂某某逃离现场。聂某某、郭某某通过“丢包诈骗”方式，先后三次骗取被害人余某、黄某、杨某现金人民币3400元，黄金手镯一个、金立牌手机一部。经鉴定，黄金手镯和金立牌手机价值人民币12245元。

2018年9月10日，汉寿县人民法院判决认为，被告人聂某某、郭某某到案后，如实供述自己罪行，均依法可以从轻处罚；积极退赃，并取得被害人谅解，可以酌情从轻处罚；诈骗老年人的财物、多次实施诈骗，均可酌情从重处罚。故以被告人聂某某犯诈骗罪，判处有期徒刑1年，并处罚金人民币5000元；被告人郭某某犯诈骗罪，判处有期徒刑7个月，并处罚金人民币3000元。

案例2：2018年5月8日晚上，被告人李某和向某某共谋采用“丢包诈骗”的方式骗取他人财物。5月9日上午，李某驾驶其名下轿车搭载向某某窜至四川省资中县场镇寻找作案目标，伺机诈骗。二人在信用社外发现老年人韩某取钱后，便跟随韩某至连心桥桥头，向某某将用报纸包裹的冥币丢在地上，又当着韩某的面捡起，称里面有钱，以分钱为由将韩某带至禹宫村一柑橘林。李某随后找到向某某和韩某，称有人看见向某某捡到了自己掉的钱，向某某予以否认，并将报纸包裹的冥币悄悄地交给了韩某，同时向某某称自己是韩某的亲戚，是来向韩某借钱的，李某提出向某某当着自己的面向韩某借钱，才会相信向某某的说法。随后，韩某将身上的现金 18400 元交给向某某，向某某、李某先后以找证人为由逃离。

2018 年 8 月 21 日，资中县人民法院判决认为，向某某、李某诈骗老年人，可以从重处罚；向某某、李某亲属代为赔偿，取得了谅解，可以酌情从轻处罚。故以被告人李某犯诈骗罪，判处有期徒刑 1 年，并处罚金人民币 1 万元；被告人向某某犯诈骗罪，判处有期徒刑 11 个月，并处罚金人民币 1 万元。

案例 3：被告人卢某某、张某某在贵州省贞丰县老家商量到西昌市实施“丢包诈骗”，二被告人于 2017 年 9 月 29 日到西昌市寻找作案目标。在凉山州第一人民医院遇到受害人某某某后，卢某某遂上前与其搭话，张某某见机将事前准备好的用毛巾包裹的冥币丢在地上，卢某某上前捡起来便将受害人带至下西街一巷道内准备分钱，张某某随后追至，便问二人有没有捡到其 1 万多块钱和银行卡，二人称未捡到，张某某便要求检查二人的现金、银行卡，受害人某某某便将现金 600 元及银行卡交给卢某某，同时将密码告知卢某某，卢某某、张某某以去银行检查为由让受害人在原地等待，二人迅速逃离现场，二人持受害人银行卡在邮政储蓄银行自动取款机上取款 5000 元，后二人回到住处将骗得的 5600 元平分，每人分得 2800 元；2017 年 10 月 9 日，卢某某、张某某在凉山州第一人民医院后门遇到受害人张某，又如法炮制，将受害人张某带至路边分钱，张某某追至，便问二人有没有捡到其 1 万多块钱和银行卡，并要求检查二人身上的钱是不是自己的，受害人张某便将身上 5000 元现金拿给卢某某去银行检查，二人得手后迅速逃离现场，回到住处后又将骗得的 5000 元平分；2017 年 10 月 28 日，卢某某、张某某再次以相同手段骗取受害人海某某装有现金的黑色背包，二人翻找包内发现现金 1900 元及一些医院票据，二人遂将 1900 元现金平分，背包和票据被扔到垃圾桶。卢某某、张某某以上三次作案，诈骗金额共计 12500 元人民币。

2018 年 8 月 21 日，四川省西昌市人民法院以被告人卢某某犯诈骗罪，判处有期徒刑 1 年 9 个月，并处罚金人民币 8000 元；被告人张某某犯诈骗罪，判处有期徒刑 1 年 6 个月，并处罚金人民币 8000 元。卢某某、张某某不服判决，提起上诉。2018 年 11 月 6 日，四川省凉山彝族自治州中级人民法院裁定驳回了卢某某、张某某的上诉，维持原判。

案例 4：2017 年 11 月初，被告人张某某、景某某二人相约外出实施“丢包诈骗”。同年 11 月 10 日，二被告人乘车窜至河南省光山县寨河镇街道，张某某将装有冥币的塑料袋丢在被害人张某（女，1930 年 12 月出生）跟前，然后当着张某的面说捡到钱了，主动提出与张某找个人少的地方分钱，并将张某带到镇工商所南侧一荒地内，被告人景某某随后赶到，假称有人看见张某某和张某捡了钱包，要求张某某与张某将身上的现金和首饰拿出来检查，张某不同意取自己的首饰，二被告人强行将张某随身佩戴的一对黄金耳环、一枚黄金戒指及一个银质手镯摘下，又故意将“捡”到的钱包（冥币）塞给张某，后二人携带张某的耳环、戒指和手镯逃离现场。经价格部门认定，上述涉案耳环、戒指和手镯共计价值人民币 2754 元。

被害人张某陈述称：2017 年 11 月 10 日上午她在街道赶集时，先是一个男人从地上捡了一包钱，叫她跟他去分钱，走到一片荒地，又来一个人说她捡到他的钱和耳环了，她说没捡，该男子要取下她的耳环看看，她不同意，捡钱的男人将她按在地上，他们将她的耳环、戒指和手镯都拿走了，走时将捡到的钱放进她的手提袋内，她在地上好长时间才起来。

2017 年 11 月 11 日，二被告人又窜至光山县文殊乡街道菜市场附近，寻找作案目标，将一包冥币丢在赶集的村民蒋某（女，1939 年 11 月出生）跟前，以同样的方法，将蒋某带到街道附近一处巷道内“分钱”。随后，被告人景某某跟随到场，谎称有人看见张某某和蒋某捡到钱包，要求张某某和蒋某将身上的钱和首饰给他检查一下，被告人景某某看后，假意称不是他的钱，被告人张某某即提出去对质，将蒋某佩戴的一对金耳环摘下，并将捡到的“钱”（冥币）塞给蒋某，然后假意跟景某某去找人对质，趁机离开现场。经价格部门认定，上述涉案耳环价值人民币 1575 元。

被害人蒋某陈述称：当天上午她在文殊乡街道买菜，一男子说捡到钱，并将她带到巷子里分钱，开始让她坐着，这时又来一男子，她刚坐下，两名男子每人各扯一只手，硬生生将她耳环拽掉，然后赶紧跑了，她的两只耳朵都被扯破，鲜血直流，把衣领也染湿了。她被抢后就坐在地上大声哭喊。后来，菜也没买就回家了，当时没有报案，后来派出所警察主动找她，将她带到派出所调查。

2018 年 8 月 2 日，河南省光山县人民法院判决认为，被告人张某某、景某某以非法占有为目的，以“冥币”诱骗高龄老人，然后以暴力手段，强行劫取他人财物，其行为构成抢劫罪，公诉机关指控罪名成立，本院予以支持。故以被告人张某某犯抢劫罪，判处有期徒刑 3 年，并处罚金人民币 5000 元；被告人景某某犯抢劫罪，判处有期徒刑 3 年，并处罚金人民币 4000 元。

防骗攻略

“丢包诈骗”花样不断翻新，一不小心，禁不住诱惑的老年人就被套路。

1. 把本节案例看两遍，“丢包陷阱”就会绕着走

“丢包陷阱”是一种较为传统的诈骗套路了。

例如，案例 3 中被害人证言证实：“2017 年 9 月，我在凉山州第一人民医院照顾我生病住院的孙子。在 9 月 29 日 7 点左右的时候，我在住院部院坝那里散步。在上楼梯的口子处就遇见一个中年人，他递给我一支烟后就在那里和我说话。他说他老婆在这里住院。当我们正在说话的时候，有个人从我们身边走过去，从他的包内就掉了一个东西出来，和我说话的这个人上前去将那个钱包捡了过来拿给我看，说里面有好多钱。这个人就叫我出去找个没有人的地方把钱给分了。我就跟着这个人走出第一医院。我

们走了一截路后，掉钱包的人就追上我们，问是不是我们捡到了他的钱包，和我一路的这个人就说没有捡到，掉钱包的人就叫我们把钱包拿出来看是不是他的。我就把钱包拿了出来，这个人将钱包拿了过去，他把我的农行卡拿出来就问我卡的密码是多少，我就给他说了卡的密码，这个人说他要拿去验一下这张卡是不是他的，他就叫和我一起的这个人与他一起去银行查一下，并叫我在那里等他。他们两人就走了。我在那里等了一会儿发觉不对，就打电话报警了。”

2018 年审判的“丢包诈骗”案件很多，除了以上几种典型案例的犯罪手段以外，在其他案例中，有的“丢包”诈骗分子以被害人捡到他的钱包为由对被害人钱包进行检查，如果有银行卡，一般会要求被害人提供银行卡及密码进行查证，同时，诈骗分子会趁被害人不备，用自己相似的银行卡将被害人的银行卡偷偷进行调换，离开后再在 ATM 机上从容取走银行卡内的现金。

在其他案例中，还有趁机偷钱的。例如，“丢包”诈骗分子追过来要求二人质证时，“捡包”诈骗分子将其身上的钱拿出来给被害人看，然后二诈骗分子会让被害人也把身上的钱拿出来看。当被害人将身上的现金拿出来后，“丢包”诈骗分子随即从被害人手中接过钱假意数钱，在“捡包”诈骗分子的掩护下，“丢包”诈骗分子就从被害人的现金中窃走部分现金，将剩余的钱还给被害人。2018 年 8 月 17 日，贵州省湄潭县人民法院判决的一起案件中，被告人在一次数钱中就盗窃了被害人 4400 元人民币，法院以犯盗窃罪分别判处被告人李某某、刘某某 7 个月和 6 个月有期徒刑，并分别处人民币 1000 元罚金。

以上几种情况也都非常典型，如果看上两遍再琢磨琢磨，就知道什么是“丢包诈骗”了。明白社会上还会有不法分子实施这样典型的诈骗，我们就不会轻易被“套路”了。

2. 要坚守道德底线，要做守法模范

“丢包诈骗”的被害老年人，除了案例4的被告人趁机抢劫的以外，都是眼看着“包的主人”在焦急寻找，仍急于用自身财物去换取更多的不义之财，结果掉进陷阱，自己随身财物被骗走。

“拾金不昧”一直是作为中华民族传统美德来规范社会基本行为的，我们大多数人都是唱着“我在马路边捡到一分钱”长大的，“拾金不昧”属于传统道德的一个底线，是中国人最基本的道德防线。1986年通过的《民法通则》规定，拾得遗失物，应当归还失主。2007年10月1日起施行的《物权法》进一步规定，拾得人应当及时通知权利人领取，或者送交公安等有关部门。拾金不昧实际上也是现行法律的要求，否则就可能意味着违法侵占。所以说，对于道德修养好、自觉遵守法律的老年人，这种诈骗犯罪是永远不会伤及自身的。

3. 精神文明建设应当持续加强

“丢包诈骗”炸出了“拾而昧之”的自私思想的存在，碰瓷诈骗导致了“不敢扶”的社会尴尬……思想建设是要解决整个民族的精神支柱和精神动力问题。随着社会主义商品经济的发展和社会主义民主政治的完善，人们的思想意识、精神状态发生了深刻的变化，能不能适应这种新形势，形成有利于社会主义现代化

建设和全面改革的舆论力量、价值观念、文化条件和社会环境，有力地抵制资本主义和封建主义的腐朽思想，防止种种迷失方向的危险，振奋起全国各族人民的巨大热情和创造精神，用几代人的努力建设起社会主义现代化强国，这是一个历史性的重大考验。各级政府和社会组织，要深化中国特色社会主义和中华民族伟大复兴中国梦的宣传教育，弘扬民族精神和时代精神，加强爱国主义、集体主义、社会主义教育，引导人们坚定中国特色社会主义道路自信、理论自信、制度自信、文化自信，使全体人民在理想信念、价值理念、道德观念上紧紧团结在一起，共筑共圆中国梦。

第八节 戏剧场景乱真，当心预谋骗局

假戏真做布剧情，设好情节骗老人。给点差价尝甜头，一旦贪心便得逞。遇见“好事”长点心，先找子女来权衡。各种“戏路”多宣传，骗子必然现原形。

我们的社会已经发展到了信息时代，信息的虚实越来越复杂、越来越难以判断。但是，信息永远不是独立存在的，软件离不开硬件，虚也离不开实。然而，新的诈骗犯罪阴谋不断，虚的没有实，“实”的也实为虚，诈骗过程就像是专门导演的一出戏，老年人应当不断提高甄别本领。

典型案例

案例1：2017 年7 月22 日，被告人章某某、范某某在江西省萍乡市湘东区麻山镇集市，使用福利彩票存根冒充“香港龙头股票”，谎称出车祸急需现金，由范某某假扮低价出售股票的人、章某某假扮与被害人合伙购买股票的人，骗得老年人宋某（时年65 岁）支付人民币4 万元用于购买假股票，所得赃款两人平分。

这起犯罪的被害人宋某告诉办案民警，2017 年7 月22 日7 点多，他在麻山街口赶集，他媳妇在集市买了一些苹果、梨子，要他去运，他就骑着自行车过去了。到了唐老鸭酒楼门口附近的时候，他就把苹果、梨子提着过了马路，因为他的自行车停放在对面通信店旁边，他把苹果、梨子绑上自行车以后，开始推着走，走了不到十步，就迎来一个陌生的男子，也就是第一个骗子。他过来问他：“师傅，这里有一个燕金装潢公司么?”他回答说没有，他还问了旁边一个邻居，她也说不知道这个店，他就回答了那个男子，随后那个男子就递了一根烟给他抽，说：“帮我一个忙，我早上在麻山桥上开车撞了人，我的车现在扣押在麻山交警队。被我撞坏的人在医院已经用了五六万元了，我没有带这么多现金，我是来这边买油的，现在交警需要我交10 万元钱才让我把车开走，你能不能帮帮忙?”宋某当时都没有说什么，这个男子又说他自己身上有3000 张股票，一张股票值39 元，让他帮个忙去找信用社把股票兑换了还钱。宋某回答说：“我不认识信用社的人。”这个时候就又来一个男子，也就是第二个骗子，他是从麻山镇政府门口的广场直接穿过来的。这个男子直接走过来就问第一个骗子有多少股票，第一个男子回答说有3000张，一张股票能值39元，还拿了一张股票给第二个男子看，第二个男子还当着他的面拿了500元钱给第一个男子，换了10张股票。第二个男子就神秘兮兮地拉宋某到卫生所后面巷子，说这些股票不止这么多钱，等他问一下价格他们一起分赃。宋某当时也是蒙了，以为有钱赚，然后这个男子就当着他的面打了一个电话给一个所谓的信用社“王主任”，然后他告诉他说这些股票能值每张51元，他们能够赚一笔，他当时也觉得能赚钱。然后第二个骗子就跟他说，一起拿10万元给第一个骗子做押金，然后把股票全部兑换成现金，到时候从51元里面分钱给他，也没说好比例。第二个骗子说他去搞6万元，让宋某去搞4万元，到时候赚了钱一起分。宋某就赶快骑着自行车回家在抽屉拿了1万元现金，都是面值100元的，然后拿着存单到麻山街口的信用社支取了3万元的定期，随后他就到信用社保安那里拿了一个袋子装好4万元去找第一个骗子，那个骗子坐在老停车场那里等他。第二个骗子走的时候交代了他，说一定要等他过来才能交钱，所以他拿着4万元找到第一个骗子以后，也没有急着交钱，然后一直等到第二个骗子过来，这个时候已经快9点半了，第二个骗子到了以后，他就把钱交到第一个骗子手里。第二个骗子说他没有搞到这么多钱，他看着他用红色塑料袋包着一些钱，也不知道他带了多少钱过来，这个时候第一个骗子就装作很生气，说搞不到钱他就要走了，第二个骗子还说什么已经说好了，不能反悔，然后他说要找信用社“王主任”借6万元，他和宋某说已经和“王主任”说好了，让宋某去提6万元，还说让“王主任”拿一张报纸、一个茶杯，他找到王主任以后就把6万元钱拿过来，然后付清10万元一起买股票。宋某就听信了他们，把自行车放在围墙边上，第二个骗子还交代宋某说王主任旁边有别的人，是一个叫“刘胖子”的，取钱可能会慢一点，让他多等几分钟。他听了以后就到了信用社旁边，等了有五六分钟，没有等到人他就发现有点不对，就返回去找他们。走到他停自行车的地方，人就已经消失了，他的自行车都被骗子放了气，可能是怕他追过去……

2017年7月27日，被告人章某某、范某某在萍乡市上栗县赤山镇集市，使用福利彩票存根冒充“香港龙头股票”，又谎称出车祸急需现金，由范某某假扮低价出售股票的人，章某某假扮与被害人合伙购买股票的人，骗得被害老年人邓某（时年64岁）支付人民币2.6万元用于购买假股票，所得赃款两人平分；2017年9月9日上午，被告人章某某、龚某某在萍乡市芦溪县蔗棚农贸市场，使用福利彩票存根冒充“香港龙头股票”，再次谎称出车祸急需现金，由龚某某假扮低价出售股票的人，章某某假扮与被害人合伙购买股票的人，骗得被害人刘某支付人民币2万元用于购买假股票，所得赃款两人平分；2017年9月10日上午，被告人章某某、龚某某在萍乡市湘东区湘东镇老桥集市，使用福利彩票存根冒充“香港龙头股票”，谎称出车祸急需现金，由龚某某假扮低价出售股票的人，章某某假扮与被害人合伙购买股票的人，骗得被害老年人余某（时年68岁）支付人民币10万元用于购买假股票，所得赃款两人平分。

综上，被告人章某某伙同他人实施诈骗4次，诈骗金额共计人民币18.6万元；被告人范某某伙同他人实施诈骗2次，诈骗金额共计人民币 6.6 万元；被告人龚某某伙同他人实施诈骗 2 次，诈骗金额共计人民币 12 万元。

2018 年 7 月 24 日，萍乡市湘东区人民法院判决认为，被告人章某某、龚某某、范某某诈骗老年人的财物，酌情从严处罚；被告人章某某、龚某某全部退赃，并取得被害人邓某、余某、刘某的谅解，可以酌定从轻处罚。故以被告人章某某犯诈骗罪，判处有期徒刑 5 年，并处罚金人民币 5 万元；被告人龚某某犯诈骗罪，判处有期徒刑 2 年 7 个月，并处罚金人民币 3 万元；被告人范某某犯诈骗罪，判处有期徒刑 2 年 4 个月，并处罚金人民币 3 万元。

案例 2：2017 年 12 月 25 日，被告人谭某、王某、袁某经预谋伙同彭某（另案处理）窜至江西省横峰县行骗，四人之间约定，由王某扮演购买内存卡的老板，谭某扮演本地路人，彭某扮演内存卡加工厂老板的女婿，袁某负责望风、跟踪观察受骗者的情况并及时反馈给同伙。12 月 26 日 9 时许，谭某骑摩托车搭载王某、袁某骑摩托车搭载彭某往横峰县葛某镇行驶，到达横峰县葛某镇黄栗坑路口后，彭某先行下车，其余三人继续往葛某镇方向行驶。同日 9 时 30 分许，王某在葛某镇闽浙赣大道自来水公司门口路边物色到被害人汪某（1945 年 2 月 28 日出生），便以寻找内存卡加工厂为名与汪某搭讪，同时谭某假装骑摩托车碰巧经过，并声称自己是葛某镇供电所的吴副所长，过来与汪某和王某搭话，在三人的交谈过程中，王某谎称自己是来购买内存卡的，价格每张 40 元，谭某谎称自己知道葛某镇的内存卡加工厂并认识该加工厂老板，王某便假装恳求谭某和汪某给其带路，谭某就提出要王某给其和汪某每人 200 元的带路费，王某就表示同意，嗣后谭某骑摩托车搭乘王某和汪某往所谓的内存卡加工厂方向行驶。途中谭某借口担心王某与加工厂老板存在经济纠纷，让王某下车等候，先由其与加工厂老板联系。随后，谭某骑摩托车搭载汪某往黄栗坑行驶，在黄栗坑路口一栋民宅前遇到自称加工厂老板女婿的彭某。此时，谭某就假装与彭某谈论内存卡价格，双方约定以 30 元每张的价格卖给谭某。此时，谭某将汪某拉到一边提议其与汪某合伙凑 10 万元收购内存卡再转手卖给王某赚取中间差价，汪某表示自己只有 4 万元，谭某就说剩下的 6 万元由其支付，商议好后，谭某骑摩托车搭载汪某来到葛某镇农商银行取款，谭某假装回家拿钱并交代汪某取好钱后在银行门口等待。之后，谭某携带一个红色布袋来到农商银行门口接到汪某后到五里铺找到王某，谭某告知王某，其已与老板谈好了，可以去拿货，王某就提出因自己手机没电了而向汪某借手机给老板打电话，叫老板打钱过来，王某拿着汪某的手机假装和老板通话慢慢往前走。谭某就骑车搭载汪某到黄栗坑找彭某，彭某便问谭某和汪某："钱是否带来了？"两人便说钱带来了，汪某提出要先看下货，谭某搭载彭某、汪某往黄栗坑里面行驶了一段路程，彭某就提出让谭某和汪某先行支付货款，谭某就把红色布袋交与彭某并说"这里是 5 万元"，汪某也将 4 万元现金交与彭某，彭某提出少 1 万元货款，要求谭某打欠条，谭某就告知汪某其去给彭某打欠条并交代汪某在原地等候，随后两人驾车逃离现场。事后，四人将骗得的赃款 4 万元予以平分。

2018 年 8 月 23 日，横峰县人民法院以被告人谭某犯诈骗罪，判处有期徒刑 1 年 6 个月，并处罚金人民币 6000 元；以被告人王某、袁某犯诈骗罪，分别判处有期徒刑 1 年，并处罚金人民币 6000 元。

案例 3：被告人刘某某与王某某（另案处理）事先商量用不明外币冒充英镑伺机骗取他人钱财。2017 年 6 月 24 日，王某某在湖南省石门县汽车西站看见等车准备回雁池的被害老年人杨某某，便上前与其搭讪，谎称自己是信用社工作人员，与杨某某的弟弟非常熟悉。在取得杨某某的信任后，又谎称自己在西站外的公路上有东西要搬并请杨某某去帮忙。当二人走到三江路上时，刘某某走过来假装找王某某、杨某某问去农业银行的路，称其手上有一张面值 1000 的“英镑”要到农业银行去兑换，王某某借机称自己想收下，并以自己手中现金不够为由向杨某某借款人民币 5000 元作为押金交给刘某某，承诺事后给予杨某某 2000 元好处费，之后将所谓“英镑”质押在杨某某手中要求其在原地等候，再与刘某某以去取钱为幌子逃离现场。

2018 年 8 月 23 日，石门县人民法院以被告人刘某某犯诈骗罪，判处有期徒刑 6 个月，并处罚金人民币 5000 元。

案例 4：2018 年 1 月至 3 月，被告人张某某、李某某在湖南省桃源县某医院内，由李某某冒充“卖家”，张某某冒充“买家”，经张某某搭讪或冒充熟人等方式，取得被害人信任，再虚构“购买货物”、与“卖家”李某某关系弄僵为由，让被害人帮忙垫付货款交给“卖家”李某某，作案成功后伺机逃离现场。其间，采取上述方式诈骗老年人徐某某（1954 年 9 月出生）现金 3800 元、老年人郑某某（1950 年 8 月出生）现金 2800 元，共骗得现金 6600 元，李某某、张某某分赃后挥霍。

2018 年 8 月 17 日，桃源县人民法院以被告人李某某犯诈骗罪，判处有期徒刑 7 个月，并处罚金 6000 元；被告人张某某犯诈骗罪，判处拘役 6 个月，并处罚金 6000 元。

案例 5：2017 年 3 月 24 日，被告人刘某芬伙同伍某（已判刑）、肖某（在逃）携带定位测量仪器和用红布包装好的“金龟”、藏书，驾驶摩托车来到湖南省溆浦县覃某家中，三人冒充国家电力工作人员，以电力公司需要在覃某家屋后修建电塔为名，邀请覃某夫妇到屋后帮忙挖坑修建电塔。肖某在替换覃某挖坑后，趁覃某夫妇不注意将事先准备好的“金龟”和藏书扔在坑内，接着肖某把“金龟”挖出来，吸引大家来平分“金龟”。伍某假装联系香港老板来收购“金龟”，肖某假装联系电力公司来误导覃某夫妇对“金龟”的认知。随后，被告人刘某芬、伍某、肖某以分“金龟”为诱饵，骗取覃某夫妇人民币 5.1 万元和黄金戒指一枚。经鉴定，被骗黄金戒指价值人民币 1350 元。

2017 年 8 月 3 日，被告人刘某芬伙同伍某携带定位测量仪器和用红布包装好的“金龟”、藏书，驾驶摩托车来到溆浦县李某家中，二人如法炮制，以分“金龟”为诱饵，骗取李某夫妇人民币 1 万元。

2017 年 8 月 8 日，被告人刘某芬伙同伍某、肖某来到溆浦县吴某家中，三人冒充国家电力工作人员以分“金龟”为名，骗取吴某夫妇人民币 2 万元。

2018 年 8 月 16 日，溆浦县人民法院判决认为，被告人刘某芬属多次诈骗老年人财物，可酌情从重处罚。故以被告人刘某芬犯诈骗罪，判处有期徒刑 3 年 6 个月，并处罚金人民币 5000 元。

案例6：2018年3月9日，被告人常某某同赵某某、齐某某（二人已判决）共同预谋诈骗他人钱财。次日上午，赵某某租赁高某某（已判决）的轿车，赵某某、齐某某、常某某三人携带提前购买的旧版人民币6张（壹分、贰分、伍分面值各2张）由甘肃省庆阳市西峰区出发前往合水县，途中赵某某等三人在车上对实施诈骗行为进行了分工和讨论。11时许，三人到达合水县城北区综合市场门前，后按分工各自寻找作案目标。12时许，常某某看见段某在北区邮政储蓄银行门前三轮车上休息，遂上前同段某搭讪，谎称其大量收购旧版纸币。齐某某乘机上前攀谈，称其舅舅曾在银行工作，存有大量旧版纸币，并假装打电话联系其表弟谈购买纸币之事。常某某让段某帮忙跟着齐某某去其“表弟”处取纸币。齐某某、段某找到假扮齐某某“表弟”的赵某某，拿出事先准备好的旧版纸币返回至常某某处验货，常某某见到后称要以每套180元大量收购。齐、段二人返回赵某某处，三人商定以每套100元收购500套旧版纸币。齐某某同段某商定，二人合伙将500套旧币从赵某某处收购，再高价出售给常某某，从中赚取差价。后二人租乘高某某轿车到段某家取上现金和存折找到赵某某，齐某某将之前准备的一沓冥币假称2万元现金给了赵某某，段某给赵某某现金19600元。赵某某以不够5万元为由，拒绝交付500套旧版纸币，齐某某让段某到综合市场东口找常某某先预支1万元。段某走后，齐某某、赵某某二人坐进高某某、常某某事先在西环路边等候的轿车逃离现场。返回途中，赵某某、齐某某、常某某各分得赃款6300元，赵某某给高某某租车费600元，100元共同挥霍。

2019年1月3日，合水县人民法院以被告人常某某犯诈骗罪，判处有期徒刑1年，并处罚金3000元。

防骗攻略

这组案例比较多，并非只是因为案件多，而是因为各有特点，都很典型，所以抓取的比例较大。老年人虽然阅历较为丰富，但是反应较慢，在犯罪分子的“精心布局”面前，比较容易上当，一旦反应过来时，犯罪分子可能早已逃之夭夭了。

1. 遇到需要花钱的“好事”时，一定要先通报一下自己的子女

相对于老年人，年青一代的社会经验掌握程度和洞察事物敏锐性相对都要强一些，老年人与晚辈共同面对问题时，在很大程度上能够避免受骗上当的发生。

本节案例诈骗分子的“戏”演得再好，也都是破绽百出，只是因为老年人被诈骗分子精心设计的特别环节蒙蔽了心智，一不小心就入戏当真了，一步步滑向被骗的陷阱。但“万骗不离其宗”，只要有亲人看到这出“戏”的一个片段，整个骗局可能就被戳穿了。

2. 要对“戏路”及时进行宣传，避免重蹈覆辙

案件都各有戏路，犯罪分子也都各有角色。虽然不算是社会问题的主流，但是也希望有人能够改编成电视连续剧，搬上荧屏。以上案例中的被害人都有一个共同特点，那就是既好奇

又贪心，遇到事情总想弄个明白，不知不觉中就入戏了，一步步跟着诈骗分子“导演的剧本”转，很快就掉进了诈骗分子精心设计的圈套。当老年人遇到“好事”或者“机会”并且同时面对多个陌生人时，一定要想想：是否有人是“托”？这些人背后会不会是陷阱？只要对以上案例情景、场景有了一定印象，就相当于打了预防针，防骗意识自然会增强，许多悲剧都是可以避免的。

以案例6的诈骗情形为例，2015年5月19日人民网转发了中国甘肃网一篇“4男子以收旧版纸币为幌子　诈骗近20万分别领刑”的文章[①]称：以收购老版人民币为借口，4人合伙诈骗。5月18日，甘肃省泾川县人民法院以犯诈骗罪，判处主犯李龙有期徒刑3年2个月，并罚3万元。同案犯李平、屈小波、张峰被判处有期徒刑2年1个月至1年半不等，并罚2.5万元至1.5万元不等。按分工，李龙以收购老版人民币为借口寻找对象，李平则躲在附近见机行事。如有人询问，李龙便告知其以每套180元的价钱收购，李平则趁机上前，称其亲戚有大量该套纸币，但因其现金短缺无法全部购买，并和李龙动员被害人去购买李平亲戚的纸币。之后，假扮李平亲戚的屈小波携带大量仿旧版人民币出现，每套售价100元，现金支付。李平和被害人分头筹钱交给屈小波，筹到的钱不够支付所有货款，李平便假装打电话联系李龙，称李龙愿暂借现金补上缺口，以让被害人到李龙处取钱为借口将其支开，此后，李平、李龙、屈小波等坐张峰的小轿车逃离现场……

---

① 参见《4男子以收旧版纸币为幌子　诈骗近20万分别领刑》，载人民网 http://legal.people.com.cn/n/2015/0519/c188502-27024695.html，最后访问日期：2019年2月7日。

可见，案例 6 就是该案的简单翻版，被害人段某重蹈了 2015 年骗局的覆辙。

3. 要老有所学，用新知识武装自己

有些老人丧失了学习能力，获得的信息量有限，难以把握时代脉搏，与年轻人比认知力相对较差，对现实生活中出现的新事物缺乏准确的判断。不法分子布局演戏、死缠烂打和口若悬河的游说，正好钻了老年人这个空子，让老年人轻信上当。

老有所学有利于老年人适应社会发展的变化，识别骗局，也有益于老年人精神生活的充实，既能增加乐趣、陶冶性情，又能保持脑力、有益健康和思想修养。

老年人的家人也要经常把新事物及时传递给老年人，共同学习交流。更要把各种防骗信息及时传递给老年人，使其保持一定的警惕性。

第九节 好友搓麻利智，老千反而被骗

打个麻将为娱乐，突破底线不坚定。本想坑人当老千，反被别人抓把柄。最怕围观找刺激，跃跃欲试推下水。赌博不是发财路，保持晚节少后悔。

打麻将，是一项受到广大民众喜爱的传统娱乐活动。许多老年人是麻将的忠实粉丝，是打发退休后赋闲又放松娱乐的有效途径。打麻将能够让老年人有更多的社交，促进心理健康。只要不是过度地沉迷麻将，甚至导致颈椎病、腰椎间盘突出等疾病，老年人玩玩麻将是可以的。但是，想通过“透视麻将”赚钱、赌博，反而会因被黑吃黑而受骗。

除了打麻将赌博以外，其他赌博、“老千”也是很危险的，千万不要去尝试。

赌博罪，是指以营利为目的，聚众赌博或者以赌博为业的行为。本罪侵犯的客体是社会主义的社会风尚。根据《刑法》第303条的规定，以营利为目的，聚众赌博或者以赌博为业的，处3年以下有期徒刑、拘役或者管制，并处罚金。开设赌场的，处3年以下有期徒刑、拘役或者管制，并处罚金；情节严重的，处3年以上10年以下有期徒刑，并处罚金。

开设赌场罪，是指不论客观上是否具有聚众赌博、以赌博为业的行为，一旦赌场开始正式营业，并有人实际使用，就成立本罪既遂。赌场开设者是否实际获得利润，也并不影响开设赌场罪的成立。开设赌场的人自己参与赌博，并以赌博为业的，可以考虑以本罪和赌博罪并罚。根据《刑法》第303条第2款的规定，开设赌场的，处3年以下有期徒刑、拘役或者管制，并处罚金；情节严重的，处3年以上10年以下有期徒刑，并处罚金。

根据1995年11月6日《最高人民法院关于对设置圈套诱骗他人参赌又向索还钱财的受骗者施以暴力或暴力威胁的行为应如何定罪问题的批复》，行为人设置圈套诱骗他人参赌获取钱财，属赌博行为，构成犯罪的，应当以赌博罪定罪处罚。参赌者识破骗局要求退还所输钱财，设赌者又使用暴力或者以暴力相威胁，拒绝退还的，应以赌博罪从重处罚。

赌博诈骗，是指形似赌博，输赢原本没有偶然性，但行为人伪装具有偶然性，诱使对方参加赌博，从而不法取得对方财物的行为。这种行为一旦骗取财物数额较大即可成立诈骗罪。

根据《治安管理处罚法》第 70 条的规定，以营利为目的，为赌博提供条件的，或者参与赌博赌资较大的，处 5 日以下拘留或者 500 元以下罚款；情节严重的，处 10 日以上 15 日以下拘留，并处 500 元以上 3000 元以下罚款。

典型案例

案例 1：2016 年 5 月至 8 月，被告人彭某甲、方某伙同彭某乙、童某某、李某某（3 人已判刑），事先预谋，采用假冒身份、虚构事实的手段，利用买卖“透视麻将”赚取差价的方式，分工合作，彭某乙、李某某等人扮演买卖透视麻将的人，彭某甲、方某负责望风并跟踪被害人，分别取得肖某、程某、刘某、刘某甲、曾某 5 人信任，骗取 5 人 7.8 万元，其中彭某甲参与诈骗 4 次，金额 6.6 万元，方某参与诈骗 1 次，金额 1.2 万元。被害人刘某甲、肖某、程某、刘某、曾某被骗时，年龄分别是 65 岁、72 岁、62 岁、65 岁、72 岁。

被告人彭某甲、方某与同案犯彭某乙、李某某、童某某实施诈骗的手段、方式具体为：事先准备好偏光眼镜和麻将，由彭某甲或方某负责驾驶摩托车和望风；彭某乙扮演需要购买透视麻将的外地人与被害人搭讪；童某某扮演驾驶摩托车恰巧经过的本地人，引诱被害人一起购买透视麻将以赚取差价；李某某扮演出售透视麻将老板的女婿，骗取被害人的信任，共同骗得被害人钱款。

2018 年 8 月 20 日，江西省吉水县人民法院判决认为，被告人彭某甲、方某以非法占有为目的，伙同他人事先预谋，准备作案工具，虚构买卖透视麻将的事实，分工合作，互相配合，分别假装为出售人、中间人及收购人，并由一人负责望风和跟踪，通过引诱被害人出资赚取中间差价的方法，骗得被害人钱款。故以被告人彭某甲犯诈骗罪，判处有期徒刑 2 年 6 个月，缓刑 3 年，并处罚金人民币 1.5 万元；被告人方某犯诈骗罪，判处管制 6 个月，并处罚金人民币 1 万元。

案例 2：2016 年 12 月至 2017 年 4 月，被告人陈某某组织被告人范某甲、范某乙、余某某等人寻找代卖“六合彩”的店家，采用购买“六合彩”时将购买款调包的方式实施诈骗，其中陈某某提供购买“六合彩”的资金和选码，并负责团伙平时开支和中奖后的资金分配，范某甲、范某乙、余某某寻找代卖“六合彩”的店家，范某甲负责购买“六合彩”时进行调包，范某乙、余某某等人负责在范某甲调包时遮挡店老板视线，同案犯覃某、杨某在范某甲调包后负责在店内看守装有纸的密码包，防止卖“六合彩”的店家打开密码包。被告人共实施 5 起诈骗，第二起犯罪事实因被害人没有代购“六合彩”而犯罪未遂，诈骗既遂金额 13.27 万元。其中，被告人陈某某、范某甲共同作案 5 起，骗取他人财物数额巨大；被告人范某乙参与作案 4 起，骗取他人财物数额巨大；被告人余某某参与作案 2 起，骗取他人财物数额较大。

2018 年 2 月 23 日，江西省广昌县人民法院以被告人陈某某犯诈骗罪，判处有期徒刑 4 年 1 个月，并处罚金人民币 1.5 万元；被告人范某甲犯诈骗罪，判处有期徒刑 2 年 7 个月，并处罚金人民币 1.2 万元；被告人范某乙犯诈骗罪，判处有期徒刑 1 年 9 个月，并处罚金人民币 1 万元；被告人余某某犯诈骗罪，判处有期徒刑 1 年 3 个月，并处罚金人民币 8000 元。

案例 3：受害人边某在网上购买了一个打牌作弊器，2011 年 3 月 30 日，边某将自己有作弊器的事告诉了严某，严某又将此事告诉了周某，严某带周某认识了边某。周某、边某认为使用作弊器打牌能赢钱，并准备联系人打牌。周某打电话给陆某（赵某），并将此事告诉了陆某叫其联系其他人员打牌，陆某将此事告诉了余某（已另案判处），两人商量后准备“黑吃黑”，余某又找到被告人杨某、陈某（另案判处）、宋某（另案判处）、谌某（另案判处）等人在四川省冕宁县泸沽宾馆商量后，余某、杨某安排谌某等三人与受害人打牌，并分别拿了 5000 元钱给谌某等三人，并告知只管打牌不管输赢，如果没钱了就打电话。2011 年 4 月 1 日 12 时许，谌某等人便到泸沽一茶楼与受害人周某等人打牌。打牌进行一段时间后，余某和宋某、陈某等人就按事先的安排冲进打牌的包间里，从受害人周某处搜出作弊器。将周某等人强行带出茶楼后，又到冕宁县泸沽一宾馆房间内将提供赌博作弊器的受害人边某强行带出宾馆，将这三人用车拉至冕宁县火车站货场平台。因边某从车上跳下来准备逃跑，余某随即下车追赶边某，追上后余某、谌某、宋某对其实施殴打，殴打后将其与周某、赵某带至泸沽镇交通北路一宾馆房间进行看守，并威胁叫三人拿钱。当天三人最后同意每人拿 5 万元后，余某和杨某将赵某带离宾馆。在宾馆内周某、边某被威胁与家人联系筹钱，到2011 年4 月2 日11 时许，陈某、谌某、宋某等人将边某及周某带离宾馆，后杨某、陈某、谌某、宋某等人把周某、边某带往冕宁县泸沽镇洛瓦小学后面的山脚下，并用绳索将周某绑在一电线杆上，陈某、谌某、宋某等人用绳索抽打周某。打了几分钟后听说边某的妻子已经报警，便将周某、边某带下山，边某与朋友联系后拿了4000 元，周某通过家人于当天20 时许拿了3 万元后被放走。经鉴定边某的损伤为轻伤。

2018 年5 月17 日，冕宁县人民法院以被告人杨某犯敲诈勒索罪，判处有期徒刑1 年3 个月，缓刑2 年，并处罚金人民币2 万元。

案例4：2017 年 3 月 27 日至同年 10 月 11 日，被告人罗某保、熊某某、刘某某、冷某（在逃）从广西桂林市窜至资源县县城，以发三张扑克牌赌“公仔”的形式设局诈骗，罗某保参与诈骗三次，涉案数额7500 元，熊某某、刘某某各参与诈骗两次，涉案数额4700 元。

其中，2017 年3 月27 日早上，被告人罗某保和冷某等四人（其余两人身份不详，绰号“马搞”“老鬼”）从桂林市汽车北站乘车到资源县以赌“公仔”的形式设局进行诈骗。在车上冷某叫“马搞”负责坐庄发牌，冷某、罗某保、“老鬼”负责做“媒子”吸引路人。在资源县风雨桥上，按照车上事先安排的分工，“马搞”发牌，冷某、罗某保、“老鬼”做“媒子”假装路人押了起来，不一会儿就吸引了很多中老年人围观。刘某甲围观后，在冷某等人的怂恿下，刘某甲按冷某等人的意思，将钱分三次押在了折角的“公仔”牌上，因为牌是冷某等人事先准备好的，三张牌都在同一个位置上折过角，所以“马搞”在发牌的瞬间，利用特殊手法，将“公仔 K”牌的折角磨平，将另一张牌的折角勾起，然后发牌打乱三个牌位置，刘某甲下注押钱后，结果都猜错，刘某甲三次押钱共计 2800 元（分别押了 800 元、1000 元、1000 元），均被冷某、罗某保等人骗走。后因刘某甲之子刘某丙识破骗局，罗某保等人退还了 700 元给刘某丙。

2018 年 9 月 6 日，广西壮族自治区资源县人民法院判决认为，三被告人诈骗老年人的财物，可酌情从重处罚。故以被告人罗某保犯诈骗罪，判处有期徒刑 8 个月，并处罚金人民币 5000 元；被告人刘某某犯诈骗罪，判处拘役 5 个月，并处罚金人民币 3000 元；被告人熊某某犯诈骗罪，判处拘役 4 个月，缓刑 8 个月，并处罚金人民币 3000 元。

案例 5：2017 年 3 月至 7 月，同案犯邱某 2（另案处理）伙同被告人张某某、孙某 1、孙某 2 等人预谋，先后邀请被害人孙某某、孙某某 1、邱某 1 参与赌博，利用诈赌工具实施 4 起诈骗犯罪，骗得孙某某、孙某某 1、邱某 1 钱款。其中被告人张某某参与作案 2 起，涉案金额 5. 6 万元，分得赃款 2000 元；孙某 1 参与作案 2 起，涉案金额 1. 9 万元，分得赃款 2000 元；孙某 2 参与作案 1 起，涉案金额 2. 2 万元，分得赃款 3000 元。具体犯罪经过举其一起为例：2017 年 3 月的一天下午 1 时许，罪犯邱某 2、毛某辉伙同被告人张某某、孙某 2 等人经过预谋，毛某辉提供特制麻将牌、耳机、微型扫描仪等诈赌工具，邱某 2 诱骗被害人孙某某至罪犯邱某 2 位于本市访仙镇南街一出租屋内，以“二八杠”形式进行赌博，毛某辉通过控制台面输赢造成孙某某输钱，从而索取孙某某钱款2.2万元。其中，被告人张某某分得2000元，孙某2分得3000元。

2018年8月16日，江苏省丹阳市人民法院以被告人张某某犯诈骗罪，判处有期徒刑1年3个月，缓刑1年3个月，并处罚金人民币1万元；被告人孙某1、孙某2犯诈骗罪，分别判处6个月有期徒刑，各缓刑1年，并分别处以4000元的罚金。

案例6：2018年12月24日，新浪网以“街头设赌局专门诈骗老人　11人犯罪团伙被公安一锅端”[①] 为题报道了一起案件。11月18日，一八旬老妇梁婆婆报警称，当日10时许，她在容桂某市场看到路边围了一圈人便凑上去看热闹，发现这是一个以“硬币”“杯子”为道具的赌博摊档。没多久其中一名围观男子就对她说“有人中奖了，见者有份”，随即从地上拿起100元递给她，并要求看她包内有多少现金，说现金越多分的钱就越多。梁婆婆信以为真，正当其准备将包内1600元现金拿出来时，骗子突然从她手中把钱抢走并逃离，人群也随即一哄而散。

11月25日早上，民警通过伏击，在容桂某住宅小区对开路段成功拦截该团伙驾驶的汽车，将以梁某辉、梁某升、覃某文为首的特大街头诈骗团伙一网成擒，抓获涉案人员11人。这伙人以有贵重首饰或大量现金的中老年人为主要诈骗对象，作案时，有人负责开设赌档、有人负责望风、有人负责起哄及虚假下注。他

---

① 《街头设赌局专门诈骗老人　11人犯罪团伙被公安一锅端》，载新浪网 http://gd.sina.com.cn/sd/2018-12-24/detail-ihmutuee2090251.d.html，最后访问日期：2019年2月17日。

们的作案地点普遍都选择在城区周边各大市场，在6时至10时，市场人员密集，此时他们就会摆上骗人的赌摊，主要以单独行走的中老年人为目标。行骗的道具就是两个黑色胶圈、一张蓝色塑料纸、两个木盖子、一枚1毛钱的硬币。以猜圈子里有无硬币，让过路的人下注购买，下注10~100元不等，买中圈子有硬币下注的人就赢，否则下注的人就输。他们分工明确，有人专门负责望风，有人负责坐庄，几个同伙做“托儿”，引诱围观群众参与，操控输赢结果，使受骗人先赢后输，直至输光财物。若没有“生意”，就强拉路人赌博，拉不成就抢劫。

通过调查，民警还发现该团伙于2018年10月11日在顺德伦教鸡洲市场以同样的方式摆摊进行诈骗时，强行将一名老妇人严某（70岁）的一条黄金项链、一枚黄金戒指抢夺作虚假下注筹码，进而将项链、戒指抢走，价值约8700元人民币。

防骗攻略

2018年发生的老年人犯罪案件的数量也很多。老年人的晚节很重要，如果不注重自己的行为，去赌博、当老千，不仅老年人自己会因违法犯罪而受到法律制裁，还有可能被不法分子盯上，自己也容易被反骗、被讹诈。

1. 老年人不要沾染赌博恶习

老年人喜欢玩牌、打麻将，若再“加点料”，玩起来会感觉更“刺激”。但是，“料”一定不能多，场合也不能随意，如果老人们的目的不再单纯是打发时间，而是想碰运气赚钱，就变成赌博了。

赌博罪在客观方面表现为聚众赌博或者以赌博为业的行为。所谓聚众赌博，是指组织、招引多人进行赌博，本人从中抽头渔利。这种人俗称“赌头”，赌头本人不一定直接参加赌博。所谓以赌博为业，是指嗜赌成性，一贯赌博，以赌博所得为其生活来源，这种人俗称“赌棍”，只要具备聚众赌博或以赌博为业的其中一种行为，即符合赌博罪的客观要件。

可见，赌博不仅能使老年人积攒半生的养老钱转眼灰飞烟灭，而且赌博本身也是违法犯罪行为。老年人在牌桌上不是不可以用钱当筹码，但一定不可逾越红线演变成赌博。那么，这条红线是怎么划分的呢？2017 年 5 月 10 日，武汉市公安局给一名市政协委员的回复①可以作为参考：

“麻将娱乐”与“麻将赌博”的界限如下：

一、不以营利为目的，亲属之间进行带有财物输赢的打麻将、玩扑克等娱乐活动，不予处罚（不论赌资大小）。

二、亲属之外的其他人之间进行带有少量财物输赢的打麻将、玩扑克等娱乐活动，参与者不满十人，区分不同情形予以裁量和处罚：

（一）人均赌资不满 1000 元的，属于“麻将娱乐”，不予处罚；

（二）人均赌资 1000 元以上不满 3000 元的，处 500 元以下

① 武汉市政协委员许方辉律师向市政协第十三届一次会议提出《关于以“法治思维”厘清“麻将娱乐”与“麻将赌博”的界限，让武汉市民打麻将不再提心吊胆的建议》，2017 年 5 月 10 日得到了武汉警方的以上回复。

罚款；

（三）人均赌资3000元以上不满5000元的，处5日以下拘留；

（四）人均赌资5000元以上的，处10日以上15日以下拘留，并处500元以上3000元以下罚款。

如果组织3人以上赌博并抽头渔利数额累计达到5000元人民币以上的，或者组织参赌人数累计达20人以上的，均可构成赌博犯罪被追究刑事责任。

2. 要避免围观赌博

通过对老年人赌博犯罪案件的剖析看，有的老年人就是在围观赌博时“凑角儿”而陷入赌博犯罪的。自己的好奇心和寻求刺激的欲望随着观战得到一定的满足之后，老年人对赌博的规则逐渐熟悉，会滋生出跃跃欲试、亲自体验的冲动，在别人的怂恿和“凑角儿”的召唤下，便半推半就地参与其中，走出了变成赌徒的第一步。不一定所有走了第一步的人都会成为赌徒，但所有赌徒都是从这样的第一步开始的。要避免成为赌徒，关键在于控制自己不观战，更不要有第一次经历。一旦赌赢了，参赌者在贪婪欲望的支配下收手的情况不多，多数是恋战，以致越赌瘾越重，导致犯罪或者倾家荡产。如果是骗局，不法分子还会故意放水让你赢上几把，骗你坚定地走向“送钱路”。

从案例6的报道可见，路边的赌博摊更是险象环生，竟有多达两位数的不法之徒混迹其中。此类路边设赌摊的犯罪团伙都是流窜作案，被骗对象多为中老年人，他们利用参赌人员想赢的心理，一开始让受害人赢几局，随后便耍小伎俩，让受害人一直输钱；而对于那些对赌博不感兴趣的围观者，这些犯罪分子随时准备抢夺财物。所以，提醒老年人：不要轻信陌生人的话，不要贪图小利，见到此类赌摊时，不要围观，更不可参与。

3. 赌博绝不是发家致富之路

有人幻想赌博能让自己一夜暴富，但这是绝对不可能的。要牢记：赌博绝不是发家致富之路。其实很多赌博人员都会出老千，他们的换牌手法是超乎想象的。只要迈入赌博场子一步，可能就会越陷越深。

国家越来越重视打击赌博活动，加大对赌博违法犯罪行为的处罚力度。老年人千万不要抱有侥幸的心理，要是让自己辛辛苦苦挣的钱输光了或者被骗了，可真的太亏了；要是被抓了，一辈子的努力也就毁了啊！

4. 赌博诈骗套路深，“输掉裤子”是必然

案例5是一起典型的赌博诈骗案件，不法分子专门运用现代科技在赌场上作弊骗取钱财，好赌老人一旦上当，连裤子都得输掉。2017年3月，某甲、某乙、某丙、某丁在上海市奉贤区共同实施了一起赌博诈骗：由某甲和某乙在棋牌室内同牌友玩“二八杠”，两人耳内都戴着微型耳机，某乙在领口上安装一个微型针孔探头，某丙和某丁在附近的车子里看显示器。他们用特殊药水处理过麻将牌，普通人用肉眼看不见，但是某丙同某丁透过微型针孔摄像头能够看到麻将的点数，一筒的话背面就有数字1，以此类推。看

到各个人手中的牌后，由某丁分析哪一家赢牌的概率大，再告诉某甲和某乙二人如何押牌……那么，这一赌博的结局可想而知。

第十节 信仰调养心态，迷信往往害己

封建迷信不可信，天下哪有真鬼神？虚构玄机装高级，让人以为遇神人。暗下打听偷真息，全为取信骗钱财。真学真知有信仰，才是人生好心态。

因迷信而上当受骗的老年人非常多，一般都是花点小钱。但是，如果用钱多了，或追求远远超过现实，很可能就成了刑事犯罪的被害人。

典型案例

案例 1：被告人王某某、陈某与柏某（在逃）等人共谋，以免费旅游为名将客户带至四川绵竹“三溪寺”，再以“大师”算命获取客户信任后让其用钱消灾，以此骗取他人钱财。2017 年 8 月 23 日，被告人王某某在成都市天府新区将被害老年人杨某、范某、赵某等人接送至绵竹市年画村与陈某会合，陈某、王某某带领众人在几处景点游览后来到绵竹市“三溪寺”，待被害人杨某等人午休后，被告人王某某、陈某与柏某等人在寺庙一房间内会

面，王某某将其在路途中打探到的杨某等人的家庭情况告知柏某。当日15时许，王某某等人带领被害人参观寺庙时假装偶遇扮演“大师”的柏某，柏某当场准确说出杨某的家庭情况并骗取了众人的信任。8月24日5时许，柏某、王某某陪同杨某等人在寺庙大堂念完经后，柏某又拿出“九眼天珠”“毒血”做试验，进一步骗取了杨某等人的信任。随后，王某某、陈某先后带杨某、范某、赵某夫妇到寺庙一房间内由柏某算命，柏某以其家庭成员有血光之灾，需用钱化解为由让其拿钱消灾。当日12时许，王某某带领杨某等人回到成都市天府新区华阳街道后，被害人杨某、范某、赵某夫妇分别拿出现金人民币29999元、1999元、2000元给王某某消灾。后被告人王某某将骗取的钱财通过手机支付宝转账给被告人陈某共计人民币19499元。

2018年6月14日，成都市双流区人民法院判决认为，被告人陈某、王某某以虚构事实的方式，骗取老年人现金人民币共计33998元，数额较大，其行为已构成诈骗罪，且系共同犯罪，依法应追究其刑事责任。故以被告人陈某犯诈骗罪，判处有期徒刑1年6个月，并处罚金人民币1万元；被告人王某某犯诈骗罪，判处有期徒刑1年4个月，并处罚金人民币1万元。

案例2：2017年9月至10月，夏某某伙同邓某（已判决）、谭某（移交吉林省另案处理）等人在湖南省武冈市以及吉林省长春市、松原市等地，冒充法师、神医，谎称被害人的家属有血光之灾，欺骗被害人交出现金和黄金首饰用于驱邪消灾，承诺事后立即退还，然后趁机逃离现场，6次共骗取现金41222元和大量黄金首饰。其中，以做法事驱邪消灾的名义骗走被害人潘某

（1936年9月6日出生）7000元现金；以神医治病消灾的名义骗取被害人矫某（1950年12月26日出生）8000元现金；以神医治病消灾的名义骗取被害人刘某（1953年12月20日出生）500元现金、两条金项链、一个金手镯以及一对金耳环。

2018年8月9日，武冈市人民法院以被告人夏某某犯诈骗罪，判处有期徒刑3年6个月，并处罚金人民币4万元。

案例3：2017年7月31日，在河南省虞城县刘店乡，被告人李某某伙同薛某某（刑拘在逃）、吕某某（已判刑）以刘某女儿要出车祸，可以帮助其祷告破灾为由，骗取刘某现金3.8万元、一条金项链及一个金耳环。

2017年8月24日，在河南省鄢陵县，李某某伙同吕某某、薛某某以王某孩子有灾，可以帮助其祷告破灾为由，骗取王某12840元现金及一枚金戒指、一个金手镯和两对银镯子。

2017年9月20日，在洛阳市伊川县，李某某伙同吕某某、薛某某以张某子女有灾，可以帮助其祷告破灾为由，骗取张某800元现金及一条金项链、一对金耳环和一枚金戒指。

2017年9月28日，在驻马店市遂平县，李某某伙同吕某某、薛某某以徐某儿子有灾，可以帮助其祷告破灾为由，骗取徐某12600元现金及一对金耳坠、一枚白金戒指和一部手机。

被害人王某的陈述证明："8月24日8点左右，在鄢陵县北关加油站，一个黑衣女子问我是否认识一个老中医，然后又过来一个红衣女子说认识，带我们到一个院子见到一个男子，黑衣女子说她爸瘫痪了，男子让她把家里的钱拿到神的面前祷告。然后男子又说我二儿子有灾，让我回家拿钱消灾，我就带着红衣女子一起回家拿钱和金银首饰并放到一个棕色包里，又到农村信用社取的钱，红衣女子让我步行走99步，不许回头。然后红衣女子和棕色包都不见了，包里面有现金12840元、身份证、户口本、金戒指一枚、金手镯一个、金项链一条、银镯子两对……”

2018年7月27日，虞城县人民法院判决认为，李某某多次诈骗，酌情从重处罚；有犯罪前科，酌情从重处罚；诈骗老年人，酌情从重处罚。故以被告人李某某犯诈骗罪，判处有期徒刑3年6个月，并处罚金人民币1万元。

案例4：2017年11月10日，被告人谭某某伙同严某某经事先合谋决定以“调包”的方式窃取他人钱财。后谭某某、严某某驾乘面包车去广西岑溪糯垌镇，先由严某某在街上物色作案目标，后严某某在新塘街市场路口一药房门口与李某（1939年8月出生）拉家常并将李某带至新塘街供销社楼下烟花店门口谭某某停车等候的地点，在车上由谭负责对李某“算命”，并虚构要做法事才能解除李某及其家人的灾难，在取得李某信任后便将车开往新塘加油站附近的公路边装神弄鬼，见李某上当后即开车将李某带到糯垌镇地麻村让李某回家拿钱做法事消灾。后李某将家中的人民币5600元拿到糯垌镇地麻村板厂附近交给谭某某，谭某某、严某某即将车开到该村高速公路隧洞口附近，并用报纸将5600元包好后以替李某做法事消灾为幌子，乘李不备以“调包”的方式将钱盗走。

同年11月20日，被告人谭某某、严某某、张某经事先合谋驾乘面包车再到糯垌镇，由张某负责与作案目标拉家常，严某某负责望风，谭某某负责向被害人虚构事实，装神弄鬼、做法事。

后严某某在新塘街路口与周某（1944 年 2 月出生）拉家常，在周某上当后，三人互相配合以上述同样的方法将周某的人民币共 4800 元盗走。

2018 年 1 月 24 日，岑溪市人民法院以被告人谭某某、严某某犯盗窃罪，分别判处有期徒刑 7 个月，并处罚金人民币 1 万元；被告人张某犯盗窃罪，判处拘役 5 个月，并处罚金人民币 5000 元。

案例 5：被告人魏某某于 2013 年至 2017 年 1 月，以北京某科技公司及某某教育全国机构的名义招收被害人郭某为学员，通过虚构其教育机构实力、宣扬封建迷信思想等手段，以需要使用文物等物品对孩子进行培养为由，向郭某出售由魏某某低价购买的物品，骗取郭某人民币 3600 余万元（法院最终认定）。魏某某购买上述物品共花费约 539 万元。

被害人郭某的陈述及提交的自述材料证明：2012 年 6 月，其和唐某参加由某某教育全国机构举办的讲座，主讲人是魏某某，当时其自称叫魏某谦。2013 年 4 月，其申请成为机构的书生家庭，魏某某称须经机构专家组审核。魏某某在授课时讲机构能把孩子培养成伟人。在单独授课时，魏某某谈到诸神通过限外技术使他掌握了天文图，他能掌握全世界的命运，全世界只有他懂得天文、地文、人文、律文、真文。魏某某讲机构有 5 个非常有实力的财务赞助人；机构是培养国王、活佛等影响历史与世界的伟人的组织；机构由美国归国的 5 个心理工程学专家组成，简称诸神，魏某某本人是机构最优秀的教师，自称第六尊神；机构下设专家团队，由中科院、植物所等权威部门的专家组成，专家组根据孩子情况量身定制教学方案，沙龙活动也是专家制订教学方案，由专家组指导、魏某某实施；机构的心理工程学技术能够将星神的性格植入孩子的性格中，就像重装计算机软件，把伟人的素质、信息量、知识、思维方式等复制到孩子的大脑里。2014 年 7 月左右，其购买了新房，魏某某让其从机构买文物，称机构的文物保真、便宜，对孩子的成长教育好。2014 年 8 月其三儿子出生当天，魏某某说其子是财神爷李诡祖转世，过了几天又说孩子是五方宝某佛转世，并取名为宝某。2014 年 10 月左右，魏某某单独对其说，经过机构确认，宝某是藏传佛教鼻祖元朝国师八思巴转世，要统一世界，并要求其保密。2015 年年底，在魏某某的办公室里，魏某某第一次当着其和唐某的面说“宝某和八思巴很有渊源”。

报案后，证人唐某说在 2014 年年底，魏某某就告诉她宝某是八思巴转世并要求她保密。魏某某说机构培养的孩子不能用一般的教学器具，需要用文物搭建孩子成长的教学环境。魏某某要求其为宝某成长配置更多的资源，先限内培养，等时机成熟会限外确认（限内是指普通人通过学习达到的心理学结构，限外是超自然的力量，把天上的星官或者伟人的思维方式、心理学结构复制到学生身上）。由于八思巴统治过欧亚大陆，因此要配置欧洲和亚洲的文物；另外八思巴要统治世界，因此要配置世界各民族的文物。机构给其家庭配置文物，就是因为宝某是八思巴转世，为他搭建教学环境。魏某某还说，机构有对文化的研究体系，经过多年的锻炼，看文物从不走眼。魏某某讲，机构一个老师的爷爷是溥仪的管家，他将皇宫文物卖给日本人，这个老师是他爷爷的转世，这个老师跟日本甲级战犯家族沟通，可以低价买回文物。日本人对文物真伪、价格都很自信，原价包退。其就买了象牙栽纸刀等5件文物，魏某某称都是乾隆设计、督促造办处造的。魏某某还以机构名义向其出售19件套欧洲文物，魏某某称机构有一个在欧洲的老师，长期跟欧洲搞文物的大家族打交道，机构在欧洲的文物购买量位列第一。魏某某以机构保密为由没有向其提供文物档案及收据。其购买文物共给魏某某3900万元，其中2016年4月其给过魏某某450万元。2016年9月、10月，魏某某给其铜质雕像“忠诚的狗”时称3900万元的文物已配置完毕。魏某某告诉其要对机构绝对信任，不能拿文物去卖钱或展示。目前涉案物品在其家中，其同意在魏某某退赔时扣除他购买上述物品的支出金额。

第一，一方面，经侦查机关向赵某、肖某某、齐某、卢某等魏某某所称的专家组成员取证，上述人员称虽与魏某某存在学术交流，个别人员还与其有经济往来，但均系个人交往，且接触并不深入、不紧密，与北京某科技公司或某某教育全国机构无关，未在上述公司、机构中任职，亦未开展针对特定人员的教学科研工作。证人齐某等还明确称魏某某未与其交流探讨过儿童教育话题。而另一方面，证人李某、王某、张某、周某、丁某、庞某、陈某、吴某、唐某，以及被害人郭某等人的言词证据相互印证，证明魏某某向书生家庭、沙龙家庭的家长宣称机构下设专家组，专家来自各大科研机构，专门设计安排机构的游学活动、制订书生家庭的个性化教学方案、24小时为书生家庭提供指导等。据此可知，魏某某对外宣称的专家组定位与其实际情况有实质区别。同时，在案证人证言及被害人陈述还证明，魏某某在讲座、授课过程中，虚构某某教育全国机构具有国家背景、机构主任系国家领导人、机构有国际顶级的心理工程学专家即诸神指导机构教学。被害人提供的魏某某授课录音、电话沟通录音等亦体现出魏某某存在虚构上述事由的言行。通过虚构上述事由，魏某某误导郭某等人对机构的性质及实力产生重大误解，进而信任机构并对魏某某言听计从。

第二，被害人郭某的陈述，证人唐某、陈某、张某等人的证言及录音资料还证明，魏某某在教学过程中反复灌输轮回等封建迷信思想，谎称机构具有将伟人性格复制到孩子头脑中的心理工程学技术，能够借助文物承载的历史信息引导孩子成为伟人，使郭某相信机构有使用文物塑造伟人思想的路径。与此同时，魏某某虚构机构具有购买文物的可靠途径，将低价从马某、孙某等人处购买的艺术品说成来自日本战犯、欧洲贵族的文物或乾隆时期的宫廷物品，诱骗郭某购买。魏某某向被害人郭某、唐某介绍该物品为乾隆亲自设计并督造，其来源于日本战犯后代这一特殊渠道，该情节有录音资料为证。经向孙某、马某取证，二人均否认对魏某某承诺涉案物品的年代、真假、来源，并表示并无鉴定、证书等。北京市文物局出具的鉴定意见证明，被鉴定物品均属现代或民国时期物品。魏某某虽称其向郭某等更正了物品年份等重要信息，但对于更正的过程，并无证据证实，郭某对此亦予以否认。据此，现有证据能够认定，魏某某虚构物品的年代、来源、功用等重要信息，使被害人陷入错误认识并交付钱款。

第三，证人孙某、马某作为魏某某的供货商，对涉案物品价格作出逐一说明，证实魏某某购入涉案物品的花费约为 539 万元。魏某某虚构事实骗取被害人的信任，并已实际取得被害人钱款。

在案魏某某手写账目虽显示有部分货款结余，但该账目未记载全部物品的价款，且系魏某某单方记录未经被害人认可，现郭某陈述货款已花费完毕，故不能据此认定魏某某处尚有货款结余。在案证据证明，魏某某收取郭某的货款与其购入物品的花费差异巨大，其虚构事实骗取被害人交付钱款后占有了巨额差价。

综上，魏某某虚构机构实力诱骗郭某加入其书生家庭后，谎称机构具有通过文物引导、复制伟人思想的能力及特殊文物来源，诱骗郭某为孩子搭建教学环境，从魏某某处高价购买物品。魏某某上述诈骗行为与郭某遭受财产损失之间有直接的因果关系，其诈骗行为环环相扣，不断加深和强化被害人的错误认识，最终实现诈骗的目的。

2018 年 12 月 7 日，北京市第一中级人民法院以被告人魏某某犯诈骗罪，判处无期徒刑，剥夺政治权利终身，并处没收个人全部财产。

案例 6：2016 年 5 月，被告人闻某以及张某某、李某某、徐某某、师某某（该四人已判决）、杨某某（在逃）电话联系预谋到山西长治以“神医看病”的幌子骗取钱财。2016 年 5 月 22 日，李某某六人从长治打车到屯留县城。假扮“生病女儿的母亲”的杨某某在屯留会堂附近遇到正在路上行走的屯留县的魏某，佯装向魏某打听神医住处。假扮“知道神医的好心路人”的张某某称其因老神医为其家人看好病正欲去感谢神医，遂带杨某某和魏某一起去找神医。途中，张某某、杨某某通过聊天套取了魏某的家庭情况，紧跟其后的师某某将听到的情况告诉在屯留宾馆东侧巷子寻找作案地点假扮“神医孙女”的李某某。徐某某、闻某跟在最后负责望风。张某某、杨某某将魏某带入屯留宾馆东侧巷子李某某处，在张某某、杨某某的配合下，李某某虚构魏某的儿子将发生车祸，应将家中的钱财拿出请“神医”为其儿子消除灾祸，从而骗得魏某现金及存款提现的11万元。

2016年5月29日早上，被告人闻某以及张某某、李某某、徐某某、师某某、杨某某乘车到了运城河津市欲实施诈骗。8时许，张某某假扮“生病女儿的母亲”在河津市清涧新村门口佯装向被害人沈某打听新华诊所老中医的住处。假扮“知道神医住处的好心路人”的师某某称老中医已经不给外人看病，遂带着沈某和张某某去找老中医。途中，张某某、师某某通过聊天套取了沈某的家庭情况。紧跟其后的杨某某了解沈某的家庭情况后，超过他们，先行进入翠微小区。徐某某、闻某、李某某跟在最后负责望风。张某某、师某某将沈某带入翠微小区见到假扮“老中医孙女”的杨某某，在张某某、师某某的配合下，杨某某虚构沈某的孩子有灾祸，应将家中的钱财拿出请“神医”为其孩子消除灾祸，骗得沈某回家取了2万元交给杨某某。

2018年11月20日，山西省屯留县人民法院以被告人闻某犯诈骗罪，判处有期徒刑4年8个月，并处罚金人民币2万元。

防骗攻略

有信仰并不可怕，精神有寄托还有利于老年人的身心健康。认识出现偏差也不可怕，毕竟人无完人，在纠正或弥补以后可以更好地前行。

1. 打着神的名义要钱，就是骗局

迷信首先是在认识上存在偏差，关键在于迷信是一种过度的自信，使人丧失了自我纠正的能力。本节涉案老年人就多数属于迷信者，可怕的是，一生积累的财富，可能会因为迷信而很快被骗光。

近年来，利用封建迷信诈骗老年人的案件时有发生，老年人因为警惕性不高、迷信心理重、容易为家人担心等因素，已经成为该类诈骗案件的主要侵害对象。神不食人间烟火，要人民币做甚？既然是“破财免灾”，又要神做甚？这组案件中的各被害老年人的教训是深刻的，是值得其他迷信的老年人吸取的。生活中一旦遇到前述“大仙”“神人”“转世”，一定要提高警惕，这些案例是很好的参考。老年人要破除封建迷信思想，崇尚科学，切勿相信“天降灾祸”“鬼怪害人”“作法祛病消灾”等迷信之说，不要轻易将家庭情况告诉陌生人，遇到过于热情的陌生人，一定要提高警惕。一旦上当受骗，要及时报警。

虽然案例 5 中被害人郭某的年龄尚未获得考证，估计也并不属于老年人，但是该案骗术中虚构了许多现代科技因素，说明被告人对科学知识有所掌握并熟练嵌入骗术当中，蒙骗性更强，因而具有一定的典型性。结合近年来许多老年人在关心、照顾孙辈中常遭诈骗的社会现实，利用该种手段诈骗迷信老年人可能较难防范，故收入本书以示警。

2. 要加大对老年人群的普法警示宣传力度

案例 6 中的骗术，是多人分工实施诈骗老年人犯罪中最为老

套的一种，作者几乎每年都能看到“同模板”的案例。令人纠结的是，每年都不断地发生着类似骗局。希望读者们能够多向身边的老年人讲讲如下一些典型案件的情形，少一些“模板”式悲剧的重演。

第一步：物色老年人，分工配合邀请“入戏”。

在整个骗局中，团伙成员分工明确，配合熟练。由两名团伙成员以找“大师”算命为名“问路”，主动与受害人搭讪，邀请其搭车一起找“大师”算命，后套取受害人的家庭相关信息。

第二步：假扮“大师”登场，获取被害老年人信任。

团伙成员与被害人一同，现多驾驶汽车乘载受害人，到达偏僻路段“巧遇”由团伙成员扮演的“大师”。本书案例中一同伙先偷见“大师”，也有团伙成员通过手势暗语把受害人家庭信息通报给“大师”。随后，“大师”精准“算出”受害人家庭的基本情况，让受害人对其能力深信不疑。此时，“大师”又故弄玄虚，说受害人的家中有害人的“鬼怪”，家人近日将有血光之灾。

第三步：被害老年人信以为真，思想上完全落入圈套。

当受害老年人惊慌失措讨要破解之法时，“大师”声称只要受害人拿钱财来做一场“法事”即可消灾，而且钱财越多“法事”的效果越好。受害人取来现金后，团伙成员用报纸或黑色塑料袋把现金包起来交给“大师”做“法事”。

第四步：钱财一旦到手，团伙就按预谋步骤迅速消遁。

在做“法事”过程中，“大师”趁受害人不备，拿出事先准备好的装有冥币或杂物的报纸包或黑袋进行调包。做完“法事”后，“大师”把调换过的包还给受害人，并叮嘱其七七四十九天或走出九十九步后才能打开，否则“法事”不灵，团伙按事先预谋快速分散撤离。

3. 子女要多陪伴老人

子女应当让老人多接触点外界的信息，或经常抽空陪老人出去走动走动，他们突然迷信起来可能是因为需要一些精神食粮，子女要做的就是制造一些精神食粮。这样，老年人被骗的风险就会大大降低。

老年人有信仰也并没有什么不好，只要不是强制家人也去相信，只要不因为迷信被骗钱财，也就不用太在意。从某种意义上说，迷信也是老年人的自由，因为我们很多的传统习俗都与迷信相关。

第二章　如何避免成为经济犯罪的受害者

经济犯罪，是指在社会经济的生产、交换、分配、消费领域，为谋取不法利益，违反国家经济、行政法规，直接危害国家的经济管理活动，依照我国刑法应受刑罚处罚的行为。经济犯罪的各罪名主要反映在我国刑法分则第三章规定的破坏社会主义经济秩序罪各条中，老年人容易成为《刑法》第 176 条非法吸收公众存款罪、《刑法》第 192 条集资诈骗罪、《刑法》第 224 条合同诈骗罪、《刑法》第 224 条之一的组织、领导传销活动罪以及《刑法》第 172 条规定持有、使用假币罪的被害人。[①]

① 这里的“持有、使用假币罪的被害人”，并非法律意义上的表述，是指使用假币诈骗手段骗取老年人钱财犯罪案件的被害人。

第一节

存银行最保本，沾非吸[①]折大部

> 为了吸资先洗脑，传单推介少不了。今天让你免费用，明天带你豪华游。办个会卡可返息，签个合同算投资。其中奥秘不难解，不定人群是非吸。

非法吸收公众存款罪，是指非法吸收公众存款或者变相吸收公众存款，扰乱金融秩序的行为。根据《刑法》第 176 条的规定，犯非法吸收公众存款罪的，处 3 年以下有期徒刑或者拘役，并处或者单处 2 万元以上 20 万元以下罚金；数额巨大或者有其他严重情节的，处 3 年以上 10 年以下有期徒刑，并处 5 万元以上 50 万元以下罚金。单位犯前款罪的，对单位判处罚金，并对其直接负责的主管人员和其他直接责任人员，依照前款的规定处罚。

根据《最高人民法院关于审理非法集资刑事案件具体应用法律若干问题的解释》的规定，违反国家金融管理法律规定，向社会公众（包括单位和个人）吸收资金的行为，同时具备下列 4 个条件的，除刑法另有规定的外，应当认定为《刑法》第 176 条规定的“非法吸收公众存款或者变相吸收公众存款”：

① 非吸，即非法吸收公众存款，下同。

（一）未经有关部门依法批准或者借用合法经营的形式吸收资金；

（二）通过媒体、推介会、传单、手机短信等途径向社会公开宣传；

（三）承诺在一定期限内以货币、实物、股权等方式还本付息或者给付回报；

（四）向社会公众即社会不特定对象吸收资金。

未向社会公开宣传，在亲友或者单位内部针对特定对象吸收资金的，不属于非法吸收或者变相吸收公众存款。

我国老年人群体的个人财富是可观的，据 2018 年 2 月我国首本康养蓝皮书《中国康养产业发展报告》中披露，中国城市 45% 的老年人拥有储蓄存款，老年人存款余额 2016 年超过 17 万亿元，人均存款将近 8 万元。财产对于老年人安度晚年至关重要，可是钱存在银行保本但利息偏低，取出投资回报可能较多但风险大。

非法吸收公众存款的犯罪时有发生，因为案件的被害者往往众多，严重危害老年人的财产安全。从近年发生的案件看，以现金返利、免费购买保健品、免费旅游等噱头非法吸收公众存款的较为普遍。

典型案例

案例 1：2017 年 6 月中旬，被告人武某某伙同白某某到河南省鹤壁市开设“老来乐会员服务中心鹤壁一店”，主要针对老年人销售保健品，武某某任店长，白某某任经理，并在工商局注册为“鹤壁市山城区春雷路鸿运福天食品店”。武某某等人以现金返利、免费购买保健品、免费旅游的噱头吸引张某等人投资，并承诺18个月以内返本复利。比如，用免费保健艾灸吸引老年人来体验按摩，并推销保健产品、讲解成为会员后可以免费用产品还能每天返现金或返购物券。会员级别：缴纳1280元是银卡会员，缴纳6400元是金卡会员，缴纳12800元是钻卡会员，缴纳19200元是白金卡会员，缴纳25600元是翡翠卡会员，并承诺每个级别的会员卡每天返利，返利期为一年半。但是，至2017年11月左右就见不到返利了。非法吸收公众存款共计165.43万元，造成损失110余万元。武某某在职期间吸收社会公众存款共计89.66万元。

2018年10月12日，鹤壁市山城区人民法院以被告人武某某犯非法吸收公众存款罪，判处有期徒刑8个月，并处罚金2万元。

案例2：2017年，被告人周某某、钟某某在四川省攀枝花市开设四川某竹业公司攀枝花分公司，欲以开办竹制品企业的名义吸收资金用于改善四川某竹业公司的经营。2017年上半年，四川某竹业公司攀枝花分公司以发放传单、召开推介会等方式吸引老年人与公司签订“劳务合同”，以缴纳“商品保证金”的形式吸收资金，同时承诺以“劳务费”的方式按照每1万元每月200元的金额返还利息。该公司成立后，共向李某、刘某等99人非法吸收存款262.3万元。案发后四川某竹业公司已向集资人返还本金172.23万元。

2018年7月30日，攀枝花市东区人民法院以被告人周某某、钟某某犯非法吸收公众存款罪，分别判处3年有期徒刑，并分别处以人民币5万元的罚金。

案例3：2015年9月24日，洪某、关某、黎某（均另案处理）为非法集资注册成立舟山市盛鑫汇投资管理有限公司，并纠集被告人刘某某及张某、王某、魏某、宋某、于某、李某洋等人（均已判决）为公司工作人员，刘某某自2015年11月9日起担任公司副总经理，负责保管公司印章和洪某私章，并在借款协议及收据上加盖印章，王某负责公司业务员管理，张某、魏某负责财务，宋某、于某、李某洋作为业务员负责发放宣传单吸引中老年人至公司存款。公司成立后至2016年1月20日，上述人员未经依法批准，以公司扩大生产规模需要资金为由，以支付高额利息、给付红包、发放礼品、活动抽奖为诱饵，向郑某、倪某、陈某、许某、胡某等70余人非法吸收公众存款共计人民币263.2025万元。其中，刘某某非法吸收公众存款共计人民币147.745万元。绝大部分非法吸收公众存款金额无法归还。案发后，刘某某主动向公安机关投案，从刘某某处扣押赃款人民币1万元。

2018年5月3日，舟山市定海区人民法院以非法吸收公众存款罪判处被告人刘某某有期徒刑2年，并处罚金人民币5万元。刘某某上诉。同年7月19日，舟山市中级人民法院二审判决认为，刘某某案发后自动投案并如实供述自己的犯罪事实，系自首，亦可对其从轻处罚；原判定罪正确，审判程序合法，但未认定刘某某自首，适用法律错误，应予改判。终审改判刘某某犯非法吸收公众存款罪，判处有期徒刑1年10个月，并处罚金人民币5万元。

案例4：2016年10月以来，被告人倪某某在担任苏州某农产品发展有限公司兴化分公司负责人期间，以苏州总公司发展需要资金为由，通过发传单、集中开会宣传方式，以10%～20%的高额利息诱惑，向兴化地区李某、沙某等 42 人非法吸收存款合计人民币 192.16 万元，造成损失 177.884 万元。

2018 年 7 月 11 日，江苏省兴化市人民法院判决认为，本案涉案的被害人人数众多，且多为中老年人，涉案绝大部分损失也未得到挽回，对被告人不宜适用缓刑。故以被告人倪某某犯非法吸收公众存款罪，判处有期徒刑 1 年 10 个月，并处罚金人民币 5 万元。

案例 5：被告人任某于 2017 年 9 月 25 日注册名为辽源市龙山区龙腾金生日用品商店，成为龙腾金生集团的一家分店，任某任店长，为吸引人群到店，该店以发放传单、到店免费领取鸡蛋、会员免费旅游等手段，向不特定的人群进行宣传，宣传后主要吸引了老年人到店，并对老年人进行讲课、洗脑，在骗取信任后，又以投资回报为诱饵，以 1280 元至 25600 元不等的价格推出银卡会员、金卡会员、钻卡会员、白金会员及翡翠会员 5 种投资方式，购买不同级别的会员可获得不同级别的购物券，并承诺按比例每日返现金给会员的形式，共计发展会员 50 余人，非法吸收存款共计 70 余万元，在公安机关立案前已返还 16 万余元。

2018 年 11 月 28 日，吉林省辽源市龙山区人民法院以被告人任某犯非法吸收公众存款罪，判处有期徒刑 2 年，并处罚金人民币 10 万元。

案例 6：2012 年 5 月，周某、戴某（两人已被判刑）根据长沙历藏文化传播有限公司（以下简称长沙历藏公司）负责人毛某（另案处理）的安排，到湘潭进行非法集资试营业。同年 8 月 1 日，长沙历藏公司湘潭分公司正式成立，公司设在湘潭市雨湖区云塘街道韶山中路89号中荣时代广场。周某任总经理，戴某任副总经理，张某（已判刑）负责监管分公司业务和财务工作。周某、戴某、曹某、方某（四人均已判刑）、王某等人在明知公司没有融资资质的情况下，采取在湘潭繁华路段散发融资传单、召开投资推介宣传会、口口相传等方式，以实施年收益率16%～24%的投资利息回报为诱饵，面向中老年人签订投资合同，以“惠某直通车”“9577超市”“童某车”等投资项目向社会不特定对象非法吸纳资金。毛某安排张某对周某等人的吸纳资金行为进行监管，负责将客户资金转账至长沙历藏公司。

2013年，因长沙历藏公司融资项目实际无法对客户还本付息，该公司及长沙历藏公司湘潭分公司分别被注销。2013年11月，旻山控股集团董事长朱某敏（刑拘在逃）、朱某新（刑拘在逃）对长沙历藏公司及其下属湘潭分公司的所有投资客户债务全部兜底收购，利用毛某、周某等人的融资团队在长沙成立湖南旻山投资有限公司，安排毛某作为湖南旻山投资有限公司实际负责人，相继在湘潭、株洲、衡阳等地设立分公司。毛某按照朱某敏的安排利用旻山新能源汽车、新能源电池等融资项目，将原来历藏公司时期客户的投资合同进行了更换，投资项目的受益方改为黑龙某某山电动汽车有限公司、上海环强新能源汽车公司、山东路邦汽车智能装备制造有限公司等企业，继续吸收公众资金。

2013年12月23日，周某、李某等人根据毛某的安排设立了湖南旻山投资有限公司湘潭分公司，注册时冒用刘某的身份信息，办公地址仍设在雨湖区云塘街道韶山中路89号中荣时代广场。湖南旻山湘潭分公司成立后，周某、戴某、王某等人在明知公司未取得融资资质的情况下，将长沙历藏公司湘潭分公司发展的客户签订的投资合同转为旻山新能源汽车的投资合同，通过与投资人签订1~2年不等的《投资合作经营合同书》的形式向投资人借款，以浙江巨兴担保有限公司提供担保的方法，先后与客户签订山东路邦汽车智能装备制造有限公司、黑龙某某山电动汽车有限公司、上海环强新能源汽车有限公司合作经营项目合同，并向投资人许诺年收益率为16%~24%的回报。周某等人通过招聘业务员，向业务员、业务经理支付以融资额4%~5%不等的比例奖励员工发展客户。湖南旻山湘潭分公司所吸纳的投资资金全部转账至朱某敏、朱某新指定的财务人员账内，客户的还本付息由朱某敏、朱某新安排的财务人员直接支付到客户的银行账户。

经司法鉴定中心鉴定：自2012年5月起，周某、戴某、曹某、王某等人共向705位投资人吸收资金6950.2万元，支付投资人返现及礼物折价65.6905万元，偿还投资人本金1714万元，支付投资人利息2229.58万元。2016年3月3日，因资金链断裂造成494位投资人损失3158.5635万元。目前共收集投资合同926份，扣除重复投资部分，合同金额4898.08万元。其中王某吸收投资金额共计952万元，非法获得提成款41.8625万元。

2018年10月22日，湖南省湘潭市雨湖区人民法院判决认为，被告人王某在明知公司非法吸收资金的情况下，为获取返点提成，利用宣传单和口述的方法向社会公众扩散，积极推动信息传播，吸收社会公众存款数额巨大，其行为已构成非法吸收公众存款罪。故以被告人王某犯非法吸收公众存款罪，判处有期徒刑2年6个月，并处罚金10万元。

防骗攻略

非法吸收公众存款的案件非常多，涉案被害老年人数量很庞大，虽然有的案件中老年人的“投资”损失不是特别大，但是所有案件中原先许诺的高额利息都成了泡影，有的案件结案时追回来的本金还不足一成。

许多老年人对投资还是非常谨慎的，但架不住不法分子的长期坚持做工作、洗脑和不间断地提供好处。比如，在一起非吸犯罪中，公司采取发宣传单，邀请中老年人到农家乐免费吃饭等方式，公开宣传其公司是以炒美元、炒原油、炒期货、炒恒生指数营利的公司，讲公司利润发展前景如何如何好，希望大家借钱，以每月2分或3分的高息向中老年人吸收存款，让那些老年人相信借钱是没有风险的。有的电信诈骗案件通过微信群、QQ群对有投资可能的中老年人进行洗脑，2018年7月9日中央电视台新闻频道以“一个微信群，除了自己其他人都是托”为题报道的一起案件中：“那个老师炒了半个月，就挣了200%，他讲课一万多人签到。两个月过后，群里的小助理开始邀请吴女士一起炒黄金，声称只要跟着讲师操作，稳赚不赔。吴女士动心了，2018年2月1日，她进入了所谓的‘香港汇赢环球’平台，当天就投入了10多万元……”误入群聊的投资者的命运可想而知。有的非吸案件中被告人还会组织被害人免费到外地旅游、参加高档聚会等，来展示公司实力，被害老年人的戒心慢慢就被减弱了。比如，案例5中的被害人陈某证实：2017年10月12日为我老伴儿投资1280元，10月20日为自己投资25600元，10月27日为自己投资两个

25600 元，前后花了 78080 元……可见，越投入胆子越大。

非法吸收公众存款罪侵害的客体是国家的金融监管秩序，那么非法吸收公众存款案件是否存在被害人？这在学界和司法机关是有争议的。所以，如果老年人明知是非法吸收公众存款还参与牟利，其财产损失有可能得不到法律的保护。一生的辛劳节俭啊，一定一定要慎行。

老年人如何防范非法吸收公众存款犯罪呢？

1. 要看主体或平台本身是否拥有合法的资质和牌照，是否是由证监会批准、拥有正规券商牌照的符合主体资质的企业。没有资质，向你借款就可能涉嫌非法吸收公众存款。

2. 要看吸收公众存款的手段是否符合法律规定。比如德隆系列案之中富证券案，在该案中，中富证券具有合法的相关资质牌照，但其控制人为了筹集资金，以理财为名向客户承诺保本付息吸收存款，这种保本付息承诺的委托理财行为就被法院认定为一种非法吸收公众存款的行为。

3. 要看是不是向不特定公众吸收资金。有的采取签订劳务合同、员工借贷合同、借款协议、股权认购协议等形式，想以合法形式掩盖非法目的，仍会被追究责任。在案例 2 中，就是采取老年人与公司签订“劳务合同”方式进行非法吸收公众存款犯罪的。

4. 要看表现形式，如果有类似已经被追究非法吸收公众存款刑事责任的典型表现的，一定要提高警惕。从已经判决的案件情况看，主要的非吸形式有：高额回报，委托理财，筹集发展资金，加盟补贴，购买预存卡，以返本、包租、回购、份额等方式售房，以代种、租种、联种等方式养殖，以回购、寄存、代售等方式销售商品，以虚假转让股权、发售虚构债券等方式发行股票、债券，以境外基金、虚构基金等方式发售假基金，以险企、保单等方式销售假冒保险等。

第二节 “投资”“养老”兼顾，“两不误”型非吸

扛着养老大旗走，预存服务是噱头。给你诱惑足够多，羊毛出在羊身上。貌似合理实非法，无非把手藏得深。“投资”“养老”两不误，此种非吸最害老。

将老年人的个人财富用来供自己养老是第一要务，于是，以投资建设养老机构或者提供养老服务为由的非法吸收中老年人投资成了一些犯罪分子的新招数，2018 年“投资”“养老”两不误型非吸上当的案件高发，而且都具有典型性。

典型案例

案例 1：2011 年间，被告人张某某在经营“武汉老知青回归茶庄有限公司”时，因经营出现资金困难，为了在缓解经营资金压力的同时，投资建设位于本区长岭街羊角山村“知青岁月老年

公寓”，2011 年 10 月至 2016 年 3 月，被告人张某某先后雇请被告人周某某、王某甲、李某某、王某乙、罗某某、魏某某帮助其融资，并按融资比例给上述被告人支付佣金、提成等费用。2012 年 4 月，被告人张某某在未经相关管理部门批准的情况下，分别在武汉市武昌区中南大厦、汉阳区凯悦大厦租赁办公地点作为其融资点。在被告人张某某授意下，被告人周某某、王某甲、李某某、王某乙、罗某某、魏某某及雇请的业务员先后在武汉市内的居民小区、公园、广场等处，发放宣传资料，向社会公众宣传老年公寓养老项目、吸收资金的信息。以经营老年公寓的名义，通过与客户签订《预订养老服务合同书》《床位租赁合同书》的形式，以高额回报及承诺入住养老公寓享受折扣为诱饵，大肆吸收客户资金。在此期间，被告人张某某伙同被告人周某某、王某甲、李某某、王某乙、罗某某、魏某某非法吸收公众存款，吸收了艾某、喻某、陈某等 3622 人资金计人民币 30648.6 万元，累计偿还本金金额计人民币 8130.345 万元，支付利息金额计人民币 2612.6637 万元，尚未偿还金额计人民币 19905.5913 万元。其中，向艾某等 166 人吸收资金金额计人民币 419.32 万元，偿还本金金额计人民币 406.32 万元，支付利息计人民币 13 万元，已分别向相关当事人等额偿还。向柏某等 473 人吸收资金金额计人民币 2511 万元，偿还本金金额计人民币 2469.375 万元，支付利息计人民币 565.9755 万元，已向相关当事人超额偿还，超额偿还金额计人民币 524.3505 万元。向陈某等 2983 人吸收资金计人民币 27718.28 万元，偿还本金计人民币 5254.65 万元，累计支付利息为人民币 2033.6881 万元，尚未偿还的余额为人民币 20429.9419

万元。被告人周某某于2012年7月至2014年、2015年3月至10月，担任知青岁月老年公寓武昌融资点业务员、总监等职务，直接或间接吸收田某等1670人资金金额计人民币8945.1万元；被告人王某甲于2011年10月至2013年9月，分别担任知青岁月老年公寓武昌和汉阳融资点总监职务，直接或间接吸收蔡某等1057人资金金额计人民币5053万元；被告人李某某于2012年5月至2014年7月，分别担任汉阳、武昌融资点总监职务，直接或间接吸收严某等705人资金金额计人民币3610万元；被告人王某乙于2013年10月至2016年3月先后在武昌融资点担任业务员、营销经理、售后服务部主管、总监等职务，直接或间接吸收曹某等594人资金金额计人民币3311.04万元；被告人罗某某于2011年11月至2014年6月，先后在武昌融资点担任业务主管、业务经理、部长、总监等职务，直接或间接吸收刘某甲等229人资金金额计人民币1360万元；被告人魏某某于2012年6月至2015年4月分别在武昌、汉阳融资点担任业务员、经理、总监等职务，直接或间接吸收王文某等157人资金金额计人民币828万元。截至案发时，造成陈某等2983人资金计人民币20429.9419万元无法兑付。

2018年9月25日，武汉市黄陂区人民法院以被告人张某某犯非法吸收公众存款罪，判处有期徒刑9年1个月，并处罚金人民币50万元；被告人周某某犯非法吸收公众存款罪，判处有期徒刑5年8个月，并处罚金人民币10万元；被告人王某甲犯非法吸收公众存款罪，判处有期徒刑5年，并处罚金人民币10万元；被告人李某某犯非法吸收公众存款罪，判处有期徒刑4年6个月，并处罚金人民币8万元；被告人王某乙犯非法吸收公众存款罪，判处有期徒刑4年3个月，并处罚金人民币6万元；被告人罗某某犯非法吸收公众存款罪，判处有期徒刑3年，并处罚金人民币3万元；被告人魏某某犯非法吸收公众存款罪，判处有期徒刑3年，并处罚金人民币2万元；对被告人张某某犯罪违法所得人民币19905.5913万元，继续追缴，依法发还。

案例2：2016年6月左右，肖某、蔡某（二人均另案处理）经过预谋，准备成立养老服务公司，通过修建部分养老基地、虚构与其他养老机构联营等方式，以预存费用享受低廉养生、度假、旅游等养老服务进行非法集资。依照肖某、蔡某的安排，曾某某（另案处理）安排陈某担任准备成立的养老公司法定代表人，对外签订合同、收支集资款等。肖某通过银行短信的形式监控融资款，并安排资金支出。蔡某为公司顾问，负责集资项目的总策划，联营养老基地、推广业务、引进施工队修建基地、对归然岛基地上原有建筑进行装修。2016年7月7日，自贡益寿园养老服务有限公司成立，陈某担任法定代表人。同年7月25日，四川归然养老服务有限公司成立。该公司股东为益寿园公司（占股80%）和威远金某果业公司（占股20%），陈某为法定代表人。随后，肖某、蔡某、陈某等人又陆续在自贡、威远、富顺、攀枝花等10余地市成立益寿园和归然公司的分公司或营业网点。后经肖某、蔡某与被告人熊某某共同商议，由被告人熊某某负责或介绍融资团队，以养老服务的名义开展融资业务，并约定按融资款的3%提取介绍费。2016年10月，益寿园公司在四川省富顺县富世镇釜江大道白杨湾小区设立营业点；同年11月10日，归然公司租赁自贡市高新区泰丰大厦27楼作为办公地点设立自贡分公司，陈某均为法定代表人。被告人熊某某介绍刘某（在逃）到益寿园公司富顺营业点组建融资团队；介绍周某（另案处理）到归然公司自贡分公司组建融资团队，开展融资业务。刘某、周某领导的融资团队以养老服务的名义，采取打电话、发放传单、发放礼品、搞活动、听讲座、吃饭和参观养老基地向老年人宣传预存养老服务，以每月兑付融资款的2%作为消费补贴，到期还本的方式让不特定公众预存消费。随后，归然公司自贡分公司向黄某等98名被害人进行集资；益寿园公司富顺营业点向兰某某、喻某等74名被害人进行集资。其间，被告人熊某某获得归然公司自贡分公司介绍融资团队的介绍费2万元。经四川联立司法鉴定中心司法鉴定意见书认定，四川归然养老服务有限公司自贡分公司自2016年12月16日起至2017年5月18日止的期间内：吸收公众存款确认金额为306.965万元，支付借款利息确认金额为10.585万元；自贡市益寿园养老服务有限公司富顺营业点自2016年10月20日起至2017年5月2日止的期间内：吸收公众存款确认金额为202.635万元，支付借款利息的统计金额为14.9657万元。

2018年8月27日，自贡市自流井区人民法院以被告人熊某某犯非法吸收公众存款罪，判处有期徒刑2年，并处罚金3万元。

案例3：2012年以来，被告人宁某某伙同胡某某（另案处理）、张某某（已判决）等人以经营河南庆三元农业科技有限公司、商丘市鑫垚实业有限公司、河南欧八酒店管理咨询有限公司及周口分公司、河南三皇实业有限公司及周口分公司等名义为由，通过宣传以及口口相传方式，面向社会不特定对象非法吸收公众存款。胡某某为上述总公司负责人，犯罪嫌疑人宁某某为周口分公司负责人，张某某为周口分公司会计。在2012年至2016年，犯罪嫌疑人宁某某伙同张某某以支付高额利息、投资风险小为诱饵，许诺公司将来办理养老院后，投资客户可以参加养老，以和客户签订员工借贷合同、聘用协议、借款协议、股权认购协议等形式，在周口市共涉及吸收存款客户115人，非法吸收公众存款金额3173.3235万元，其中：根据鉴定报告，截至2018年2月7日，累计报案111人，累计集资金额3089.3235万元，累计自报结算利息149.7835万元，退还本金192万元；后通过公安机关补充侦查，另在周口市吸收赵某某等4名客户存款共计84万元，自报已付利息11.29万元。

2018年10月23日，周口市川汇区人民法院以被告人宁某某犯非法吸收公众存款罪，判处有期徒刑4年，并处罚金人民币5万元。

案例4[①]：2018年12月6日，《新金融深度》一则“爱福家实控人被押解回国：向中老年人集资百亿”报道称，经过近4个月的艰苦工作，南京警方于9月15日将潜逃境外的曹某等人押解回国并执行逮捕。与此同时，公安机关已对100余名犯罪嫌疑人采取刑事强制措施。

根据南京警方通报，犯罪嫌疑人曹某等人先后在全国19个省市设立300余家关联公司。据济南警方消息，南京市建邺区“爱

---

① 《爱福家实控人被押解回国：向中老年人集资百亿》，来源网址：https：//baijiahao.baidu.com/s？id＝1619096808897977561&wfr＝spider&for＝pc，最后访问日期：2019年1月27日。

晚系”案件涉及全国9万余人，吸收存款约124.6亿元，未兑付本金约40亿元。受害人大多数都是社会上的弱势群体，老年人和中老年妇女居多。

爱福家专为老年人设置骗局，其“骗术”总结起来有四步：首先，在公园、小区、菜场等老年人活动区域发放扇子、鸡蛋等小礼品吸引关注，邀请老人到公司参加活动；其次，向老人不断灌输新型养老、金融养老的概念，宣扬全国有多个养老项目，还可投资艺术品；再次，以远高于银行的利息为诱饵，骗取小额、首单投资，并且保障前期按月兑现；最后，等老人放松警惕，骗取更多积蓄。

据一名投资人向媒体透露，一名员工告诉投资人，只要在公司平台投资40万元以上的理财产品，不仅可以收到每年13%以上的利息，日后还能免费居住到公司旗下的养老社区。该名投资人并没有相信，但该员工时常向其嘘寒问暖、赠送小礼品，并极力鼓动她参加公司举办的交友活动，就是在公司办公室和老年人一起聚会解闷，喝茶聊天。时间一长就被其打动。

高收益、免费旅游、住进养老院等，“爱晚系”打着这些名头圈了一拨儿又一拨儿老年投资人。

另据警方透露，爱福家仅仅是这桩投资诈骗案中的一环，通过养老、地产、电商、互联网理财“四驾马车”以及背后的500余家关联公司，实控人曹某编织了一张名为“爱晚系”的商业巨网，目标是牢牢套住老年人的钱袋子。而曹某手握公司所有投资款项，潜逃失联。

据媒体调查显示，曹某背后拥有实际控制权的企业多达501

家。主要可以分为四类，也分别对应了公司的四大业务。

首先是数量最多的“健康咨询”“养老服务”“健康管理”类公司，它们是爱福家的各个营业门店的主体，也是合同中的乙方，负责寻找老年投资人。其次是以江苏爱晚为代表的四家“满城芳”养老社区，不仅充当了“爱晚系”养老的“门面”，还是买卖合同中的实物担保方。再次是多家冠以“信息技术”“网络技术”“农业发展”“农业科技”的企业，主要负责运营“爱晚系”的线下和线上商品平台。最后是上海慈融电子商务有限公司，也就是出具合同的主体。

防骗攻略

既可以投资养老地产又有高利息回报，还能因此免费体验现代智能养老，结果却是一个大骗局。打着养老旗号诈骗老年人的案件，2018 年集中爆发，已有相关研究报告。

1. 面对钻法律空子、打擦边球的投资要谨慎，其可能已经越过了法律红线

本节案例主要以投资养老院、预存养老服务开支、员工借贷等方法非法吸收公众存款，表面上看不像是触到了法律红线，手段相对更加隐蔽。在案例 1 中，被告人张某某供述称：“由融资团队向武汉市社会上的老年人宣传我的老年公寓项目。老人有投资意向后，与老人签订融资合同，收取老人的床位费，定期向老人支付利息。实质上就是融资，收取老人的资金，再按一定利率发放利息。以预订床位、租赁床位与老人签订合同，是为了规避非法融资的法

律问题，我和融资团队的负责人都知道这是非法的。”案例2中的预存养老服务，许诺每月可以兑付融资款的2%作为消费补贴，到期还会还本，演绎了《百万英镑》中拜金主义的故事情节，具有相当大的迷惑性。在案例3中，被告人张某某供述：“我知道我的行为没有取得相关部门的批准，只是得到了总公司授权，就以河南省庆三元农业科技有限公司、河南省三皇实业有限公司、商丘市鑫垚实业有限公司、河南欧八酒店管理咨询有限公司的名义，向员工吸收公众存款，致使很多客户利益受到损失，我有责任。和客户签订聘用合同和员工借贷合同就已经是公司的员工了，客户的工作就是把钱放进来，关注公司的发展。”其实就是为了掩盖非法吸储而与不特定人签订《员工聘用合同》和《员工借贷合同》，其非法吸储的本质是一样的。所以，从形式上看都没有触犯法律红线，但是经不住司法追究程序的考验，投资损失就不可避免。

2. 连出国游都免费，可能就是“羊毛出在羊身上”，最后自己的钱怎能全都拿回来？

本节案例都是以将来可以获得机构养老为诱饵。在案例3中，被告人宁某某供述：“总公司要求我们主要对外营业，收到资金直接打到郑州总公司账下，以前的公司的金卡和白金会员可以持卡消费，会员没全部返还的剩余金额转为定期投资并发展新的投资客户，由会员制变成了定期投。宣传方式主要是会议宣传、板报宣传、蔬菜基地、景区实地考察。根据投资金额多少分国内和国外旅游，国内主要去尧山龙潭峡旅游、巩义盘龙科技园考察，国外主要去韩国，全部是免费。公司宣传时称，公司将来办理养老院后，投资客户可以参加养老，所以投资客户主要以老年人为主。公司承诺以投资金额大小和投资时间长短确定利息，月息主要有5分、3分5、2分5、2分不等，总公司给办事处承诺，每月按投资金额总额的1%返钱，我负责的周口办事处没有收到总公司的任何钱。”几乎所有非吸案件中，前半段时间给予好处都是投资者自己投入的钱，“好处”越大，崩盘一般也就越快。

3. 天下没有免费的午餐，免费的养老服务也是靠不住的

不仅本节案例中许诺的养老服务全都无法兑现，还有一些直接的许诺也是“空头支票”。2017年10月，中消协公布的典型案例九“警惕‘分时度假式’养老陷阱”提到，曾老先生在工作人员带领下参观了一处养老院，得知会定期组织会员到外地进行“分时度假式养老”，交付了“一次性设施购置费”1万元。签订合同取得“度假式养老”度假卡后，曾老先生和好友温先生参加了商家组织的广东省内游，发现费用比旅行社还要高。曾先生认为无法享受到实质优惠，要求商家退款，却发现合同上写明“一次性设施购置费不可退”。

养老服务中出现的以上因被诱导或误导而签署合同造成财产损失的问题，主要表现在销售人员在介绍产品时往往夸大宣传，内容与合同不符，许诺的高回报违反经济规律无法兑现等。一方面，应当加大对营利性养老机构的监管，对非法吸收公众存款犯罪严厉打击；另一方面，老年人在涉及大额消费或签订相关合同时，一定要事先告知子女，在子女等家人的陪同下做出相关决定，避免误判。

第三节 最美丽之言辞，阴险集资诈骗

谎言总被丽辞掩，“合法外衣”确难识。融资“项目”似存在，高息回报实离谱。甜言听尽莫轻信，正规网站验验真。投资务必多谨慎，一朝陷潭难拔身。

2019年1月30日，在最高人民检察院召开的新闻发布会上，最高人民检察院法律政策研究室副主任缐杰介绍称，2018年全国公安机关共立非法集资案件1万余起，同比上升22%；涉案金额约3000亿元，同比上升115%。一些案件涉案金额高达上亿元，甚至上百亿元。

非法集资犯罪，主要包括非法吸收公众存款、集资诈骗等非法集资犯罪活动。

集资诈骗罪，是指以非法占有为目的，使用诈骗方法非法集资，数额较大的行为。根据《刑法》第192条的规定，犯集资诈骗罪数额较大的，处5年以下有期徒刑或者拘役，并处2万元以上20万元以下罚金；数额巨大或者有其他严重情节的，处5年以上10年以下有期徒刑，并处5万元以上50万元以下罚金；数额特别巨大或者有其他特别严重情节的，处10年以上有期徒刑或者无期徒刑，并处5万元以上50万元以下罚金或者没收财产。

“诈骗方法”，是指行为人采取虚构集资用途，以虚假的证明文件和高回报率为诱饵，骗取集资款的手段。

集资诈骗罪与非法吸收公众存款罪的区别，主要表现在犯罪的主观故意不同，集资诈骗罪是行为人采用虚构事实、隐瞒真相的方法意图永久非法占有社会不特定公众的资金，具有非法占有的主观故意；而非法吸收公众存款罪行为人只是临时占用投资人的资金，行为人承诺而且也愿意还本付息。从筹集资金的目的和用途看，如果向社会公众筹集资金的目的是用于生产经营，并且实际上全部或者大部分的资金也是用于生产经营，则定非法吸收公众存款罪的可能性更大一些；如果向社会公众筹集资金的目的是用于个人挥霍，或者用于偿还个人债务，或者用于单位或个人拆东墙补西墙，则定集资诈骗罪的可能性更大一些。从单位的经济能力和经营状况来看，如果单位有正常业务，经济能力较强，在向社会公众筹集资金时具有偿还能力，则定非法吸收公众存款罪的可能性更大一些；如果单位本身就是空壳公司，或者已经资不抵债，没有正常稳定的业务，则定集资诈骗的可能性更大一些。从造成的后果来看，如果非法筹集的资金在案发前全部或者大部分没有归还，造成投资人重大经济损失，则定集资诈骗罪的可能性更大一些；如果非法筹集的资金在案发前全部或者大部分已经归还，则定集资诈骗罪的余地就非常小，一般应定非法吸收公众存款罪。从案发后的归还能力看，如果案发后行为人具有归还能力，并且积极筹集资金实际归还了全部或者大部分资金，则具有定非法吸收公众存款罪的可能性；如果案发后行为人没有归还能力，而且全部或者大部分资金没有实际归还，则具有定集资诈骗罪的可能性。从刑罚力度上看，犯非法吸收公众存款罪的，处3年以下有期徒刑或者拘役，数额巨大或者有其他严重情节的，处3年以上10年以下有期徒刑；犯集资诈骗罪的，处5年以下有期徒刑或者拘役，数额巨大或者有其他严重情节的，处5年以上10年以下有期徒刑，数额特别巨大或者有其他特别严重情节的，处10年以上有期徒刑或者无期徒刑，还可以并处没收财产。

近年来，全国各地投资理财领域非法集资大案要案频发，众多参与者损失惨重，甚至家破人亡，教训极其深刻。这些非法集资者，往往工商执照、税务登记等证照“样样俱全”，他们打着“投资咨询”“股权投资”“财富管理”“资产管理”“众筹”等旗号，通过所谓的“能人”引领、高息揽储、暴利引诱、短期兑现等方式，以“合法外衣”之名行欺诈骗财之实。

典型案例

从最近一段时间审理的案件来看，非法集资诈骗案件被害人数少则几十人，多则成百上千人，以下岗职工和老年人为主；涉案金额少则百万元，多则几亿元、上百亿元，且基本上无法追回。

案例1：2013年至2016年，被告人杨某平在南昌成立兴国县金鑫石材有限公司南昌分公司，伙同李某、张某、金某、关某、邹某（均另案处理）等人，通过打电话、发传单、组织开会、参观考察（主要对象是中老年人）等形式，以投资金鑫石材厂规模开采、山茶油项目和森磊集团等为幌子，虚构经营规模及利润骗取被害人的信任，并以七个月投资回报率13%、年回报率20%为诱饵，骗取被害人余某、吴某、严某、廖某、吴某等543名社会公众钱财共计人民币 6150 多万元。被告人杨某平在骗取被害人款项后，将骗取资金的 32% 给融资团队提成，仅有少部分资金用于购买厂房和林权等，大部分资金被其采取“借新还旧”的方式归还之前债务，部分资金被其用于归还个人债务、挥霍及公司日常开销。

江西省南昌市中级人民法院以被告人杨某平犯集资诈骗罪，判处无期徒刑，剥夺政治权利终身，并处没收个人全部财产。2018 年 10 月 15 日，江西省高级人民法院裁定驳回杨某平上诉，维持原判。

案例 2：2016 年 5 月，被告人林某某（化名凌丰）将被告人曾某某介绍给陈某周，以曾某某的名义租用韶关市武江区向阳路某房作为办公场所筹建公司，并承诺以公司筹资总额的 10% 作为提成给曾某某。2016 年 7 月，陈某周、苏某朗（化名程朗）、林某某、曾某某注册成立“韶关市光某电力发展有限公司”。曾某某担任公司的法定代表人、董事长，负责以法定代表人的名义签订合同等；陈某周是公司的真正老板，负责公司的日常运作；苏某朗担任公司财务总监，负责市场开发、收取客户投资款以及支付投资利息等；林某某担任公司经理，负责大客户的接待以及通过宣传的方式吸引投资。该公司成立后，陈某周、苏某朗、林某某、曾某某虚构曾某某身份及财产信息、公司的投资前景、营业收益、水电站项目筹资并支付高额利息等内容，以雇用员工派发传单、邀请投资人喝茶聊天、领取小礼品、实地参观水电站、召开推介会等方式，虚假宣传某公司的相关投资项目，吸引老年人签订《借款协议书》并投资。2016 年 8 月，陈某周、苏某朗携带投资款项逃匿。截至2016年8月底，林某某、曾某某伙同陈某周、苏某朗等人向罗某、谢某等66人非法吸收资金人民币187.37万元，除已支付利息12.29万元，尚有175.08万元的投资本金未返还。

广东省韶关市武江区人民法院以被告人林某某犯集资诈骗罪，判处有期徒刑10年，并处罚金人民币10万元；以被告人曾某某犯集资诈骗罪，判处有期徒刑5年，并处罚金人民币5万元。2018年7月16日，广东省韶关市中级人民法院裁定驳回二人上诉，维持原判。

案例3：被告人孙某系葫芦岛森林中介服务有限公司法定代表人，葫芦岛市森林中介服务有限公司主要从事垫付购房款等房产中介任务，因被告人孙某经营不善，葫芦岛市森林中介服务有限公司资不抵债并产生巨额债务。为偿还债务并满足个人消费需要，被告人孙某遂产生犯罪故意，隐瞒其公司的真实经营情况，虚构其公司业务发展需要大量资金的虚假事实并以高额利息为诱饵，向社会不特定多数人员进行集资。所得款项被其用于偿还债务或用于个人消费，其具体犯罪事实如下：

（1）2015年5月至2017年，被告人孙某以垫付贷款业务为名，以许诺高额利息为饵，分别骗取被告人董某、王某某、曹某、陈某某、杨某、蒋某某、彭某某、李某、杜某等10人的9万元至85万元不等人民币共计349.85万元。案发前，被告人孙某返还各被害人本息共计126.86万元，剩余人民币222.99万元被孙某占有。

（2）2013年2月至2017年1月，被告人孙某虚构购买桂林门市的虚假事实，以许诺高额利息为饵，骗取曾某某人民币160万元。案发前，被告人孙某返还人民币30万元，剩余130万元被孙某占有。

（3）2014年4月至2017年1月，被告人孙某以资金周转、需要垫资为名，以高额利息为饵，分别骗取王某、张某、智某某人民币120万元、200万元、20万元。案发前，被告人孙某分别返还人民币17.05万元、13.2万元、5.58万元，剩余304.17万元被孙某占有。

综上，截至案发前，被告人孙某非法占有人民币657.16万元，孙某将其非法占有的上述款项用于个人消费及偿还债务，其中用于购买彩票花费人民币175.17万元、个人消费花费人民币281.08万元、偿还债务花费人民币179.02万元（包括使用被骗款物购买不动产后用于抵债）。剩余人民币21.89万元去向不明。

2018年9月25日，辽宁省葫芦岛市中级人民法院判决认为，被告人孙某向社会上不特定多数人实施集资诈骗犯罪，骗取老年人财物且造成部分被害人生活严重困难，社会危害性大。故以被告人孙某犯集资诈骗罪，判处无期徒刑，并处没收个人全部财产，剥夺政治权利终身。

案例4：被告人侯某辉伙同段某某（已判决）等人预谋成立投资管理公司，以吸收社会不特定对象尤其是中老年人存款为主要目标，假借为第三方企业投资项目、委托理财等名义，许以投资人月利率1.1%至1.4%不等的高额利息，并承诺资金的绝对安全，对外吸引社会公众不特定对象的资金，并将募集的资金占为己有。2014年5月6日，被告人侯某辉伙同段某某在没有资金投入的情况下，注册成立了安徽伊龙投资管理有限公司，经营范围为投资咨询服务、个人理财咨询服务、担保服务等（融资性担保服务除外），段某某为公司法定代表人和公司股东，被告人侯某辉为另一公司股东，张某刚（另案处理）负责财务监管。被告人侯某辉等人伪造了洛阳诺颐铁制品有限公司、嵩县嵩陆农牧科技有限公司、伊川隆鑫工程技术有限公司三个公司的工商登记资料、公司印章、合同专用章及资产评估报告、投资项目说明书等一系列虚假材料；还以虚假的“洛阳市西工区诺颐建材商行”“嵩县嵩陆农产品批发商行”“洛阳隆鑫建材商行”的工商资料办理三部 POS 机第三方代收业务，并分别以粘某娜、段某利、苗某涛三人的名义绑定对应的三个银行账户。2014 年 6 月，胡某江（已判决）被聘用为伊龙公司总经理，全面主持公司的日常工作，负责对业务员的业绩进行管理等，并从业务员的业绩中获取提成。从 2014 年 7 月开始，伊龙公司通过散发宣传资料，以为洛阳诺颐公司、嵩县嵩陆公司、伊川隆鑫公司三家公司进行融资为幌子，以上述虚假的材料，对投资者声称以所谓的“一期诺颐项目”“二期嵩陆项目”“三期隆鑫项目”的名义吸收资金。胡某江在明知伊龙公司没有融资许可的情况下，向公众大力宣传公司实力，带领部分集资者去河南“实地考察”，广泛吸纳公众集资。截至 2014 年 12 月 19 日，伊龙公司共向 306 人次非法吸收资金 1871 万元，所募集的资金除转入“嵩县嵩陆公司”100 万元外，其余资金全部转入上述 POS 机对应的户名为粘某娜、段某利、苗某涛的银行账户，后由被告人侯某辉等人消费、取现、转账等实际控制。经司法专项审计，伊龙公司共向 147 人（306 人次）非法吸收资金 1871 万元，其中，集资者预先支取利息 23.2588 万元、属于集资人到期本金继续使用 324.976 万元，伊龙公司实际涉案非法吸收公众存款金额 1522.7652 万元；该涉案金额中已返还到期本金 672 万元、支付利息 28.978 万元，尚有 108 人损失 1170.022 万元至今未能归还。

2018 年 8 月 29 日，安徽省合肥市包河区人民法院以被告人侯某辉犯集资诈骗罪，判处有期徒刑 12 年 9 个月，并处罚金 30 万元。

案例 5：2015 年 3 月，被告人张某光、刘某经合谋，由被告人张某光成立梁山嘉贸置业有限公司武汉分公司并担任法定代表人，由被告人刘某担任该公司总经理，组建融资团队为公司募集资金，商定将募集资金中的 40% 用于融资团队人员的提成及对集资参与人发放奖励红包等。被告人张某光在嘉贸武汉公司成立后，租赁本市武昌区徐家棚三角路村某室作融资点，伙同被告人刘某的融资团队，在公司没有任何实际经营的情况下，虚构张某光的梁山嘉贸置业有限公司经营石材业务、扩建及收购徐州某家电缆厂需要资金等事由，以给予高额利息、投资有保障为诱饵，通过向集资人散发不实宣传单、组织到山东他人的石材厂实地参观等方式，向社会公众募集资金。被告人刘某于 2015 年 7 月离职后，被告人张某光以上述方式，在本市洪山区徐东大街万丽广场继续向社会公众募集资金。2015 年 3 月至 2016 年 3 月，被告人张某光共吸收肖某、吴某、秦某、魏某等 84 人的投资款共计人民币 272 万元，被害人共计收回本息人民币 36.882 万元，损失共计人民币 235.118 万元。2015 年 3 月至 7 月，被告人刘某参与吸收韩某、廖某、秦某、魏某等65人投资款人民币193万元，被害人共计收回本息人民币28.112万元，损失共计人民币164.888万元。

武汉市武昌区人民法院以被告人张某光犯集资诈骗罪，判处有期徒刑10年3个月，并处罚金人民币20万元；被告人刘某犯集资诈骗罪，判处有期徒刑8年2个月，并处罚金人民币8万元。被告人张某光、刘某不服判决，提起上诉。2018年8月6日，武汉市中级人民法院裁定驳回二人上诉，维持原判。

案例6：2016年10月27日，被告人潘某双在天津市南开区工商局注册成立天津乾海贸易有限公司，租用南开区卫津南路新都大厦A座×楼为办公地点，其本人担任法定代表人。潘某双在未经有关部门批准的情况下，以投资设立“海参养生会馆”为由，雇用业务员通过打电话、发传单等形式向社会不特定对象进行宣传，并以承诺每月兑付2%～4%的高额利息的方式与169名投资人签订借款合同，累计吸揽资金人民币330余万元。涉案部分集资资金被潘某双用于支付工资、房租、带投资人旅游、购买海参礼品及个人消费使用，余款去向不明。经报警，公安机关于2016年12月28日将潘某双抓获归案。

天津市南开区人民法院认为，被告人潘某双以非法占有为目的，使用诈骗方法非法集资，其行为构成集资诈骗罪，且属于数额特别巨大，依法应予以惩处。被告人潘某双诈骗的对象多为老年人且被骗人数达100人以上，应对其从重处罚。被告人潘某双虽能够如实供述犯罪事实，但综合考虑其犯罪情节，不足以对其从轻处罚。故以被告人潘某双犯集资诈骗罪，判处有期徒刑13

年，并处罚金人民币 25 万元。被告人潘某双不服判决，提起上诉。2018 年 9 月 10 日，天津市第一中级人民法院裁定，驳回潘某双上诉，维持原判。

防骗攻略

非法集资犯罪行为的共同点，就是通过高回报、低风险来吸引人们。遇到这种融资、保险或借款时，我们需要提高自己的警惕性，防止受骗。

1. 对于高回报要保持警惕

这种以参加公司项目融资、借款为由实施的集资诈骗，因为有项目“存在”，所以有巨大的蒙骗性。以上案例对于追求高回报的老年人很有警示作用。一个企业正常的年利润一般不会超过20%，市场信息发达、竞争激烈，超高利投资回报分配不可能维持太久。例如，被告人赖某洪、刘某某等人密谋成立永安零点食品有限公司，2016 年 6 月至 2016 年 12 月，虚构济南零点食品有限公司的玫瑰花种植、阿胶生产、园林工程等项目，以扩大生产规模及研发新产品需要资金为由，以每年 24% 的固定回报，每投资（借款）人民币 1 万元每月可得到固定回报 200 元利息为诱饵，以向不特定的社会群众（多为老年人）分发邀请函（宣传单），召开“投资”（借款）推介会、茶话会等宣传方式，吸引老年人参与公司组织的活动，至 2016 年 12 月 10 日被告人刘某某、赖某洪等人先后携款潜逃，给 60 多名老年被害人造成了 126.75 万元的损失。2018 年 4 月 4 日，福建省永安市人民法院以被告人刘某某、赖某洪犯集资诈骗罪，分别判处有期徒刑10年，并处罚金人民币15万元。

2. 对融资的项目要用心甄别

投融资是常见的理财方式，但是需要认真考察，违背市场规律的高息回报往往可能存在问题。以上案件的犯罪行为人，有的对项目没有实际经营权，或者项目被无限放大，或者项目完全系虚构，非法占有的目的性十分明显。例如，自2015年10月开始，被告人陈某组织鹏栋公司吉安分公司员工在吉州区针对老年群众发放公司宣传册，在鹏栋公司并无生产的情况下仍谎称该公司光伏项目需要资金，并以承诺2分月息、红包奖励、礼品赠送为诱饵，以签订借款合同等方式引诱公众投资，以实地考察为名，带领投资人前往与鹏栋公司并无关联的江苏利轩精密机械制造有限公司厂房参观，骗取投资老年人的信任，先后向甘某、郑某等45名被害老年人收取投资款共计人民币174.02万元，扣除返还红包及利息21.27万元，实际收取人民币152.75万元。2018年2月22日，江西省吉安市吉州区人民法院以被告人陈某犯集资诈骗罪，判处有期徒刑10年6个月，并处罚金人民币15万元。

3. 对融资主体要保持足够的警惕

通过政府网站可以查询相关企业是不是经过国家批准的合法上市公司，是不是可以发行公司股票、债券、国家规定的股权交易场所等。如果不具备发行、销售股票、出售金融产品以及开展存贷款业务的主体资格而发售金融产品，就涉嫌非法集资。不法分子以“证券投资咨询公司”“产权经纪公司”等为名，推销所谓即将在境内外证券市场上市的股票，可通过政府网站查阅是否已批准发行等。

通过相关网站能够查询工商登记资料，查明相关企业是不是经过法定注册的合法企业、是否办理了税务登记等。如果主体身份不合法、不真实，则有违法欺诈的嫌疑。

总之，非法集资类诈骗犯罪比较难识别，但是，如果许诺回报过于丰厚，就应当去认真调查一下公司的真实性、项目背景，若存在虚假成分，一旦发现，坚决远离。

第四节

合同法律文件，成了诈骗工具

> 合同履行要担保，大笔款项慎出手。先找律师问清楚，投资理财不上当。房屋买卖要网签，先查底细后支付。藏品回购是幌子，低价旅游尽圈套。签约之后细查验，合同公章或伪造。

合同诈骗罪，是指以非法占有为目的，在签订、履行合同过程中，骗取对方当事人财物，数额较大的行为。根据《刑法》第224条的规定，合同诈骗罪的情形有：（一）以虚构的单位或者冒用他人名义签订合同的；（二）以伪造、变造、作废的票据或者其他虚假的产权证明作担保的；（三）没有实际履行能力，以先履行小额合同或者部分履行合同的方法，诱骗对方当事人继续签订和履行合同的；（四）收受对方当事人给付的货物、货款、预付款或者担保财产后逃匿的；（五）以其他方法骗取对方当事人财物的。犯合同诈骗罪的，处3年以下有期徒刑或者拘役，并处或者单处罚金；数额巨大或者有其他严重情节的，处3年以上10年以下有期徒刑，并处罚金；数额特别巨大或者有其他特别严重情节的，处10年以上有期徒刑或者无期徒刑，并处罚金或者没收财产。

本书第一章介绍的是各种形式的普通诈骗犯罪，合同诈骗在1979年刑法中也只是诈骗罪中的一种形式，在1997年刑法修订时才分离出了合同诈骗罪这一罪名。在刑法分则中，合同诈骗罪属于扰乱市场秩序罪一章，合同诈骗罪中“合同”约定的内容必须受市场秩序所调整，不受市场秩序调整或者主要不受市场秩序调整的“合同”，如不具有交易性质的赠与合同，婚姻、监护、收养、扶养等有关身份关系的协议，主要受劳动法、行政法调整的劳务合同、行政合同等，不属于合同诈骗罪中的“合同”。合同诈骗犯罪必须发生在签订、履行合同过程中，犯罪客体不仅包括公民的财产权利，还包括对市场经济秩序的破坏。还有就是立案追诉标准不同，诈骗3000元至1万元人民币，在不同地方就可能构成诈骗罪立案追诉了；而合同诈骗罪的立案追诉标准为2万元，否则一般不构成合同诈骗罪。

对于老年人防骗而言，区分诈骗罪与合同诈骗罪，其意义不是很大，防骗攻略基本上可以通用。但是，在刑事司法领域，两罪规定在刑法分则的不同章，两者的区别要点与适用冲突把握是一个重点和难点，本书写作结构对于老年人普及刑法知识还是很有意义的。

典型案例

案例1：被告人王某某于2013年12月在山东省莒南县设立了莒南县康某家居用品有限公司。2014年3月17日，王某某在武汉市武昌区设立了康某公司武汉分公司并担任该公司负责人。王某某系康某公司和康某公司武汉分公司的实际控制人，全面负责二公司的经营活动。其间，被告人王某某结识李某（女，1939年5月出生）并认李某为“干妈”，至2015年8月，王某某以康某公司运营及在湖北省鄂州市经营柴油生意需要资金为名，采取与李某签订《借款协议书》并承诺支付高息及出具收据的方式，多次向李某借款共计80万元人民币，李某以现金或银行转账的方式向王某某个人支付了相关款项。同年9月8日，王某某将之前与李某签订的《借款协议书》及出具的收据收回，重新与李某签订了1份借款金额为80万元的《借款协议书》并出具了收到该80万元的收据1张；此时李某要求王某某提供房产作抵押。王某某为骗取李某的信任，遂伪造了2套房屋产权证书交给李某作为抵押，之后又和李某一起办理了虚假的“武汉市方圆公证处《房产公证书》”，使李某产生其所借王某某的款项已得到“担保”的错误认识，从而骗得李某的借款80万元。同年10月15日，王某某继续利用李某基于上述虚假房产抵押而对其产生的信任，以经营柴油生意为名，再次通过签订《借款协议书》并出具20万元收据的方式骗得李某的借款20万元。在李某的催要下，王某某于2016年春节前向李某还款4.5万元、于同年3月向李某还款2万元后再未还款。综上，王某某采取合同诈骗的手段共计骗得被害人李某的借款93.5万元。

2018年10月29日，湖北省武汉市武昌区人民法院以被告人王某某犯合同诈骗罪，判处有期徒刑8年9个月，并处罚金人民币30万元。

案例2：2016年2月29日，被告人余某因向耿某、雷某借款，而将其位于武汉市武昌区雅安街一套公寓式办公楼单元房屋公证委托雷某全权代理（包括代为偿还该房屋的银行贷款、办理及领取房屋的房产证、办理房屋的出售过户、代收售房款等事宜）。同年4月1日，被告人余某隐瞒该房产已公证他人有权出售过户的事实，与被害人付某（1949年3月31日出生）、卢某（1952年3月21日出生）夫妇在武汉世纪德嘉房地产经纪有限公司签订二手房买卖合同，以人民币70万元的价格（含办证及过户费用）将上述房屋出售给被害人夫妇，并于同年5月10日、5月23日和9月5日，先后三次分别收取被害人支付的购房款人民币35万元、30万元和5万元，余某在收到第一笔房款后让被害人夫妇入住至上述房屋。余某收到全额房款后，并未按约定将售房款用于归还其房屋在交通银行的抵押贷款及为被害人夫妇办理过户登记，而是将上述钱款用于个人挥霍，经被害人多次催促，余某以各种理由推托，后逃匿。其间，被告人余某的债权方依照上述公证委托的权属，出资将上述房屋在银行的抵押贷款进行清偿后办理了该房屋的房产证，被告人余某于2016年11月又将该房屋及房产证作抵押，与王某、耿某夫妇签订抵押合同，进一步作为前期所借债务的担保。2017 年 2 月 15 日，被告人余某的债权方在联系不上余某的情况下，为确保其债权，将上述房屋转让给王某、耿某夫妇，并办理了过户手续。2017 年 3 月，当被害人发现受骗后遂向公安机关报案，被告人余某于同年 7 月 5 日被武汉铁路公安处武昌车站派出所抓获归案。

武汉市武昌区人民法院刑事判决认为，本案被骗对象为老年人，且被告人余某至今未能退赃，可酌情从重处罚，以被告人余某犯合同诈骗罪，判处有期徒刑 8 年 6 个月，并处罚金人民币 10 万元；责令被告人余某向被害人付某、卢某夫妇退赔人民币 70 万元。余某不服判决提起上诉。2018 年 6 月 1 日，武汉市中级人民法院裁定驳回上诉，维持原判。

案例 3：2016 年 4 月至 6 月，被告人张某某在不具有履行能力的情况下，承诺为被害人王某（1948 年出生）购买高利率理财产品，王某于同年 6 月 22 日向张某某支付人民币 3 万元，张某某在王某位于北京市石景山区的家中以已经离职的公司名义与王某签订虚假理财合同。后张某某携款逃匿至原籍，于 2016 年 8 月至 9 月向王某返还人民币 600 元。王某于 2017 年 3 月 15 日报警，后张某某于 2017 年 4 月至 5 月又向王某返还人民币 6000 元，公安机关于 2017 年 5 月 8 日立案进行侦查。民警于 2018 年 1 月 22 日将张某某抓获。立案后张某某及其近亲属又向王某偿还了部分涉案钱款的本金及孳息；案发前后累计向王某偿还人民币 35100 元，并取得了王某的谅解。

2018 年 3 月 15 日，北京市石景山区人民法院判决认为，被告人张某某以非法占有为目的，在签订、履行合同过程中，使用虚假身份签订合同后携款逃匿，骗取他人财物，数额较大，其行为已构成合同诈骗罪，依法应予惩处；被告人张某某骗取老年人财物，本院在量刑时酌情从严判处；鉴于被告人张某某到案后能够如实供述自己的罪行，积极退赔被害人的经济损失，并取得被害人的谅解，可以对其依法从轻处罚。故以被告人张某某犯合同诈骗罪，判处有期徒刑 8 个月，缓刑 1 年，并处罚金人民币 2000 元。

案例 4：被告人樊某伟系大连瑞安资产管理有限公司的实际控制人和经营者，樊某伟负责该公司的运营、业务培训、营销、人事、财务管理等。其姐姐樊某某负责管理财务账目及资金去向。2014 年 8 月，樊某伟（工商登记法人）成立了瑞安公司，2015 年 7 月将该公司法人变更为樊某某，从 2015 年 6 月起，被告人樊某伟以瑞安公司管理投资人资本为平台，借助 P2P 理财的方式，虚构将投资人的款项存入第三方大连久成国际贸易公司（樊某伟系股东），向投资人提供虚假房屋（大连市沙河口区长江路的房屋，面积：133. 11 平方米，房屋所有人：梁某）作担保，先后于 2015 年 6 月至 8 月，以季安宝、月盈宝等投资理财形式，并以获得高额利息为诱饵，与被害人赵某某、张某某、梁某某签订《个人出借咨询与服务协议》合同，并以瑞安公司的名义向三被害人出具《个人债权转让及受让协议》《债权转让款到账确认书》《资金出借情况报告》，被害人赵某某于 2015 年 6 月 29 日和 8 月 19 日分别向樊某伟汇款人民币 20 万元和人民币 30 万元，被害人张某某于 2015 年 7 月 6 日和 8 月 5 日向被告人樊某伟汇款人民币 60 万元和人民币 3 万元，被害人梁某某于 2015 年 7 月 21 日和 8 月 6

日以现金共计人民币 40 万元存入樊某伟账户。案发前被告人樊某伟返还赵某某人民币 35999.33 元、返还张某某人民币 385200 元、返还梁某某人民币 222387.1 元。被告人樊某伟所收各被害人的理财款没有实际投资项目，其本人还对大连信邦典当有限公司、其朋友和同学有债务。梁某所有的大连市沙河口区长江路房屋，已于 2014 年 5 月抵押给大连信邦典当有限公司，梁某没有授意被告人樊某伟以其所有的房屋作抵押担保。被告人樊某伟名下只有大连市沙河口区振工街房产，该房屋于 2014 年 5 月抵押给大连信邦典当有限公司贷款。

2018 年 2 月 7 日，辽宁省大连市沙河口区人民法院以被告人樊某伟犯合同诈骗罪，判处有期徒刑 9 年 10 个月，并处罚金人民币 8 万元。

案例 5：2014 年以来，被告人贾某某化名王杰，自称是山西运城收藏家协会会长，并以山西运城收藏家协会（位于盐湖区某广场 B 座 × 室，无任何手续）的名义与被害人杨某某等人签订《收藏品回购合同》，承诺被害人在其处购买的收藏品合同到期后，将以高价回购该收藏品。2016 年 2 月，被告人贾某某在未告知被害人的情况下将该协会关闭，并更换手机号码，致使被害人杨某某、章某某等人无法与其取得联系。被告人贾某某骗取被害人杨某某 8456 元，骗取被害人贾某某 45692 元，骗取被害人章某某 61194 元，骗取被害人古某某 58500 元，骗取被害人薛某某 101680 元，骗取被害人郑某某 13582 元，骗取被害人杨某 13140 元，骗取被害人李某某 680 元，骗取被害人李某 133798 元。

2018 年 1 月 12 日，山西省运城市盐湖区人民法院判决认为：

被告人贾某某以非法占有为目的，明知自己没有履行合同的实际能力，故意制造假象，与被害人签订合同，让被害人产生错觉，与其签订合同，骗取被害人财物，数额巨大，其行为已构成合同诈骗罪，依法应负刑事责任。故以被告人贾某某犯合同诈骗罪，判处有期徒刑4年，并处罚金1万元。

案例6：2012年12月14日，武汉中国旅行社有限公司（甲方）与上诉人谢某（乙方）签订《武汉中国旅行社有限公司授权营业门店加盟经营合同》一份，约定：甲方授权乙方以甲方营业网点名义进行业务经营；乙方门店的经营活动仅限于甲方许可经营范围内的游客招徕、咨询服务；乙方的所有资金往来与费用结算均按照甲方的规定由甲方财务部进行统一结算和财务监督；乙方门店开业后，应按甲方所订立的旅游产品（服务）价格作为收费标准，乙方不得擅自或恶意降低价格而导致恶性竞争，并配合甲方的季节性促销运作；合同期限自2013年1月1日起至2013年12月31日止，共计1年；等等。

2013年12月至2014年7月，被告人谢某以零团费或者明显低于市场平均价格的团费招揽旅游者与其订立出境、境内旅游协议，或者以代办签证为名义，在收取旅游团费、高额保证金后逃匿，涉案金额共计人民币104.1万元，具体实施情况如下：

1. 2013年12月，被告人谢某隐瞒六合路门市负债经营状况，告知被害人付某有免费赴澳洲旅游的名额，付某邀约被害人王某共同前往澳洲免费旅游。谢某提出，免费出境旅游只需缴纳保证金，且保证金在付某、王某回国后全额退还，并向2人提供了接收保证金的个人银行账号。2013年12月31日、2014年1月1

日，王某向谢某提供的个人银行账户上分别转款人民币 10 万元。谢某于 2014 年 1 月 3 日向付某出具金额为人民币 20 万元的收据一张，该收据上加盖有“武汉中国旅行社有限公司财务专用章”。2014 年 1 月 13 日，谢某向 2 名被害人出具加盖“武汉中国旅行社有限公司同业确认章”的《担保名单确认》一份，承诺保证金于回国后 3 月 20 日退还。2014 年 1 月 21 日，付某、王某出境赴澳洲旅游，同年 2 月 1 日回国，后谢某未按照承诺退还保证金。经 2 名被害人多次催要，谢某分别于 2014 年 4 月 17 日、6 月 27 日向王某转款人民币 5 万元和 3 万元，共计退还保证金人民币 8 万元。之后，付某、王某无法联系上谢某。

2. 2014 年 1 月，被告人谢某隐瞒六合路门市负债经营状况，与被害人杨某达成口头委托协议：杨某委托谢某代办赴法国签证，杨某支付签证费人民币 1500 元并缴纳人民币 20 万元按期回国保证金。2014 年 1 月 14 日、1 月 23 日、1 月 24 日，杨某向谢某个人银行账户转款共计人民币 20.15 万元。谢某向杨某出具加盖有“武汉中国旅行社有限公司财务专用章”的收据三张。杨某于 2014 年 3 月 19 日出境前往法国，并于同年 3 月 30 日回国。其后，杨某多次电话联系谢某要求退还保证金，谢某以各种理由拖延退款。2014 年 6 月，谢某陆续向杨某退还保证金共计人民币 10 万元，此后杨某无法联系上谢某。

3. 2014 年 4 月至 7 月，被告人谢某在明知自己资金链断裂无法履行合同的情况下，隐瞒六合路门市负债经营状况，以上述相同手段，利用签订出境旅游合同、协议、同业确认件或者口头约定等方式，收取被害人袁某、徐某、胡某、李某、徐某 1、金某、魏某、刘某、唐某等人的保证金、旅游团费等费用共计人民币79.1万元后失去联系。

4. 2014年7月24日，被告人谢某隐瞒六合路门市负债经营状况，与被害人涂某签订国内旅游合同，并收取旅游费用共计人民币3万元后逃匿。后国旅公司于2014年9月2日垫付旅行团费完成了该旅游合同。

经鉴定，被告人谢某向被害人杨某、袁某、徐某、胡某、李某、刘某、唐某出具收据共9份，其中“武汉中国旅行社有限公司财务专用章”与国旅公司使用的相同内容的样本印均不是同一枚印章所盖印；谢某于2014年7月22日出具给被害人魏某的供应商授权书中“武汉中国旅行社有限公司”印、“武汉中国旅行社有限公司财务专用章”印与国旅公司使用的相同内容的样本印均不是同一枚印章所盖印。

湖北省武汉市江岸区人民法院判决认为，被告人谢某以非法占有为目的，在签订、履行合同过程中，收受对方当事人给付的预付款、担保财产后逃匿，数额特别巨大，其行为已构成合同诈骗罪；被告人谢某骗取老年人的财物，且多次实施合同诈骗，可酌情予以从重处罚。故以被告人谢某犯合同诈骗罪，判处有期徒刑11年，并处罚金人民币7万元。谢某不服，提起上诉，2017年10月11日，武汉市中级人民法院裁定驳回上诉，维持原判。

防骗攻略

本节仅对几种典型合同诈骗的预防进行法律剖析。

1. 借款型的合同诈骗

在案例1中，被害人李某曾证实："2015年的8月、9月，当时王某某已经认了我为干妈，他当时花言巧语，说着要给我养老送终，哄着向我借钱做柴油生意。他当时向我借了两三次钱，一共是80万元整，并且许诺给我6%的月息。"从犯罪行为开始时间来看，被告人王某某的这一表现，如果是以借款为借口的普通诈骗犯罪，那么诈骗犯罪行为就已经在实施之中了。但是，本案中王某某实施合同诈骗的犯罪行为最晚可能开始于虚构担保协议之时，这是合同犯罪与普通诈骗犯罪在犯罪故意产生时间上的一个差别。合同诈骗犯罪故意产生的时间既可能是行为人实施行为开始时，也可以产生在合同的履行过程中，由于各方面的原因使行为人萌生了利用合同进行诈骗的故意。

在案例1中，在被告人王某某向李某几次借款后重新签订借款协议时，李某要求王某某提供房产作抵押。王某某为骗取李某的信任，遂伪造了2套房屋产权证书交给李某作为抵押，之后又和李某一起办理了虚假的"武汉市方圆公证处《房产公证书》"，使李某产生其所借王某某的款项已得到"担保"的错误认识，从而骗得李某的借款80万元。此时，王某某的行为已经构成了《刑法》第224条第2项规定的以非法占有为目的，在签订、履行合同过程中，以伪造、变造、作废的票据或者其他虚假的产权证明作担保，骗取对方当事人财物，数额较大的合同诈骗犯罪。

借款合同是借款人向贷款人借款，到期返还借款并支付利息的合同。借款不还一般分为三种情况：一是借款人未按照约定的期限返还借款的，应当按照约定或者国家有关规定支付逾期利息；二是借款人违反合同约定或者有欺诈行为的，应当按照违约条款支付违约金，当违约金不足以补偿出借人经济损失时，还应当进行赔偿；三是借款人是以占有为目的，或者以虚构单位或冒用他人的名义签订借款合同的，或者以伪造、变造、作废的票据或者其他虚假的产权证明作担保借款的，或者没有实际还款能力，以先履行小额借款合同或部分还款的方法，诱骗出借人继续签订和履行借款合同的，或者借款后逃匿的，或者以其他方法骗取借款五类情形，只要构成其中一种情形就是犯罪行为了，应当向公安机关进行举报或控告，以尽快立案缉拿案犯，追回损失。

老年人出借资金一定要慎重，最好让对方出具担保，保存好相关证据。金额较大的借款，一定要与家人商量。办理出借手续时一定要咨询法律人士，必要时还要委托律师对担保真实性进行调查，避免上当受骗，避免维权不能状况的发生。

2. “一房二卖”型合同诈骗

随着商品房价的不断走高，一些人为牟取更高的经济利益，将自己所有的商品房“一房二卖”“一房多卖”，这给买房人带来一系列法律问题和财产损失。“一房二卖”诈骗犯罪是老年人遇到的合同诈骗犯罪中最为典型的一种情形，一般都存在损失大、维权难的特点，给老年人的精神打击更是难以估计。在案例 2 中，被害人卢某证实：“2017 年 3 月 13 日，一名叫耿某的男子来到我家，说余某已经把房子抵押给了他，并且还拿出手机让我看房产证的照片，还拿出余某写的委托书给我看，说房子已经过户给他们了，要我们搬走，耿某的父亲也经常上门催我们搬家。2017 年 4 月 20 日，我最后一次和余某短信联系后，余某就没有消息了。”付某、卢某老夫妇几乎用尽了一生积蓄购买并入住了养老房，最后被善意取得房屋的新房主“赶出”，给二老晚年生活带来严重影响。可见，“一房二卖”犯罪具有很大的社会危害性。

虽然随着网签等现代信息科技的广泛应用，“一房二卖”诈骗犯罪较难发生，但是在 2018 年审理的“一房二卖”合同诈骗案件并不少见。比如，2013 年 7 月，被告人刘某某以其名下青岛市市北区房产做抵押向银行贷款人民币 35 万元，2013 年 10 月 7 日，刘某某将已经设定抵押的该套房屋出售给张某（1952 年 8 月 19 日出生），并签订了房屋买卖协议，约定于 2014 年 2 月 28 日前办理房屋过户手续。张某于次日通过银行转账给付刘某某购房款人民币 54 万元。2013 年 10 月下旬，刘某某将涉案房屋的钥匙交付给张某，刘某某自 2014 年 1 月起不再偿还银行贷款。后银行向法院起诉，法院判决刘某某还款 35 万元，银行对抵押房屋拍卖款有优先受偿权，最终导致涉案房产被法院拍卖用于偿还银行贷款。2018 年 3 月 20 日，山东省青岛市中级人民法院青岛市市北区人民法院以合同诈骗罪判处被告人刘某某有期徒刑 8 年，并处罚金人民币 3 万元。被害人张某表示，他当初对刘某某很信任，以至于没有到房产交易部门查询过房屋状态，结果导致被骗。张某的教训值得有购房需求的老年人借鉴。

如何防止“一房二卖”呢？

首先，购房时一定要及时网签，严格采取资金监管及资金托管的形式进行交易。购房老年人应当重视从源头、从最初就开始防止和避免掉入“一房二卖”的陷阱。根据目前的房屋买卖交易网签的设计，通过备案可以有效防止“一房二卖”。同时，在购房合同条款中，应明确“一房二卖”的禁止性规定，并加重此种行为的违约责任。

其次，购房者应尽量要求在房屋交易中心登记后再向卖房者支付首付款，这样可以避免卖房者通过对房屋“一房二卖”诈骗购房者的购房款，使购房者免受巨大经济损失。

最后，对一次性付款优惠应当保持高度警惕，必须了解开发商的资质或者出售人的底细。老人在购房过程中，应当保留好合同、交费凭证、广告、消费凭证、通话记录等。同时，一旦出现法律问题要及时咨询律师，要保留相关证据，以便事后快速维权，保护好自己的合法权益。

3. 理财型的合同诈骗

在经济社会不景气的状况下，委托理财造成较大亏损的事情时常发生，一般都不会构成合同诈骗犯罪。如果对方构成违约，可以依据合同约定主张违约金和赔偿，也可以通过仲裁或者起诉至法院解决相关纠纷。

任何投资都有风险，犯罪分子也开始以“短平快”理财、高回报、只赚不赔等借口进行诈骗，诱骗投资者。在案例3中，被告人张某某以已经离职的公司名义与被害人王某签订虚假理财合同，后张某某又携款逃匿至原籍，非法占有的主观故意明显，结合委托理财的数额，张某某也就构成了合同诈骗犯罪。在案例4中，被告人樊某伟以借助P2P理财的方式，虚构将投资人的款项存入第三方公司，向投资人提供虚假房屋作担保，资金被个人使用无法归还，所以也构成了合同诈骗犯罪。

老年人一定要警惕以“天天返利”“高额回报”“注册即送现金”“100%获利的项目”为诱饵的投资理财陷阱，如果提供的项目返利超出正常的银行存取款利率10倍以上，且投资门槛极低，根本不符合经济规律，无论项目被形容得多么天花乱坠，多半都是诈骗陷阱。通过对诸多诈骗案例的剖析，投资合同诈骗一般都是“放长线钓大鱼”，以投资公司为载体，以定期分红为诱饵，等受害人投入小量资金后，前期定时“分红”（返利），但使用的全都是你投入的本金，待受害人不断追加资金或介绍亲友大量投资后，犯罪分子就会卷款潜逃、无影无踪，或者关闭网站、销声匿迹。

4. 收藏品回购型的合同诈骗

“收藏公司”承诺在一定期限内溢价回购收藏品，但在高价卖出大量所谓的“收藏品”给投资人后，却并无经济实力回购卖出的“收藏品”，而是瓜分资金潜逃。这是近年来该种合同诈骗犯罪的最常见情形，被害人大多数是老年人，多数受骗老年人损失较大。

在案例5中，被告人贾某某供述称：“我公司主营钱币、邮票、贵金属、工艺品等。我在运城的收藏家协会是没有工商或者社团登记的，没有营业执照。北京某文化有限公司将潜在客户电话号码发给我们，然后我们就给潜在客户打电话，让他们来我经营的店里看我们的商品。客户来了以后由我向他们介绍，我公司的商品有收藏价值，可以升值，他们买走以后我们公司会在1年至3年之内将商品回购，有回购合同。我公司销售的商品是北京某文化有限公司通过快递发给我们。我在运城经营这3年有200多个客户。每人购买额度最低200多元，最高8万元。2016年2月我也不干了，因为我的供货商出现问题了，我突然联系不上我在北京的供货商的销售经理。在运城公司停业之前我没有告知我的客户，因为我没有能力回购他们的藏品。我从运城撤走的时候也没有给房东说过。我在回购合同、收藏票上签的是王某的名字，我在运城的公司所有文书都是假的，是北京的公司给我的。我用过的159开头的手机号也不用了，因为不想让顾客找到我。我在运城经营2年多期间，一共回购五六个客人的商品，总数不超过2万元。顾客到我这儿买商品，我先垫资把货从北京买回来，然后加价10%到15%卖给顾客。商品价值的10%到15%就是我的利润，经营的时候我认为自己有回购能力，因为我给群众说时间越长利润越大，所以群众就相信我了，一般群众都不要求我回购。于是，经营期间回购的问题就不是问题了。我所针对的全是中老年人。因为运城这个公司不存在，所以我就编瞎话骗他们，不敢说实话，害怕对我不利。我知道这不对，我承认这是一个骗局，因为这个模式我熟悉，我就没有打算回购商品。回购就是一个幌子，为了让群众放心买我的东西，如果群众找我回购商品，我就给他们换同等价值的货，我们肯定不给他钱。我对公司员工和客户说我叫王某，告诉他们我是新华商学院的院长，是北京公司让我对外宣称我是这个职务的，因为这样老百姓信我。我和客户签订的《藏品回购合同》是我做的一份合同模板，上面的甲方山西运城收藏家协会是我个人编的，代表签字‘王某’是我的化名，所盖的‘山西运城收藏家协会钱币收藏委员会’公章是我在一个流动刻章点私刻的。我为了挣钱伪造合同。”

诸多类似案例的诈骗活动一般都是从“公司正在举行回馈客户活动，前来公司现场能获得一枚纪念金币”开始，共同诈骗话术主要有：一是公司总部在北京；二是公司长期或多年一直从事收藏品、纪念币回购业务，有着雄厚的资金实力；三是目前推出的单品、套票都有很高的升值空间，公司承诺加价回购，不用担心贬值。但是，被告人贾某某一开始就使用的是假名字，其再狡辩也无法掩盖非法占有的主观心态。

例如，2018 年 8 月，湖南省长沙市中级人民法院审结的一起集资诈骗二审案件中，被害人苏某听说公司有固定的回收渠道，对此很感兴趣，但还是心存疑虑，担心受骗，遂仅象征性地花 680 元购买了两张生肖纪念钞。三个月后，“售后”打电话给苏某，称目前生肖纪念钞升值了，原本价值 680 元的产品公司现以 980 元回购。苏某第一次尝到甜头后，觉得公司信守承诺，又听销售鼓动称买得多赚得多，于是便先后以 3.68 万元的价格购买了一套“十二生肖邮票大全”、以 1.88 万元/套的价格购买了 10 套“马年生肖钞”等。后又介绍了自己的女儿也来投资，母女俩共计投资 60 余万元。苏某满怀信心地等待回购日期到来，但 2015 年春节后再到该公司时，却发现早已人去楼空，同时公司门前聚集着近 30 个等着回购的投资人。这些投资人大部分为 60 岁以上的老人，最少投资 2 万元，最多投资 60 余万元，涉案金额近 400 万元。承办检察官认为，被告人张某等人销毁账目并携带集资款逃匿的行为，符合《最高人民法院关于审理非法集资刑事案件具体应用法律若干问题的解释》中关于集资诈骗罪中“以非法占有为目的”的认定，另外接待投资人的“安然”“李静”均使用了化名，接待过程中谎称“盛世收藏”公司系北京盛世收藏公司的分公司，虚构、夸大了公司的经济实力，亦使用了诈骗方法。[①]

收藏其实风险不少，除最怕的假货外，现在老年人需要防范的还有各种骗局。投资需谨慎，若要通过投资金融及衍生品来获取利润，一定要认准银保监会颁发的金融许可证。若需要签署藏品回购合同，最好由律师帮助把关，切莫因一些小恩小利而上当受骗，因小失大。

5. 低价旅游型的合同诈骗

以往的“零团费”等低价旅游团多数存在商业欺诈行为，不仅实际上并不低价，有的还被强制购物、改变路线、减少景点等，导致游客的旅游乐趣荡然无存。近年来，低价旅游型的合同诈骗也逐渐增多起来，案例6就是一种典型形式。

“北海道6日游1999元”，比在国内游还便宜，怎能不让人心动？当进入办理流程以后会发现，除了这近2000块钱的团费之外，还需要缴纳几万元至十几万元的保证金，这些保证金是规定在一段时间以后，如在40个工作日之后，而且要等游玩回国以后才返还。虽然以前也有过以这种交保证金低价去南非、泰国等国旅游的形式，到时候保证金也会退还，这似乎在旅行社中并不少见，

① 《溢价回购“收藏品”的公司跑路了》，来源网址：http://www.ccn.com.cn/html/henan/jinrongdianxin/2018/0822/362699.html，最后访问日期：2018年12月30日。

成了一个不成文的规定，但是几起真实的诈骗犯罪的案件证明，今后遇到这些情形也是要当心的。到了向旅行社拿回保证金时，有可能遇到给付困难，如旅行社暂时没有钱、管理人员不在、银行款被冻结了等。还有的直接就找理由拒付了，过了几天后就连旅行社的工作人员也“人间蒸发”了，打电话什么的也找不着了。

在案例6中，谢某长期、多次利用“零团费”等不合理低价招揽游客，隐瞒其门市早已负债经营、出现资金链断裂、不具备履行低价旅游的能力的真相，诱使被害人将旅游团费和高额保证金打入其个人银行账户，于2014年8月后使被害人无法与其联系且被提起民事诉讼后仍未到庭。故足以认定谢某以非法占有为目的，实施了合同诈骗犯罪行为，并在骗取被害人财产后逃匿的犯罪事实。

对于老年人来说，辛苦了一辈子，终于到了退休的年纪，身体状况还很好，是该好好享受一下生活了，而旅游就成为老年人享受生活的重要方式。对于一个旅游消费者来说，如何才能够避免类似诈骗的发生？

第一，要看旅行社有没有相关证照，看是否有足够的资质。第二，要关注旅游团费，如果团费远低于成本的话，压根儿就不要考虑了。第三，如果需要缴纳保证金，要检查收款方是否属于第三方银行。第四，在与旅行社签订合同时，看所盖公章是否属于该公司，要确保重要条款的约定明确、有效。

实施保证金第三方存管制度的旅行社将不再接触客户保证金，而由存管银行负责依照合同约定与游客进行资金交收和退还，可以从根本上杜绝旅行社挪用客户保证金的行为。

第五节 不觉中被洗脑，非法传销害人

> 直销传销有区别，陷入传销不得了。发展“人头”算提成，十有八九是传销。先把亲朋拉下水，众人受害己也毁。营销知识学一点，再遇迷惑方识归。

组织、领导传销活动罪，是指组织、领导以推销商品、提供服务等经营活动为名，要求参加者以缴纳费用或者购买商品、服务等方式获得加入资格，并按照一定顺序组成层级，直接或者间接以发展人员的数量作为计酬或者返利依据，引诱、胁迫参加者继续发展他人参加，骗取财物，扰乱经济社会秩序的传销活动的行为。根据《刑法》第224条之一规定，犯组织、领导传销活动罪的，处5年以下有期徒刑或者拘役，并处罚金；情节严重的，处5年以上有期徒刑，并处罚金。

在以往的非法传销案件中，似乎年轻人是主角，少有老年人迷恋其中。2018年七八月，全国各地法院集中审理的“善心汇”传销案中，被骗老年人达62万多人。同时，还有许多老年人也不小心丧失了晚节，因积极追求“业绩”而触犯刑律被追究了刑事责任。涉案的许多老年人都辩解说，其本着赚钱的同时可以帮助贫困人口、残疾人员的善良愿望加入“善心汇”公司，并没有

企图通过从事非法活动去获利，其主观上没有骗取他人财物的目的。

典型案例

案例1：“善心汇”非法传销案件中的“尹某某组织、领导传销活动案”

张天明于2013年5月24日在广东省深圳市龙华新区注册成立“深圳市善心汇文化传播有限公司”（以下简称“善心汇”公司），经营会议服务、电子商务运营、影视拍摄、文化产品的销售，张天明为执行董事，公司股东为张天明和王某，注册资本100万元人民币，其中张天明出资59万元，王某出资41万元。“善心汇”公司对外宣传“扶贫济困，均富共生”，但实际经营的是以直接和间接发展会员收取账号激活费用、信息服务费（排单费和善心币）、账户解冻费以及出售高级会员资格等传销业务。

“善心汇”公司加入方式：需在“善心汇”公司网站上注册，然后经老会员推荐，并向推荐人（成为推荐人的直接下线）购买一颗善种子，计300元人民币激活账号。账号激活后，即进入静态模式等待排队投资。新会员可自主选择自己需要资助的社区进行投资，同时向推荐人购买一枚善心币（100元/枚）排队打款，待“善心汇”公司网站匹配成功受助人后，会将受助人的银行账户告知新会员，待新会员往指定账户打款后即完成投资。新会员完成捐助后，再等待一段时间，“善心汇”公司网站又会将该新会员列为受助者，接受捐助者的所谓捐助，并得到其投资区新会员的匹配打款。

“善心汇”公司收益模式：（一）静态收益模式分为：特困区，每轮布施金额1000元至2000元，需消耗善心币1枚，收益率为50%；贫困区，每轮布施金额1000元至3000元，需消耗善心币1枚，收益率为30%；小康区，每轮布施金额1万元至3万元，需消耗善心币2枚，收益率为20%；富人区，每轮布施金额5万元至30万元，需消耗善心币3枚，收益率为10%；德善区，每轮布施30万元至1000万元，需消耗善心币5枚，收益率为0~5%。（二）动态收益模式为：会员每发展第一代下线一名，可以拿到该下线投资金额的不同比例作为奖励收益，一代下线6%、三代下线4%、五代下线2%。

“善心汇”公司会员升级模式：“善心汇”公司的会员从高到低分为：A轮服务中心→B轮服务中心→C轮服务中心→A轮功德主→B轮功德主→普通会员。如果会员向“善心汇”公司和张天明缴纳一定数额的费用和发展一定数量的下线会员可逐步或越级上升级别。案发时，A轮功德主9971个，A轮服务中心56个，B轮服务中心506个，B轮功德主5197个，C轮服务中心951个。2016年5月21日至2017年7月17日共3656万多条记录。经统计分析，参与赠与并已经打款（提供资助的会员已打款，不论接受资助会员是否向会员系统提交收款确认）的会员有近489万个，累计赠与金额1020多亿元。

2016年5月27日，被告人尹某某通过韦某1推荐加入“善心汇”公司，成为“善心汇”公司会员。被告人尹某某向“善心汇”公司张天明缴纳6万元人民币成为A轮服务中心，其向“善心汇”公司购买善种子和善心币享受45%的折扣。被告人尹某某依据“善心汇”公司网站会员管理平台，以高额静态和动态收益为诱饵，通过缴纳一定资金（购买善种子和善心币）的方式层层发展下线会员，并通过建立微信群与张天明以及下线会员沟通联络，并进行指导培训、交流经验。被告人尹某某直接发展第一代下线会员20余人，其中发展B轮服务中心2人，C轮服务中心1人，A轮功德主1人，并通过第一代会员逐层发展至31层，其直接和间接发展会员的注册账号达141703个。被告人尹某某通过在小康区和富人区排单投资（静态收益）及向下线会员出售善种子和善心币（动态收益）和提取下线会员投资款，共非法获利达160余万元，其中实际获得现金利益60余万元。

根据送检单位提供的涉案人员清单，使用身份证号码在“善心汇”会员系统后台数据库中进行查询、提取、统计，尹某某的登录用户名为yn8888，ID为2177，属于A轮服务中心，账户创建时间为2016年5月27日。该账户在整个会员网络中处于第7层，其下级网络有31层，141703个会员账号。该账户共完成82次赠与，累计140万元，13次收益，累计154.67万元。截至2017年7月24日，已支出善种子45881个，剩余善种子298个，已支出善心币577028个，剩余善心币6889个，已支出善金币10001个，剩余善金币1089338个，管理钱包已支出592700元，管理钱包剩余505375元。

2018年5月29日，江西省永新县人民法院以被告人尹某某犯组织、领导传销活动罪，判处有期徒刑5年6个月，并处罚金人民币10万元；永新县公安局冻结了被告人尹某某在中国建设银行账户资金320415.63元，中国邮政储蓄银行账户资金43958.45

元，共计364374.08元，予以没收，上交国库；继续追缴被告人尹某某的非法所得235625.92元。被告人尹某某不服判决，提起上诉。2018年7月30日，江西省吉安市中级人民法院二审判决，驳回尹某某上诉，维持原判。

案例2："中国明明商"组织自诩为"中国全民借助银行服务中心"，宣称系"中国文化部和中国农业银行联手打造的和谐互助平台"，号称"以民本资金互助你我他"，加入者通过提供本人农业银行卡账号并缴纳3990元的"借资"来获得加入"中国明明商"的资格成为"环民"。经"组环"并成功"生根、发芽（发展两名下线）"后成为"薪种"开始获得"月金"（即返利）。并号称自入会24个月内可获得286.45万元的巨额回报。"中国明明商"传销组织以少投入、高回报为诱饵，由各地组织、领导人鼓动周围的亲朋好友、邻居、同事参加，人员多为中老年人，组织分工明确，传销层级环环相扣。

被告人杨某某于2010年12月加入"中国明明商"组织，2011年9月加入"中国明明商"传销组织山西总原委，负责山西"环民"组环、配人；2013年3月担任"中国明明商"翼城原商会负责人，随后在翼城县发展下线300余人。其中，在杨某某手下担任"中国明明商"翼城原商会成员的任某（另案处理）于2012年2月至2012年4月，通过其丈夫史某的农行卡共发放"月金"260笔，涉及人员235人，发放"月金"54.54万元。杨某某共领取"月金"12.45万元。

2017年8月21日，山西省翼城县人民法院判决认为，被告人杨某某组织、领导山西省翼城县范围内的"中国明明商"传销活动，以“资信互助”为名，要求加入者缴纳一定数额的会费获得加入资格，并按照一定顺序组成层级，直接或间接靠发展下线获取利益，引诱参加者继续发展他人参加，骗取财物，扰乱经济与社会秩序，情节严重，事实清楚，证据确实、充分，其行为符合我国刑法关于组织、领导传销活动罪的构成要件，公诉机关指控罪名成立，应当以组织、领导传销活动罪追究其相应的刑事责任。故以被告人杨某某犯组织、领导传销活动罪，判处有期徒刑5年，并处罚金人民币2万元。

案例3：2015年7月，被告人杨某权和孙某河（刑拘在逃）共谋以养老项目招收会员，牟取非法利益。其后，杨某权以自己或他人的名义在浙江省杭州市登记注册包括浙江康盈养老服务有限公司在内的多家无资产和经营行为的“空壳”公司，成立所谓的浙江世银集团公司（以下简称世银集团），并和孙某河招募陈某某（刑拘在逃）、被告人姚某友等人，由杨某权任世银集团康盈养老中心（以下简称康盈养老中心）董事长，孙某河任总经理，陈某某、姚某友分别任市场部经理，以康盈养老中心的名义招收会员。杨某权等人面向社会宣传，一次性缴纳5800元会费即成为康盈养老中心消费股东，可得到世银集团提供的免费旅游、衣物等，消费股东在康盈养老中心消费股东分红系统网站（以下简称分红系统网站）注册账号后，世银集团会对消费股东发放日分红（回本分红）、月分红、季度分红、年终分红等多种分红，消费股东在分红系统网站按推荐及注册先后顺序进行层级排列。除获取上述各种分红外，消费股东进行销售（即拉人加入）可提升级别，级别分为主任、经理、高级经理、总监和董事等。团队业绩要求分别为，主任下面有一个销售额满6万元（即拉12人加入缴纳会费）的团队，经理下面有三个销售额满6万元的团队，高级经理下面有五个销售额满6万元的团队，总监下面有七个销售额满6万元的团队，董事下面有九个以上的销售额满6万元的团队。消费股东享受向下五代销售额的35%，其中一、二代的奖金比例各为10%，三、四、五代的奖金比例各为5%。销售额越多，奖金就越多。消费股东获取的分红和奖金可在分红系统网站，通过与注册账号绑定的银行账户进行提现。

2015年9月，经被告人姚某友的发展，被告人郭某金缴纳5800元会费注册成为康盈养老中心的消费股东。此后，杨某权、孙某某、陈某某、姚某友等人先后多次到新津县宣传康盈养老项目，并组织人员到世银集团进行所谓的考察，以取得参与人员的信任。其间，郭某金成为康盈养老项目在新津地区的实际负责人。通过杨某权、孙某某、陈某某、姚某友、郭某金等人宣传介绍，李某、邱某某、杨某某、曾某某、罗某某等人也先后缴纳会员费注册成为康盈养老中心消费股东。为取得更高收益，郭某金、李某、邱某某、杨某某、曾某某、罗某某等被告人除进行单独宣传外，还先后在新津县温州路、东顺河街租用门市作为固定的宣传地点，积极向他人宣传介绍参加康盈养老中心项目的好处，大力发展下线人员。通过上述人员的宣传介绍，新津县大量人员缴纳会费注册成为康盈养老中心消费股东。消费股东缴纳的会费均转入杨某权的银行账户，由杨某权根据其与孙某某的约定进行分配，消费股东的分红及奖金亦主要通过杨某权的银行账户进行发放。2016年4月8日，浙江康盈养老服务有限公司四川新津分公司成立，郭某金被任命为分公司负责人，负责浙江康盈养老服务有限公司在四川成都日常管理工作。2016 年 4 月，康盈养老中心消费股东分红系统不能正常提现，其后系统网站不能正常登录至案发。

经四川蜀通司法鉴定所鉴定，世银康盈养老中心有注册会员号 3330 个，去除重复投资，世银集团 CN×××××88 账号下共有 2375 人参与此项传销活动，投资额合计 1900 余万元。被告人郭某金线下注册会员 1040 人次，52 层级，去除重复投资后，共计 934 人，投资额合计 603.2 万元。其中 839 人净损失，损失总额 298.4 万元；9 人持平；86 人盈利。被告人李某线下注册会员 504 人次，50 个层级，共计 461 人，投资额合计 292.32 万元。被告人邱某某线下注册会员 223 人次，36 个层级，共计 205 人，投资额合计 129.34 万元。被告人杨某某线下注册会员 173 人次，34 个层级，共计 169 人，投资额合计 100.34 万元。被告人曾某某线下注册会员 166 人次，33 个层级，共计 153 人，投资额合计 96.28 万元。被告人罗某某线下注册会员 71 人次，27 个层级，共计 67 人，投资额合计 41.18 万元。

2017 年 7 月 25 日，四川省新津县人民法院以被告人杨某权犯组织、领导传销活动罪，判处有期徒刑 7 年 6 个月，并处罚金人民币 10 万元；被告人姚某友犯组织、领导传销活动罪，判处有期徒刑 5 年 6 个月，并处罚金人民币 6 万元；被告人郭某金犯组织、领导传销活动罪，判处有期徒刑 4 年 6 个月，并处罚金人民币 5 万元；被告人李某犯组织、领导传销活动罪，判处有期徒刑 3 年，并处罚金人民币 3 万元；被告人邱某某犯组织、领导传销活动罪，判处有期徒刑 1 年 7 个月，并处罚金人民币 2 万元；被告人杨某某、曾某某犯组织、领导传销活动罪，分别判处有期徒刑1年6个月，缓刑2年，并处罚金人民币2万元；被告人罗某某犯组织、领导传销活动罪，判处有期徒刑1年2个月，缓刑1年6个月，并处罚金人民币1万元。

案例4：被告人冉某于2016年10月15日至2017年6月29日，先后在湖南省石门县楚江街道办事处老西门社区新华书店内、石门县永兴街道办事处、石门县楚江街道办事处荷花社区滨江花园附近成立“石门盛源公司”作为上海银嘉公司在石门县的区域代理，自己任法人代表，负责向他人宣传“无条件办理信用卡模式”，无限制吸收中老年人为该组织的“注册会员”，并以该“无条件办理信用卡模式”和拉人头奖励制度，以办理信用卡、培训信用卡相关知识的名义，诱骗他人缴纳1700元注册成为上海银嘉公司的会员。成为会员后，可以办理信用卡，获得“付临门”POS机一台，还可以无限发展下线会员获得奖励，奖励均以网络虚拟币的方式发放，1虚拟币等于1元人民币，虚拟币可兑换现金。奖励方式分为五种：第一种为直推奖，即已注册的会员每直接推荐一人成为会员，可得网络虚拟币230元；第二种为见点奖，即上级直接发展的下线会员再每发展一人，上级可得10元；第三种为层级奖，即上级发展的下线会员分为A、B区，A、B区每层均满会员后，上级就可以得奖励600元，最多可得两层层级奖；第四种为碰对奖，又称亮碰奖，即以A、B区同步的人数为奖励基数，A、B区每同步一人，即成一对，每对可得120元，同步的人越多，奖励越多；第五种为利润分红，即发展的A、B区下线会员均达到50人以上后，升为一星会员，每月可以得到1000～

2800 个不等的虚拟币，发展会员越多，会员等级越高，奖励越多。经司法会计鉴定，被告人冉某下线层数 11 级，下线人数为 250 人，涉案金额 30.43 万元，非法获利 2.607 万元；被告人张某某下线层数 9 级，下线人数为 109 人，涉案金额 15.29 万元，非法获利 2.507 万元；被告人刘某下线层数 8 级，下线人数为 54 人，涉案金额 7.21 万元，非法获利 5190 元。

2019 年 1 月 22 日，石门县人民法院以犯组织、领导传销活动罪，分别判处被告人冉某有期徒刑 8 个月，并处罚金人民币 7000 元；判处被告人张某某有期徒刑 6 个月，缓刑 1 年，并处罚金人民币 5000 元；判处被告人刘某拘役 3 个月，缓刑 4 个月，并处罚金人民币 3000 元。

防骗攻略

一是老年人对当今社会变化往往跟不上节奏，对很多新事物不了解，因而容易被人蒙骗陷入传销。二是老年人容易受到金钱回报的诱惑，而传销组织往往以高额利润作为诱饵。三是传销组织本身多种多样，再以各种各样的外衣掩盖着，难以识别。

1. 要准确了解商品或服务的直销与传销的区别

（1）推销的商品或服务不同。传销的产品或服务大多是一些没有什么品牌，属于质次价高的商品或服务；而直销的商品或服务大都为一些著名的品牌，在国内外有一定的认知度。

（2）推销员加入的方式不同。直销的销售人员在获取从业资格证时没有被要求缴纳高额入门费；传销是要求推销员加入时上线要收取下线的商品或服务押金，一般以购买“道具商品”或资金形式收取“入门费”。

(3) 营销管理不同。传销的营销管理很混乱，上线推销员是通过欺骗下线推销员来获取自己的利益，采用“复式计酬”方式，即销售报酬并非仅仅来自商品或服务利润本身，而是按发展传销人员的“人头”计算提成；而直销的管理比较严格，推销员是不直接跟商品和钱接触的，自己的业绩由公司来考核，由公司进行分配。

(4) 根本目的不同。传销的目的是无限制地发展下线，千方百计通过扩大下线来赚钱；而直销最终面对的终端用户是客户，进行商品交易。

2. 学会识别传销培训

虽然不法分子绝对不会明目张胆地直接称之为“传销”培训，但是传销都是从洗脑培训或者宣传开始的。传销培训一般极少提及产品，主要强调成功和财富。而且，洗脑的步骤基本都一致：

第一步，反复强调金钱对人生的重要意义，激发参与者对金钱的狂热。

第二步，通过各种方式展示传销可以带来的巨额财富，加上所谓成功人士的现身说法，培育参与者对传销的兴趣。

第三步，渲染传销可以快速暴富，有挑战但是门槛低、“短平快”，鼓动参与者的激情。

第四步，则是如何突破自己，拉拢开发下线，自己致富的同时还带动其他人，成为传销机器的一环。

几乎可以说，每一步都是陷阱。这种传销模式，可以说正是抓住了人性的弱点，从而让人无法自拔。

3. 传销噱头要警惕

非法传销行为都是以推销商品、提供服务等经营活动为名，这一表现特征十分普遍，大家千万要注意和小心。“善心汇”非法传销更是打着“扶贫济困，均富共生”的旗号，极具迷惑性。同时，他们要求参加者以缴纳费用或者购买商品、服务等方式获得加入资格，并按照一定顺序组成层级，直接或者间接以发展人员的数量作为计酬或者返利依据。这就是传销，我们如果遇到这样的宣传一定要坚决抵制。

第六节

使用假币诈骗，专挑老人下手

> 假币诈骗最常见，老人多是受害者。钞票鉴别有常识，简易口诀要用上。兑换钱币要提防，不是熟人莫善良。如果一旦被偷换，假币上交不坑人。

持有、使用假币罪，是指违反货币管理法规，明知是伪造的货币而持有、使用，数额较大的行为。根据《刑法》第 172 条的规定，犯持有、使用假币罪的，处3年以下有期徒刑或者拘役，并处或者单处1至10万元罚金；数额巨大的，处3至10年有期徒刑，并处2至20万元罚金；数额特别巨大的，处10年以上有期徒刑，并处5至50万元罚金或者没收财产。明知是假币而持有、使用，总面额在4000元以上不满5万元的，属于“数额较大”；总面额在5万元以上不满20万元的，属于“数额巨大”；总面额在20万元以上的，属于“数额特别巨大”。“货币”是指可在国内市场流通或者兑换的人民币和境外货币。货币面额应当以人民币计算，其他币种以案发时国家外汇管理机关公布的外汇牌价折算成人民币。

典型案例

案例1：2017年2月初，被告人苏某某同苏某、王某、胡某（三人均已判刑）经计议，由王某提供面值100元假币200张，胡某负责驾驶车辆，被告人苏某某与苏某、王某以购物为名使用假币，得来的钱平均分配。2017年2月4日至10日，被告人苏某某与苏某、王某、胡某先后至江苏省宿迁市宿城区、宿豫区侍岭镇、蔡集镇及睢宁县农贸市场，使用假币共计160余张，总面额1.6万余元。

2018年6月27日，江苏省睢宁县人民法院判决认为，被告人苏某某曾因使用假币多次受到行政处罚且本次犯罪多是针对农村地区无防范能力的老年人使用假币，可酌情予以从重处罚。故以被告人苏某某犯使用假币罪，判处有期徒刑10个月，并处罚金人民币1万元。

案例2：2014年至2017年，被告人郭某某、田某某等人在宜宾县永兴镇、白花镇，以农村老年人为作案对象，以送礼需要整钱为由，以自己的零钱换取他人的整钱，在换钱过程中以100元面值的假人民币调包换取他人真币的方式，秘密窃取他人财物。在作案中，田某某驾驶其银色东风小康牌面包车搭乘郭某某，并搭载其黑色豪爵牌摩托车，从富顺县至作案乡镇。之后，田某某驾驶摩托车，搭乘郭某某一同到各村寻找作案目标，再由郭某某具体实施换钱、调包等行为。具体事实如下：

（1）2014年下半年的一天，被告人郭某某等人在宜宾县永兴镇被害人马某家中，采取上述方式将马某的现金3000元调包盗走。

（2）2016年10月15日，被告人郭某某、田某某在宜宾县白花镇被害人罗某全家中，采取相同方式将罗某全的现金3000元调包盗走。

（3）2017年4月5日，被告人郭某某、田某某在宜宾县永兴镇被害人王某家中，采取相同方式将王某的现金1200元调包盗走。

（4）2017年4月8日，被告人田某某等人到宜宾县白花镇郭家村被害人何某开设的小卖部，采取相同方式将何某的现金1000元调包盗走。

2017年4月17日，被告人郭某某、田某某再次驾驶二轮摩托车前往宜宾县永兴镇伺机作案时，被王某发现。后王某在其亲友帮助下，在该村公路上将郭某某、田某某拦截并报案。民警到达现场后，将郭某某、田某某抓获，查获了二人持有的100元面值疑似假币62张，共计6200元。民警随后扣押了二人作案的豪爵牌二轮摩托车、东风小康牌面包车。

综上，被告人郭某某共参与盗窃三次，盗窃数额共计7200元；被告人田某某共参与盗窃三次，盗窃数额共计5200元。二人共持有假币6200元。

2018年1月10日，四川省宜宾县人民法院对被告人郭某某、田某某犯盗窃罪、持有假币罪一案，作出刑事判决。被告人郭某某、田某某均不服，提起上诉。2018年5月4日，宜宾市中级人民法院终审判决以上诉人（原审被告人）郭某某犯盗窃罪，判处有期徒刑9个月，并处罚金3000元；犯持有假币罪，判处有期徒刑7个月，并处罚金1.2万元。数罪并罚，决定执行有期徒刑1年3个月，并处罚金1.5万元。上诉人（原审被告人）田某某犯盗窃罪，判处有期徒刑8个月，并处罚金3000元；犯持有假币罪，判处有期徒刑7个月，并处罚金1.2万元。数罪并罚，决定执行有期徒刑1年2个月，并处罚金1.5万元。

案例3：2017年12月16日，被告人李某某携带数张面值为100元的假人民币，驾驶摩托车到湖南省大通湖区千山红镇，伺机以假装销售大米给老年人，在对方支付现金的过程中以假币将真币替换后将真币据为己有的方式作案。李某某在千山红镇红绿灯路口附近一家商店购买了一些大米，随后驾驶摩托车四处寻找作案目标。李某某首先将刘某锁定为作案目标，李某某问刘某是否需要买米。刘某决定买米并将李某某带至其家中，以50元的价格向李某某购买23斤大米。刘某拿出一张面值100元的人民币给李某某找零，李某某趁其不备，用事先准备好的假币将刘某给的真币替换，又以刘某给的钱有破损为由要求刘某换一张。刘某重新拿出一张真币以后，李某某以同样的手段替换成了假币，反复几次将刘某手中的11张真币全部换出。刘某最后给了50元后李某某离开。

后李某某以65元的价格卖大米给林某夫妇，林某将65元钱给李某某后，李某某以喝喜酒少1张100元面值的人民币为由，要用零钱跟林某调换整钱。林某拿出一张面值100元的真币，李某某用假币替换了林某真币，并以林某的钱有破损为由提出让林某再换一张。因林某没有其他面值100元的人民币，李某某将假币交给林某后离开。

之后，李某某又以66元的价格卖给龚某50斤大米。龚某给了6元零钱后，给李某某一张面值100元的人民币要求找零。李某某以上述同样的方式和理由，用5张面值100元的假币从龚某处换得5张面值100元的真币。后李某某称需要零钱，龚某就凑了60元零钱给李某某。

2018年5月3日，湖南省大通湖管理区人民法院判决认为，被告人有目的地选择老年人作为其犯罪对象，可以酌情从重处罚。故以被告人李某某犯持有、使用假币罪，判处有期徒刑1年8个月，并处罚金人民币1.5万元。

案例4：自2017年6月始，被告人田某与丈夫王某从临沂市到惠民县城关镇大于村租赁房屋，后被告人田某在附近集市摆摊卖水果时，通过调包方式多次使用假币。同年9月14日9时许，被告人田某在阳信县洋湖乡集市卖水果时，将被害人牛某（70岁）2张面额100元的真人民币调换为假币，非法使用假币2张，被害人牛某随即报警。

2018年4月4日，山东省阳信县人民法院以被告人田某犯持有假币罪，判处有期徒刑8个月，并处罚金人民币2万元。

防骗攻略

在持有、使用假币的案件中，老年人群体一直是受骗的重灾区，给受害老年人的财产和身心健康造成了严重影响，应当积极预防。

1. 牢记真假人民币鉴别简易口诀

一看钞票正反面，防伪特征要看遍。

二摸纸张挺括度，凹印图案须手感。

三听钞纸抖动声，清脆声音用心品。

四测钞票防伪点，鉴伪仪器更可靠。

除了记好以上口诀，平时还要留意银行、公安机关发布的假币警情通报，记住流入市场的假钞号段。有的印制粗糙的假币还会是重号，如在案例4中，被害人牛某就是因为发现两张100元重号才报警的。

2. 熟记常见假币骗术

骗术一：双簧换币术。

不法分子双人合伙在购物中上演“双簧计”用假币支付。一人先付大额真币，另一人称有零钱支付让卖家、服务商将真币退回后，又声称零钱不足，前者趁机将真币调包成假币进行支付，卖家误以为是已经查验过的那张，直接收起。这种骗术比较老套，在2018年审理的使用假币案件中已经比较少见了。

骗术二：偷梁换柱术。

不法分子借换钱之机将真币调包。他们多选择农村地区的中老年人，以各种理由表示需将零钱换成大钞，后又找借口不换，再将零钱要回，将大额真币调包成假币退回。这种骗术在2018年又发生多起，每次诈骗、盗窃金额可达数千元，危害极大。在案例2中，被告人郭某某、田某某就是采取调包形式盗取老年人钱财的。其中，被害人马某证实："（被告人郭某某）自称是电工来检查线路，并说要送别人礼金找我换整钱。我妻子何某某拿出近6000元整钱。郭某某换了500元整钱后，接了个电话就说不换了，将零钱要了回去，还了我们500元。随后郭某某走了几步后又回来，又说要换，并在我妻子手中选钱，说要旧的不要新的。前后换了几次，总共换了我们3000元。"马某是在半年后去镶牙时才发现被调包的假币的。

骗术三：黑商黑手术。

不法经营者（如黑车司机、不良商家等）通过收款这一特殊环节，通过撕角等手段要求调换从而将假币退回给顾客。在案例4中，已经70岁的被害人牛某证实："2017年9月14日9点左右，我去洋湖赶集，在元宝水饺店门口有卖水果的一男一女，我买了6元的香蕉，给对方女子一张50元，女子说钱烂，让我换一张，我拿出两张100元，对方看了后还给我，最后说要那张50元。其间，对方男子与女子还为那张50元的钱能不能花掉发生争吵。"根据被告人供述，男子和那女子是夫妻，将两张100元调换成假币退回后，又一边假装吵架演戏一边收回了那张50元钞。

钱虽然是种类物，总数不变就意味着没有损失，但是一般不要出于好心就帮助陌生人换钱，因为一般银行柜台都有换钱这种服务。在案例3中，被告人李某某以假装销售大米给老年人，在对方支付现金的过程中以假币将真币替换后将真币据为已有的方式作案骗取钱财：被害人刘某以50元的价格向李某某购买23斤大米，李某某趁其不备以种种借口，用事先准备好的假币将刘某手中的11张100元真币全部换出；林某将65元钱给李某某后，李某某以喝喜酒少1张100元面值的人民币为由，骗取林某一张面值100元的真币；李某某再以66元的价格卖给龚某50斤大米，骗取了5张面值100元的真币……当好心遭遇了诈骗犯，损失就在转瞬间。

骗术四：假币购物（找零）术。

不法分子利用部分群众对假币警惕性低的特点，到农村集市、偏远山区等地用假币购买小额农副产品。还有的不法商家趁客户着急或在光线昏暗时用假币找零。在案例1中，被告人苏某某就是主要针对农村地区无防范能力的老年人使用假币的。

在一起使用假币案件中，一家多人互相掩护，该案被告人王某某的供述证实：在使用假币时，苏某某的妹婿胡某某负责开车将其与苏某某、苏某送到菜市场、集市，其与苏某某、苏某负责使用假币，使用时一般会选择年龄大的人，购买比较便宜的东西，有芹菜、菠菜、鸡蛋、煎饼、烤红薯等，还买过小孩的衣物和鞋子，并且商量好，如果发现谁花假钱耽误时间长了，防止被卖菜的人发现，就让离她最近的人上去打岔，目的是不让人发现使用的是假钱。

骗术五：真假混合蒙蔽术。

不法分子购物时先用一张假人民币购物，试探商家或售货员的警惕性及假钞识别能力，得逞后就大量使用该款假币购物，且在假币中会掺杂部分真币。有的不法分子专门针对识假能力弱的老年人，以变造币进行支付。

骗术六：假借 ATM 机取款行骗术。

不法分子假借现金不足，利用市民对银行 ATM 机的信赖，把受害人带至 ATM 机处交易，使商家放松警惕，然后以假币买单。

骗术七："丢包"诈骗术。

不法分子先将假币（近年来多用冥币）掉落在诈骗对象旁边，然后有同伙出现，捡起地上的假币，拉住诈骗对象到僻静处"分钱"，骗取受害人随身携带的财物。这一类骗术，在本书第一章第七节中有类似案例。

骗术八：假纪念币诈骗术。

不法分子通过网络、电视、电话推销等方式假借正规渠道发行名义出售假贵重金属纪念币、普通纪念币、纪念钞等。

3. 增强法律意识，及时报警打击假币

老年人一定要有防范假币意识，除了要避免自己的财产损失，还应当：

（1）收到假币后上缴到银行或公安机关，以免假币再坑人。

（2）发现假币犯罪行为后及时向公安机关报警。

第三章　一般侵害老年人财产权的防范

本书第一章、第二章分别是对诈骗老年人犯罪和破坏市场秩序欺诈老年人犯罪的防范。本章内容主要是在前两章内容以外的，对不法分子针对老年人财产权益侵犯的一些犯罪的防范。主要涉及以骗取钱财为目的的盗窃、抢夺、抢劫、招摇撞骗、敲诈勒索、伤害、非法行医等犯罪的防范。

因为老年人受到欺骗而放松警惕，如暴露密码、离开房间、打开钱包允许查验、脱下衣物离开视线等，从而使不法分子以非法占有为目的趁机实施的犯罪行为，一般不构成诈骗罪，而构成盗窃罪或者抢夺罪。有学者称之为“诡计盗窃”“诡计抢夺”。本章各节涉及的盗窃、“两抢”等典型案例基本属于此类犯罪，因此纳入本书写作。

第一节
寻求非分刺激，被盗被骗常伴

年老孤寂人同情，寻找刺激求开心。失财还吃“哑巴亏”，都是贪色引祸灾。被人色诱难脱身，低价嫖娼不能干。晚节失了被苟笑，老来应有好风范。

个别男性老年人因寻求刺激或好色而落入不法分子的圈套，结果被盗窃、被敲诈、被抢或者被骗，甚至遇害。

典型案例

案例1：被告人黄某某、王某某、张某某、章某某共同商议色诱老年人实施盗窃。2018年5月20日，四被告人来到福建省永安市租赁了燕江东路一出租房作为作案场所，购买了上下铺的铁架床及床上用品等，将铁架床放置在靠近窗户的位置便于作案。2018年5月21日21时许，王某某、张某某在租住房屋附近游荡，伺机寻找作案目标。22时许，王某某碰到被害人陈某（男，73岁），以帮其按摩为名将陈某带至出租房间内，诱骗陈某将裤子脱下放在铁架床的上铺。在此过程中，章某某负责望风，黄某某则趁机从窗外将陈某裤子腰包内的现金3400元盗走后逃离作案现场。

2018 年 9 月 29 日，永安市人民法院以犯盗窃罪对被告人黄某某、王某某分别判处 6 个月有期徒刑并各处人民币 2000 元罚金，对张某某、章某某分别判处 5 个月拘役并各处人民币 2000 元罚金。

案例 2：2016 年 5 月以来，被告人王某某召集被告人许某某，由许某某事先在湖南省常德市鼎城区武陵镇一带租好简易民房，并在租房内布置好床铺等物件后，由被告人王某某在武陵镇桥南一带诱骗老年男性被害人进行按摩，而后将被害人带至租房，被告人王某某以按摩为由，让被害人脱下衣服等。在帮助被害人挂衣物时，趁机将被害人的衣服或背包内的现金盗走，而后由许某某在租房外予以接应逃离案发现场。具体犯罪事实如下：

（1）2016 年 6 月 28 日 7 时许，被告人王某某以按摩为由将被害人刘某某色诱至武陵镇出租屋，后王某某伺机将刘某某上衣口袋中的现金 1100 元偷走。得手后王某某打电话通知许某某将其接走，后许某某骑摩托车在桥南仿古城青苹果网吧将王某某接走。

（2）2016 年 10 月 1 日白天，被告人王某某以按摩为由将被害人施某某色诱至武陵镇出租屋，后王某某给许某某打电话要求许某某给其看“羊儿”，后许某某骑摩托车赶到东旭小区的出租屋下面望风。后许某某伺机将施某某放置在皮包中的现金 2900 元偷走。得手后张某某（另案处理）骑许某某的摩托车载着王某某逃离现场，许某某在现场进行观察看被害人是否报案，后张某某骑许某某的摩托车返回出租屋载着许某某逃离现场。

2018 年 2 月 27 日，常德市鼎城区人民法院以被告人王某某犯盗窃罪，判处拘役 3 个月，缓刑 5 个月，并处罚金人民币 3000 元；被告人许某某犯盗窃罪，判处罚金人民币 3000 元。

案例3：2017 年 5 月至 6 月，被告人黄某某、钟某某伙同同案人谭某、“阿飞”（均另案处理）等人在广州市荔湾区等地，为谋取非法利益，由被告人钟某某、同案人谭某负责以嫖娼为由引诱老年被害人进入出租屋，被告人黄某某、同案人“阿飞”负责在接到同案人信号后冒充警察，并以查黄查毒等为由骗取被害人财物。具体犯罪事实如下：

（1）2017 年 6 月 7 日上午，被告人黄某某、钟某某伙同其他人来到广州市荔湾区浣花路沙涌卫生院附近。被告人钟某某谎称要与被害人发生性关系，引诱被害人吕某进入位于荔湾区冲口沙涌的出租屋内。后被告人黄某某及同案人则冒充警察抓嫖查毒进入屋内，以要对被害人吕某罚款为由，骗得被害人吕某的现金人民币 1 万元。

（2）2017 年 6 月 9 日，被告人黄某某伙同谭某等人去到荔湾区冲口街沙涌市场附近，由同案人谭某负责色诱被害人黄某进入出租屋内进行卖淫嫖娼活动，由被告人黄某某等人负责冒充警察抓嫖进入屋内，以要对被害人黄某罚款人民币 20 万元为由，骗取被害人当天交出人民币 3 万元，并约定同年 6 月 12 日交剩余的 17 万元。另查明，同案人谭某已退赔 6000 元给被害人黄某。

广州市荔湾区人民法院判决认为，被告人黄某某、钟某某无视国家法律，结伙冒充人民警察招摇撞骗，其行为均已构成招摇撞骗罪，故以被告人黄某某犯招摇撞骗罪，判处有期徒刑 2 年 10 个月；被告人钟某某犯招摇撞骗罪，判处有期徒刑 1 年 8 个月。二被告人不服判决，提起上诉。2018 年 3 月 6 日，广州市中级人民法院裁定，驳回上诉，维持原判。

防骗攻略

2018年发生了多起老年人为寻求生理刺激而被敲诈、被诈骗、被盗窃和被伤害致死的刑事案件。在这类案件中，老年人一旦掉入圈套就难以脱身，有的虽上当破财了但一般也难以启齿去报案，经常是吃了“哑巴亏”，有苦肚里咽，罪行被举报并追究犯罪行为人刑责的不多。但是，根据有关报道和案件事实的统计看，这种情况涉事老年人数量也较为可观。所以，加强相关警示教育，保护好老年人的合法权益，非常重要。

1. 老年人虽身为被害人，法院判决却难以体现对弱势的“关爱”

虽然犯罪分子经过预谋并布设了“仙人跳”陷阱，但是因为它是由被害老年人贪色所引发的，被害人在案件中存在一定的过错，所以对被告人的判决有时会相对偏轻。

“仙人跳”又称“杀猪儿”，是进行盗窃活动所采取的一种方式。具体操作模式为：一男一女搭配，由女子到街上寻找年龄较大的男性作为盗窃对象，与之搭讪，并暗示对方有色情服务，一般报价很低，同时其同伙男子一般在近处观望。被害人同意后，女子将其带至租住屋，男子则跟在他们后面。当被害人到达既定房屋后，女子就以提供色情服务为由，让其脱下衣裤或者帮对方脱下衣裤，并放在便于偷盗处，通过提供色情服务，转移盗窃对象的注意力，同案男子就悄悄进屋窃取被害人衣裤中的钱财。男子盗窃得手后，女子再借机离开房间。之后，男子尾随被害人观察其是否报案，确认作案安全后再离开。

以上是教科书版的做法。2018年审理的相关案件中，“与时俱进”的作案比较多，有团队分成若干组分头作案的，也有多男一女、多男多女“协同作战”的，还有手法好的路上就盗窃得手的，还有乘人之危敲诈勒索、抢劫的……

例如，在四川省西昌市发生的一起共同盗窃案中，被告人许某某在被告人荣某某的邀约下，同彭某某、周某某及“王保长”、“王保长”的妻子“胖妹”（此二人在逃，未核实真实身份）来到西昌市共同实施色诱盗窃。荣某某、赵某某、李某某为一组，许某某、彭某某、周某某为一组，“王保长”及其妻子“胖妹”为一组。李某某、彭某某、周某某、“胖妹”以按摩、性交易等手段引诱被害人进入预设房间，在将被害人的衣裤脱下放在高低柜上面后，荣某某、许某某、“王保长”潜入房间实施盗窃，得手后便通知实施色诱的人撤离，赵某某负责把门望风……

除了有以上团伙分工合作方面的变化以外，2018年审理的案件中，利用现代通信工具微信实施色诱诈骗的案件也急剧增加。因为这种犯罪手法一般无需见面，人身危险性较小，但一次性财产损失就达上万元的不在少数。

例如，在2018年山西省太原市中级人民法院审理的一起电信诈骗案中，被告人秦某某供述称：“今年（2017年）5月的一天，我爱人张某某在网上学了一个以色诱的方式骗钱的方法，并与我商量，我也同意了，就在我现在住的房里，她在网上购买了银行卡和手机号，用手机注册了微信号。张某某再通过‘遇见’这款软件把注册好的微信号发布在‘遇见’的软件里，并将这些微信号换上美女的图片和一些勾引人的微信昵称，那些想找小姐的人就会加上这些微信号聊天。之后就由赵某某、刘某某负责与这些人聊天，有时我爱人张某某也会参与聊天，通过微信聊天商量好‘约炮’的价钱，让对方发一张开好房间号的图片和所在的位置，负责聊天的人再用‘夜神’模拟器，发送一个假位置，让对方觉得我们离他很近，容易让对方相信，然后负责聊天的人就会让对方先通过微信转账的形式把‘约炮’钱转过来，钱转过来之后，负责聊天的人以保护小姐安全为由，再次向对方提出要保证金，如果对方不给保证金的话，我和张某某就打电话给对方，吓唬对方如果不支付保证金的话我就把你找小姐这事告诉你家人等一些让对方害怕的话。有时对方就把钱转过来了，但有时却不会给钱，我们就把对方拉黑，如果给了钱的话我们也把对方拉黑。骗来的钱由张某某保管，分钱也是由张某某负责。赵某某与刘某某是按她们当天所骗钱的15%分钱，我弟弟是每月不定数发放。我们没有小姐，就是为了在微信里骗人。”其中一名被害人封某陈述称：“2017年9月9日凌晨，我一个人在家（广东省广州市天河区）闲得无聊，之后就通过一款叫遇见的APP（聊天软件）在网上和一个女的加了微信好友，聊天的过程中，我就提出要和那个女的约炮。之后我俩谈好价格，她就让我给她发个位置并把我的电话发给她，说是到了以后联系我。过了一会儿她在微信上说到我家楼下了，让我给她发红包，我就给她发了几个微信红包，之后她又提出来要交一些安全费和健康费，我就又给她发了几个微信红包，接着这个女的就给我打电话（归属地是厦门的，手机号记不清了）说了几句，有个男的就接过电话以一些安全费和健康费的理由让我再交一些押金，如果不交的话就直接上楼把我给绑了，他就在电话上一直威胁和恐吓我。由于害怕，我就又陆陆续续地给那个女的微信上转红包，直到女的微信出现异常了，不能再转微信红包了，接着那个女的就又给我发了一个她的支付宝账号让我接着给她转钱，我就又陆续给她支付宝账户上转钱，在这期间那个男的还通过电话及微信语音的方式威胁我，嫌我转钱转慢了，直到我支付宝上没有钱了，我就不再给她转了。那个女的微信昵称是‘韦帅美’，微信号记不清了。我总共被骗了1.2万元，微信上是2200元，支付宝是9800元。”另一名被害人范某陈述称：“2017年7月13日21时许，我当时在学校宿舍使用手机上网，手机登录了一个叫‘遇见’的交友网站后，一个网名叫‘澄浣’的添加我，我点开她的头像后出现了一个页面，背景是一个女子，上面写着‘约+加152××××’。随后，我又通过微信搜索了这个手机号添加了这个号的微信好友，对方在微信中叫‘星儿’，对方通过了我的好友后，我俩开始聊天，后来我问她在哪儿，她说她在太原实习，我问她‘约吗’，她告诉我她包夜1000元，快餐600元，并且她还发了一张她的图片给我。我看了图片感觉还可以，就约她到宾馆，对方告诉我她不收现金，到宾馆后让我用微信红包或者支付宝付费，我也同意了。之后，我在太原市杏花岭锦江之星开房，并把位置发给了对方，我在宾馆内等了一会儿，她打电话告诉我她快到了，让我给她发1000元红包，算服务费，我就用微信红包分五次每次200元给对方发了1000元。发了之后，她又打电话要200元，说是安全费和健康费，我又给对方发了200元红包。发完后，对方打电话说安全费和健康费不够，还要700元，我又分四次给对方发了700元的红包。对方说这钱在我俩发生完性关系后会退给我，于是我打了钱，之后对方还是没有来，对方又说安全费和健康费各是700元，所以我又分四次给对方发了700元红包。发了以后，对方又来电话说她之前让我发的红包都是安全费和健康费的钱，我还需要再给她1000元的服务费，我又分五次每次200元给对方发了1000元。之后，对方又有一个男子来电话，让我再发1400元的红包。意思是我之前发红包慢了，耽误了他们开车送别的女孩的时间，算是赔偿费，并且对方在电话中威胁我说如果不打就要到宾馆找我，用车拉上我去找我家人或学校，让我家人花钱赎我之类的话，我十分害怕就又给对方发了7个200元的红包，共1400元。发完之后，对方又打来电话，还是男子，对方说还不够，再让给对方发600元，我又用手机微信给对方发了400元，用支付宝给对方支付宝账号发了200元。过了一会儿，对方男子又打电话说是他们同时带着的另一个女孩，因为我耽误了时间，别人取消了那个女孩的单子，对方让我把这个被取消的女孩也一同‘约了’，让我再付1000元给她做服务费。我告诉对方实在没钱了，支付宝只有800元了，对方说先付800元也行，我就又用支付宝给刚才那个账号支付了800元。之后对方又说，让我借钱再给他们汇，说是再按上面流程走一遍，我感觉不对就没再给对方汇了。我一共给对方付了6400元，其中微信红包是5400元，支付宝1000元。我在微信上联系这个名叫‘星儿’的人，想的是通过网上招嫖，联系上这个女孩付给她钱，和她发生性关系。我和她没有发生性关系，根本连面也没见到……”

可见，这些犯罪团伙的诈骗“战术”是多么娴熟，“战斗力”

是多么强大。只要遇上了，不榨干钱财绝不会善罢甘休。所以，个别老年人的一时放荡轻浮，多半会危机四伏，而且一旦案发，晚节不保事大呀！

2. 有的老年人即使发现是对方布下的陷阱，也会脱身乏力

例如，被告人秦某某通过色诱方式将被害人荣某骗到其在浙江省台州市路桥区的临时出租房，并与被害人荣某发生性关系后，趁被害人荣某休息之际，窃得被害人荣某的金项链1条（价值人民币19723元）、苹果手机1部（价值1933元）；被告人秦某某通过色诱方式将被害人刘某骗到其在浙江省温岭市的出租房，并与被害人刘某发生性关系后，趁被害人刘某不注意，窃得被害人刘某的金项链1条（价值15412元）。2018年1月12日，台州市路桥区人民法院以被告人秦某某犯盗窃罪，判处有期徒刑1年3个月，并处罚金人民币6000元。

在这两起案件中，即使被害人荣某或刘某现场就发现了被盗窃，因担心一旦发生争执对方以强奸告发后果将非常严重，就不得不忍了，不了了之将是其最后的选择和结果。相反，只要你掉进了圈套，犯罪分子则会从容、猖狂地侵财作案。所以，嫖娼不仅是违法行为，还会有更大的人身财产损害风险。

再如，2017年5月16日10时许，被告人吴某某、廖某某经预谋后，由被告人吴某某在贵州省遵义市红花岗区河滨公园处以卖淫的方式将被害人牟某骗到其位于红花岗区中华南路租房内，被告人吴某某按照事先与被害人牟某谈好的价格先索要了现金50元，又向其强行索要现金100元未果后，被告人吴某某对被害人

牟某进行拍照，并喊来在门外等候的被告人廖某某对被害人牟某进行威胁。被告人廖某某进入租房后将被害人牟某双臂按住并将其推倒在地，致被害人牟某后脑勺受伤流血。被害人牟某倒地后，被告人吴某某对被害人牟某强行进行搜身，后二被告人发现被害人牟某后脑勺流血便放弃对被害人牟某实施抢劫……2017 年 12 月 8 日，遵义市红花岗区人民法院以被告人吴某某犯抢劫罪，判处有期徒刑 2 年 11 个月，并处罚金人民币 3000 元；被告人廖某某犯抢劫罪，判处有期徒刑 2 年，并处罚金人民币 2000 元。

3. 老年人在“享受”之时，其财产意外损失或正在发生

案例 1、案例 2 都是老年人在接受异性按摩之时，随身财产被洗劫一空。在 2018 年全国审理的老年被害人案件中，类似的案件还有很多。

例如，发生在浙江省苍南县金乡镇一起抢劫案中，被告人粟某以色情按摩为由将被害人林某拉至小巷内，后乘机将戴在其左手无名指上的金戒指（重 9.71 克，价值 2534 元）扯下抢走。被告人粟某供述称：“我与宋某预谋欲勾引老头开房做色情生意，在小巷内被老头抚摸时因老头手指上的戒指戴得很松，被我很容易地摸下来，而老头也没注意，我随后就走了……”

又如，2018 年 5 月 25 日发生在湖南省隆回县集市上的一起盗窃案中，被告人刘某某见被害人王某在市场赶集，遂由被告人周某某望风，被告人刘某某上前色诱王某，后在农贸市场旁边的一家手机店四楼楼梯间，刘某某趁王某搂抱时不备，将王某放在裤袋中的钱包盗走，钱包内有现金人民币 1503 元。

再如，在四川省南江县发生的一起盗窃案中，被害人岳某陈述证实："当我走到大堂坝老派出所楼下光雾山药店门口时，一个30多岁的中年女人问我50元钱做不做按摩，我当时同意了。然后那个女的就带我去了她租住的房子给我按摩。到了之后那个女的就让我把外套脱了，然后把手提包和外套放在房间床头的平台上，之后我就躺在床上，那个女的给我按摩了两分钟左右就说出去打水给我洗漱，我当时同意了。但是过了10分钟左右那女的还没有回来，我就穿好衣服拿着手提包离开房间。我从出租屋出来去旁边的副食店买东西的时候，发现手提包内的15800元现金不见了，我就知道是给我按摩的那个女的偷了，然后我就到公安机关报警了。"

类似的案例还有：2017年11月20日发生在福建省周宁县狮城镇东市路的一起盗窃案中，被告人顿某某将被害人宋某（年近七旬）以推拿为由色诱至出租房，趁被害人宋某不备将其戴在左手无名指上的一枚金戒指、放在裤子左前口袋内的一部手机、放在钱包里的现金人民币400元盗走……2018年5月16日发生的一起盗窃案中，被告人万某某在湖北省鹤峰县一中路附近招揽被害人汪某（已年过八旬）进行性交易，将汪某带至出租房内，被告人田某某则尾随至房门外负责望风，万某某在房内趁汪某不备从其裤子口袋内盗得现金5600元……

犯罪分子设下温柔陷阱就是图财，不发生意外财产损失才是意外！

4. 老年人一旦身陷险境，学会自保是上上策

在案例3中，被告人黄某某、钟某某冒充警察招摇撞骗。在

其他案件中，还有犯罪团伙借机敲诈、抢劫、伤害或绑架，常常给涉事老年人带来现实的人身危险。举例如下：

2017年11月22日9时许，被告人陶某某以色诱的方式将被害人李某林骗至广东省惠州市惠城区陈江育才街房内，被告人李某伟、罗某某则尾随至门口，罗某某负责在门口望风，李某伟则进入房间将被害人李某林的裤子拿至门外，并拿走李某林裤子内现金2010元及身份证、银行卡各一张。被害人李某林发现裤子不见后，遂抓住被告人陶某某上衣不让其离开，陶某某大声喊叫，被告人李某伟、罗某某随即进入房内，李某伟使用铁棍对李某林进行殴打，陶某某趁机摆脱李某林控制。之后三人逃离现场。

2017年1月5日10时许，被告人孙某某在福建省建瓯市管葡市场内以“按摩”的名义，将被害人刘某骗至建瓯市序五里一楼房内。被告人孙某某要求被害人刘某将身上衣服脱下后为其“按摩”，被告人杨某某趁刘某躺在床上按摩之机将被害人衣服口袋内现金12860元偷走，被害人刘某发现。被害人刘某将被告人杨某某抓住不让其离开，被告人孙某某趁机逃离。被告人杨某某从口袋拿出匕首威胁被害人并与被害人扭打，被告人葛某某进入房间与被告人杨某某一起殴打被害人刘某后一同逃跑。

2015年1月3日，被告人朱某为了趁拉客招嫖之机实施盗窃在云南省昆明市西山区叫到一名嫖客张某丁，在谈好嫖资后，被告人朱某将被害人张某丁带至一出租房内，在二人发生性关系时，被告人高某潜入房内实施盗窃。由于被害人张某丁发现有异常，拉开被子后发现被告人高某将其钱包从裤包里偷了出来，张某丁一把夺回钱包放在床上，并打了高某一拳。在被害人张某丁穿好衣服准备离开时，被告人高某随即叫来事先埋伏在附近的被告人常某甲、刘某、涂某、张某甲、张某乙、金某某等人冲上来用甩棍、木棒等工具将被害人张某丁打伤，并抢走现金1800元。经鉴定，被害人张某丁此次伤情为轻伤二级。

2017年9月15日13时许，被告人姚某某伙同刘某、汪某，经事先预谋，由汪某在云南省曲靖市麒麟区信誉集团附近以卖淫为由，将李某骗至一间出租房内，欲对李某实施盗窃，后汪某发现李某钱少放弃盗窃，又因嫖资问题与李某发生争吵，守在门外的刘某邀约被告人姚某某撞门进入该出租屋，在汪某的授意下对李某实施殴打，后汪某、刘某、姚某某先后逃离现场。被害人李某被殴打后欲离开现场时，因该出租房一楼的门禁系统已自动关闭，无法顺利离开，后李某在从三楼窗户离开现场时坠楼身亡。经法医学鉴定，被害人李某生前损伤为轻伤二级，死亡原因系高坠致颅脑损伤。

2003年11月的一天，被告人何某某、谭某甲、柏某某伙同覃某某、肥仔（另案处理）经过商量，以色诱方式抢劫被害人曾某，先由柏某某在广东省佛山市顺德区的出租屋内假借与被害人曾某发生性关系，后由谭某甲敲门，待柏某某开门后，何某某与覃某某冲入屋内，肥仔在门外望风。何某某与覃某某强行将被害人曾某按住，然后拿出事先准备的透明胶纸封住曾某的口鼻，并用透明胶纸和两条毛巾在曾某的口鼻部、颈部重叠缠绕，用两条电线将曾某的双手反绑，用透明胶纸、电线、皮带等捆绑被害人的双膝及双脚，抢走曾某身上的手机2部、金镶玉戒指、手表等财物（价值共计14561元），并致被害人死亡。

2014年6月23日22时许，被告人陈某某与刘某、袁某甲经事先预谋“色诱”窃取财物。石某发现现金被盗与刘某争吵。在屋外的陈某某及袁某甲见状后与被害人石某发生争执，继而对被害人进行殴打，后陈某某及袁某甲逃离。被害人石某在离出租屋不远处的停车场找到陈某某、袁某甲，又与陈某某发生厮打，在厮打中陈某某掏出随身携带的尖刀捅刺被害人石某左大腿一刀。陈某某拨打“120”急救电话后逃离现场。被害人石某经医院抢救无效死亡。

可见，老年人一定要洁身自好，以上血腥案例个个令人警醒，我们务必远离色诱陷阱，这是防范色诱犯罪的最佳安全举措。一旦被色诱后遇到了暴力威胁，因为老年人骨质不如从前，体力也不如当年，犯罪分子一般也不会听“嫖客”讲道理，所以老年人不要与对方对抗，要尽可能避免惹怒犯罪分子，示弱反而是上策。一旦脱离险境，希望能够“将功补过”尽快报警，尽可能提供破案线索，以便将罪犯绳之以法。

5. 除了被骗、被抢、被盗，感染艾滋病也时有发生

2017年10月20日，被告人谭某某被湖北省十堰市疾病预防控制中心检测确定为HIV－1抗体呈阳性，即感染艾滋病病毒。2017年10月26日，丹江口市疾病预防控制中心将检测结果告知谭某某，其自愿接受抗艾滋病病毒药物治疗。2017年11月7日19时许，谭某某在明知自己感染艾滋病病毒的情况下，仍在丹江口市跃进门菜市场居民区自己的出租屋后铁路上招嫖，在未采取任何安全措施的情况下，收取嫖资20元与曹某在其出租屋内进行

卖淫嫖娼活动，曹某欲离开时被民警查获。2018 年 3 月 28 日，湖北省丹江口市人民法院以被告人谭某某犯传播性病罪，判处有期徒刑 1 年，并处罚金 3000 元。

2019 年 1 月 24 日，百家号转发了环球网一则“老年艾滋：无处安放的生理需要！”① 的报道。

“我也后悔，也知道这事儿不对，但工地旁边的中年女人才 40 块钱一次。”让刘某没想到的是，从前一直被打上“正派”标签的他，这次做了自己从前最瞧不起的事儿。

像刘某一样的老年艾滋病患者，中国有数万个。在 2018 年 11 月 23 日国家卫健委举办的我国艾滋病防治工作进展情况发布会上，中国疾控中心防艾中心主任韩孟杰介绍，近年来，通过病例报告发现老年人特别是 60 岁以上的男性人群感染的病例报告数量增加明显，从 2012 年的 8391 例上升到 2017 年的 19815 例。

据 2017 年 5 月《中国健康教育》刊登的《50 岁及以上老年人感染艾滋病危险因素分析》调查，2000 年至 2011 年，50～64 岁年龄组人群报告数构成比 11 年间从 1.6% 上升到 13.6%，65 岁以上年龄组人群报告数构成比从 0.34% 上升到 7.0%，增加了约 20 倍。而这些老人，大多数有学历低、生活在村镇或者山区的特点。其中，因嫖娼感染艾滋病的老人占很大一部分。

① 《老年艾滋：无处安放的生理需要！》，来源网址：https：//baijiahao. baidu. com/s?id = 1623505543359139992&wfr = spider&for = pc，最后访问日期：2019 年 1 月 30 日。

第二节

孤老无伴夜长，搭伴难贼“牵挂”

> 单身老人需陪伴，一心求偶有期盼。非法婚介耍乌龙，主动搭讪找上门。如若心切不小心，常遇骗子献殷勤。最是相亲急求成，不查身份就当真。还有网上来勾引，失身失财两手空。

2010 年第六次全国人口普查数据显示，当年无配偶老年人口 5228 万人，占 29.45%，其中丧偶老年人口 4774 万人，占 26.89%。中国社科院的一项调查显示，80% 的丧偶老年人有再婚愿望。

正是因为无配偶老年人口越来越多，所以一些不法婚介将魔爪伸向空巢单身老人，老人婚介维权也是重灾区。不法婚介涉嫌采用多形式、多渠道发布虚假信息，诱导老人去那里找老伴，吸纳其钱财。同时，骗婚诈骗犯罪的发生率也增长较快。

典型案例

一些不法分子盯着老年人的钱袋子，利用丧偶老年人独居寂寞、求伴心切的心理特点，通过寻找目标搭讪、在媒体上刊登个人条件优越的交友信息或者通过家政服务上门当保姆，诱骗老年人上当，之后会以种种理由索取钱财。当然，老年人一旦上当，付出去的钱就将是肉包子打狗——有去无回。

案例1：寻找目标，主动搭讪实施诈骗

2018年11月26日，河南焦作市警方公布一起老年婚骗系列诈骗案，受害人都是60岁以上的老年妇女。①

报道称，犯罪嫌疑人以恋爱结婚的名义，将许多老人的银行卡、存折洗劫一空。2018年8月，焦作市警方接到一位年近七旬的贾女士报案，说自己的银行存折、身份证，被一名刘姓男子骗走，存折里近两万元的退休工资都没了。随后，警方接连接到老人报警，被骗情节都大致相同，少的几百元，多的有6万多元。其中贾女士是矿区退休职工，2018年上半年，在公园晨练时偶遇一位穿着讲究、能说会道的60岁左右的男子，男子自称姓刘，接触一段时间后，贾女士感觉他是个有本事的人。

受害人贾女士告诉警方："他说他是做生意的，他有钱，要给我存折打25万元，他说跟他老婆离婚了，他有三套房。"

刘某以往贾女士账户打款的名义，把贾女士的身份证、银行存折和密码骗到了手，陆续取走了所有的退休工资。此后，刘某再也没出现。

案件侦办民警冯兴恺介绍："犯罪嫌疑人先以跟老太太谈恋爱的方式，在公园找寻目标。他跟老太太接触以后，通过自己的花言巧语说自己在焦作做黄金生意，生意做得非常大，想找一个

---

① 《可恨！多名60岁以上妇女被骗　有的退休工资被全部取光》，来源网址：http：//news. cctv. com/2018/12/06/ARTIDfEj4hm8902 PG8yqWSa8181206. shtml，最后访问日期：2019年1月31日。

老伴度过自己的晚年。”

民警通过查询嫌疑人手机号码的通话记录发现，嫌疑人有十几个固定的联系人。警方逐个调查走访了这十几个人，发现她们全部是60岁至75岁的老年单身妇女，有的说跟她们处对象的男子姓刘、有的说姓张。2018年10月16日，民警在一居民小区将嫌疑人抓获。

民警冯兴恺还介绍说：“刘某供述，诈骗这么多老太太的钱财主要用于自己的高消费，他并不是做黄金生意的，且居无定所，他所谓的‘三套房’根本就不存在。”犯罪嫌疑人真实姓名叫牛某娃，60岁，从1981年开始，他曾三次被判刑，在狱中共服刑17年半，2012年9月是其最近一次刑满释放，释放后不思悔改开始诈骗老年妇女。目前，嫌疑人已被批准逮捕，此案正在审理中。

案例2：通过媒介认识实施诈骗

2014年3月初，70岁的刘老头在一算命先生的介绍下认识了杨某，并谎称自己是国企的退休职工，每月退休金1万多元。刘某利用三张不同的电话卡，使用模拟通话功能，冒充其儿子、儿媳及孙子与杨某通话，取得其信任。随后，刘某谎称在其二爸处存放有一保险柜，内有现金几十万元，但取回需要缴纳保管费，进而从杨某处骗得人民币2.8万元；后其又以在新疆开办的工厂需要缴纳税金为由，再次从杨某处骗得人民币3.08万元。刘某得手后手机关机，杨某多次联系不上后发觉上当受骗，遂报案。

四川省三台县人民法院以被告人刘某犯诈骗罪，判处有期徒刑3年3个月，并处罚金人民币5万元。此前，刘某因两次犯诈骗罪分别被判处有期徒刑1年6个月和8个月。

案例 3：谎称见“岳母”买礼品实施诈骗

不仅有老年单身妇女被骗婚，还有专门诈骗老大爷的。2017 年 5 月 3 日，《楚天都市报》报道了“48 岁女子以相亲为幌子诈骗三名老年男子 2.3 万余元”[①] 的一个案件。

2016 年 10 月 1 日晚，被害人老屈接到自称“小黄”的犯罪嫌疑人向某的电话，向某说自己在汉正街做窗帘生意。因为和老屈聊得来，想带他回家见岳母，让他准备 6000 元红包买礼品。还说妈妈就在身边，想和他讲几句话。电话里，“小黄妈妈”对老屈很满意，表示如果两人结婚会对他这个女婿好。老屈与向某是通过征婚启事认识的，4 天前在中山公园见面后，老屈感觉不错，之后一直保持联系。眼看着这一段感情就要开花结果，老屈十分兴奋，第二天早早地就在约定的商场等候。向某拎着四五个包装精美的礼品袋来了，两人一起挑选衣服。结账时，向某把手上的礼品袋给老屈拿着，拿走老屈的 6000 元红包去柜台付账，让老屈在店铺等。老屈等了半天她还不回来，打电话没人接，前往收银台也找不到人，随后报了警。

2016 年 12 月 14 日，被害人老曹报案说，在婚介所登记征婚，10 天前和一个自称“黄晶晶”的女子见过面，觉得不错，直到今天应约前去她家见岳母。两人先在青年路地铁站见面，黄晶晶拿着一个包装袋，说是给老曹买的鞋，老曹感动之余，在首饰店买了一只价值 6843 元的金手镯送给她，同时给她 500 元买烟酒。逛了一会儿，“黄晶晶”把包给老曹看着，说要去厕所，从厕所旁的员工

---

① 《48 岁女子以相亲为幌子　诈骗三名老年男子 2.3 万余元》，载荆楚网 http：//news. cnhubei. com/xw/sh/201705/t3827110. shtml，最后访问日期：2019 年 1 月 31 日。

通道悄悄溜走了。老曹等了20多分钟也没有见她出来，打电话也无人接，打开她的包和鞋盒，里面塞满破布和报纸，这才明白被骗了。

2016年12月17日，向某以假名“陈静”约见老程。一周后，向某故伎重演，约老程在商场见面，希望老程送她圣诞节礼物，然后跟她回家见岳母。老程买了礼品欣然赴约。在商厦，向某表示自己看中一支口红，老程掏出1万元交给向某去买，向某拿到钱后消失。

经查，向某2009年因犯诈骗罪被判刑1年。2016年5月，向某打起了骗婚的歪脑筋。她买了一个笔记本，在上面记录征婚人员信息；另备一个手机，里面的两个电话卡都没有实名登记，专门用于与征婚人联系；伪造一个姓名为“陈静”的假身份证，以免有人查验身份。为骗婚，向某可谓下足了功夫。

媒体还报道过一个案件。2018年4月，66岁的吴大爷拨通一则征婚广告上的电话，没想到，本来说好的黄昏恋，却变成“黄昏骗”[①]。逛街时，女子说其母亲身患重病，要求一同探望。可到了医院外，女子接过吴某给的2000元，找借口独自进入医院，让他在外等候。约半小时后，女子走出，约吴某第二天到她家做客，暗示备好彩礼。次日上午，女子送给吴某一件衬衫和短裤，令吴某感动不已，当即购买了一条价值1000元的连衣裙，还送给女子6000元。此时，女子突然接到母亲过世的电话，情绪一下子跌入低谷，让吴某前去购买一包香烟。吴某返回时，女子已经不见，手机也关了机。

---

① 《66岁男子听信征婚广告 黄昏恋变“黄昏骗”》，载水母网 http：//news. shm. com. cn/2018－11/07/content_ 4774280. htm，最后访问日期：2019年1月31日。

案例 4：利用微信实施诈骗

2017 年 9 月 18 日，飞鱼视频报道了一起专对老年人骗钱骗色的案件。

家住凤凰名都的 60 岁李大妈在微信上认识了一名 20 岁的小伙，之后双方约定在宾馆开房，大妈本以为还能吃到嫩草，结果双方发生性关系之后大妈的 16 万多元都被小伙拿走了。后小伙被警方抓获。

报道称，小伙姓陈，现年 20 岁，真实身份是一名出租车司机，并不是什么所谓的干部和老板。陈某通过微信结识大妈，白天以开出租车为生，晚上经常混迹在娱乐场所，其十分好色，喜欢看女人的东西，喜欢上网。截至案发，已有多位中老年妇女通过 QQ、微信与他结识后，被骗财骗色。

李大妈年轻的时候，下乡插过队，后来被分配做了一名教师，退休后的生活也很安逸，子女也不用操心她的生活，平时闲暇之余也会打打牌、逛逛公园。这不，最近迷上了年轻人爱玩的微信，李大妈无意间的操作就给了陈某可乘之机，而她的生活也由此充满了烦恼。

在聊天中，陈某自称曹刚，谎称自己是从事投资生意的，身份一会儿是工商干部，一会儿又是服装设计师，还经常以恋人之间亲密的话语关心大妈，取得了对方的信任，双方见面之后发生了性关系，随即陈某从李某处骗得人民币 16 万多元，接着就消失不见了。

案例5：老年人为了慷慨形象而被骗

2018年6月8日，媒体上报道了一起“女子谎称治病骗6旬相亲老人52万！老人相亲如何提防浪漫陷阱?”[①] 的案件。

2011年，琳琳（化名）与60多岁的老楼（化名）相识于婚介所，经过3个月短暂的交往后，琳琳说她得了白血病，让老楼资助她看病。

琳琳以在无锡治病，无法见面为由，和老楼仅凭电话、短信沟通感情。两人约定，病好了就结婚。

6年里，老楼每个月都给琳琳汇钱，直到去年自己的积蓄用完了。可是想着“未婚妻”还没有治好病，老楼开始四处借钱，这才引起亲友的怀疑。

经上海市浦东新区人民检察院认定，这是一起诈骗案。经核实，琳琳6年间共骗取老楼523100元。琳琳到案后表示，自己有正当的工作和稳定的收入。琳琳一直谎称自己比老楼小8岁，而事实上她比老楼小了23岁。

防骗攻略

丧偶或者离异的老年人，希望得到更多的关怀，而一旦与家人、亲戚的联系不足，面对陌生人的“关爱”，加之对再婚的渴望，老年人很难设防，很容易被欺骗。

① 《女子谎称治病骗6旬相亲老人52万！老人相亲如何提防浪漫陷阱?》，来源网址：http://www.sohu.com/a/234726494_174721，最后访问日期：2019年1月31日。

1. 要学会识别已出现过的骗术

诸多社会、家庭原因叠加，老年人再婚登记困境是目前老年人婚姻的一个最大的问题。所以，许多老龄法学者都对搭伴养老的立法问题有过思考或研究。

相亲骗术并不算多高明，但是一些老年人还是不断陷入“老套路”。老年人一般都忽视恋爱过程，相亲往往急于求成，很多不法分子正是抓住老年人的这一心理，刚见面就提出结婚或其他有利条件等，以表达自己的“诚意”。以上案例中的如“见岳父母”等就是常被利用的诱惑条件，男性老年人为了弥补年龄上的弱势，往往出手大方且毫不犹豫，结果被骗；老年人同意结婚后，不法分子立马索要彩礼、首饰等借机骗取老人的钱财；取得老年人信任后，编造理由借款，再玩失踪……无论什么形式，都离不开“索取财物”这个核心点。

社会应当多为单身老年人的婚姻付出努力，普法宣传机构、老年人维权部门和相关社会组织都应当积极行动起来，将相关骗术及时曝光，给这些相对孤寂或生活窘困的老年人一些警示，以避免重蹈覆辙。

2. 查清对方真实身份是首要任务

结婚登记程序可以审查出双方的真实身份和婚姻的真实状况。报出了真实身份，一般以占有为目的的诈骗犯罪图谋就很难得逞了，因为“跑得了和尚跑不了庙”“冤有头债有主”，被害老年人可以通过民事诉讼等手段维护自己的权益。但是，由于传统文化和社会现实的束缚，老年人再婚登记又困难重重。

客观上，大部分诈骗犯罪的行为人都是虚构身份，以便诈骗得手以后跑路和逃避法律的追究。所以老年人要想与对方一起生活，必须先查明对方的真实身份。前面案例3中的罪犯向某就制作了假名“陈静”的假身份证，因为老百姓通常对伪造的身份证是难以发现的，所以只看身份证是不够的。

老年人相亲交友需谨慎，要到正规的婚介所办理正规的手续，仔细审查交友对象的个人信息是否真实，以免上当受骗。两人接触以后，老年人也应当对对方的生活环境进行查证，最起码要核实一下对方的真实身份。

最为有效和稳妥的方法是委托律师进行调查。根据《律师法》的相关规定，律师享有调查权。比如，2010年9月9日，北京市公安局下发了《对外提供查询人口信息户籍服务工作规范(试行)》，明确规定了律师有权调取当事人的户口信息。这有利于帮助老年人在相亲交友中确定对方身份信息是否真实，对判断能否一起走完人生旅途提供有益帮助。

3. 不要轻信虚拟空间上的信息

如今，微信等社交软件极大地方便、丰富了人们的生活，也给交友带来了便利，但是网络时空也暗藏着很多危险，很多不法分子就混迹其中，利用老年人社会知识结构老化、思想固执、家庭子女不在身边等现实问题，制造多种机会去诱骗老年网友，诈骗案件时常发生且屡屡得手。所以，老年人一定要谨慎。

网络上鱼龙混杂，PS后的图像令人难辨真伪，前述案例2中就有罪犯利用变声软件让老年人与其所谓“儿子”“儿媳”“孙子”进行“现场时空交流”……真假难辨，甚至男女难辨。这就提醒我们老年人，生活在现实环境中，不可轻信对方提供的线上信息，要想摸清对方提供信息的真实性，线下考核、线下交流是必不可少的。

随着使用微信的老年人增多，微信红包诈骗越来越猖獗。一是需输密码领红包，有可能红包没领到，还会造成财产损失；二是需要你输入手机号、姓名、银行卡账号等信息，这是一种典型的诈骗陷阱，后台的木马病毒可能趁机窃取银行系统随机发送的手机验证码，分分钟转走你卡里的钱；三是 AA 红包，骗子对微信 AA 收款界面进行了略微改动，加上“送钱”“现金礼包”等字样，让用户以为是在领红包；四是与好友共抢的红包，领取到的红包要达到一定数额以上才能提现，如果只是吸引粉丝的骗局，损失可能是最小的；五是钓鱼链接红包，如“某某网站发 1 亿现金红包，转到三个群可领 50 元红包”，这种红包是钓鱼网站所伪装而成的，如果不慎点击了这类红包，应第一时间关闭手机网络，然后立刻修改网银、支付宝等密码，再通过正规途径彻底删除木马病毒。

4. 没有经过依法认定，彩礼是无法通过诉讼讨回的

对方身份、家庭都清楚了，一般就不会遭遇诈骗了。但是，民事欺诈也不可不防。

彩礼是以结婚为目的，在婚约期间或结婚之前由婚约一方向对方或对方亲友按照当地习俗给付的数额较大的金钱或者“三金”等。一般可以认定为彩礼的是通过订婚仪式给付的数额较大

的见面礼、彩礼、聘礼等。如果并非按照习俗给付，而是恋爱期间一方为表达感情而给付的金钱或者物品，一般认定为赠与，接收方没有返还义务。根据《最高人民法院关于适用〈中华人民共和国婚姻法〉若干问题的解释（二）》第10条的规定，双方未办理结婚登记手续，当事人请求返还彩礼的，应予支持。

例如，高老汉到法院起诉称：2017年3月，我与被告孙某在徐州市快哉亭公园相识，2017年11月5日被告突然向我提出要求，只要我给被告5万元彩礼钱，她就登记、结婚。第二天，我到银行取出5万元现金，交给被告。被告将5万元存入了她的账户。被告在我家住了10天左右，就开始找事儿，并对我拳脚相加。11月19日晚上，她早有预谋地因为一点小事儿将我从床上踹到床下，趁我休息时拿了她的东西偷偷跑了。11月22日我去她家想和她好好谈谈，并想让她把我给她的彩礼还我，她不但不给，还破口大骂，扬言要杀了我，接着我就报了警。她对我说，等她再找到别的男人后，再用别人给她的钱还给我。现在她既不愿意和我登记结婚，也不愿意把5万元彩礼钱退还给我。我的经济很困难，身患多种疾病，无钱看病。我现在不愿继续跟她生活。故提起诉讼，请求判决被告归还我5万元彩礼钱。

被告孙某辩称，原、被告系2016年年底相识，2017年3月原告就常住被告家，原告装修房屋及买家具家电等生活用品时向被告借款，该5万元不是原告主张的彩礼钱，实际是原告向被告所借的装修款等，细算下来，原告还欠被告钱，原告给被告钱时并没有说要登记结婚。

2018年10月17日，江苏省徐州市云龙区人民法院判决驳回原告高老汉的诉讼请求。

该案例中，高老汉和孙某相识后曾同居生活，在此期间原告高老汉给付被告孙某5万元；后双方产生矛盾又分开生活。虽然当地有给付彩礼的风俗，但是彩礼的给付有很强的目的性，即彩礼给付是以双方结婚为目的的给付。该案中原告称是被告提出给5万元就和原告结婚，原告才给了被告5万元，而对此被告并不认可，被告称是因为之前被告借给原告不少钱，这5万元是原告还被告的借款。由此可见，在原告给被告5万元之前，不能证明双方有共同的以该5万元作为缔结婚姻的彩礼的意思表示，或者说原告并不能证明在给付被告5万元之前，双方均有缔结婚姻的共同愿望。一般情况下彩礼的给付应具备一定的形式，如通过订婚仪式给付或通过双方家人在场时交付。因为不符合法律对彩礼的界定，所以法院就难以支持。

5. 家人的慰藉是最强预防针

除了以上法律对策以外，假如单身老年人的家人或子女时常关心老人，多花一些时间来陪伴老人，及时与老人交流社会上经常出现的各种诈骗手法以及一些防骗攻略，老年人就不会感到太空虚，在家人的提醒下也会提高防骗意识，诸如电信诈骗、投资诈骗、街头诈骗、交友诈骗等，也大都不会得逞了。

在我国，老年人再婚难已经是一个公认的社会难题，作为子女要改变观念，如果老人有再婚想法，不要成为老人的障碍。若有家人的理解、支持和参与，本节诸多案例里的诈骗分子基本上就不会再有实施犯罪的空间了。

第三节 谋求国家补贴，实有招摇撞骗

当下骗局多农村，受害皆是老年人。编着“头衔”施“邪政”，多给补贴代办证。不当得利咱不沾，知法守法骗不着。国家优抚政策多，好事实事要办妥。各级大抓廉洁风，建章立制方治本。

招摇撞骗罪是指为谋取非法利益，假冒国家机关工作人员的身份或职称，进行诈骗，损害国家机关的威信及其正常活动的行为。根据《刑法》第279条第1款的规定，冒充国家机关工作人员招摇撞骗的，处3年以下有期徒刑、拘役、管制或者剥夺政治权利；情节严重的，处3年以上10年以下有期徒刑。

许多老年人对政府都是非常信任的，也非常支持人民政府的各项事业建设。国家对贫困家庭的各种政策补贴不断出新，老百姓得到了越来越多的实惠，久而久之，犯罪分子就趁机钻了进来，会冒充政府工作人员对老年人招摇撞骗，我们一定要学会辨别真伪。

典型案例

案例1： 2017年7月19日，被告人文某某、陈某某夫妇共谋

到贵州省务川仡佬族苗族自治县泥水镇冒充民政部门的工作人员及领导，以为老年人廖某家人办理残疾证及贫困补助金为由，取得廖某信任后，骗取廖某信用社银行卡及密码，取走卡内人民币5000 元。

2017 年 7 月 20 日上午，被告人文某某、陈某某以同样方式在彭水县人民医院骗取老年人李某现金 800 元，并从骗取李某的邮政存折上取走人民币 1200 元后逃离现场。

2018 年 8 月 23 日，贵州省务川仡佬族苗族自治县人民法院以被告人文某某犯招摇撞骗罪，判处有期徒刑 1 年；被告人陈某某犯招摇撞骗罪，判处有期徒刑 10 个月，缓刑 1 年。

案例 2：2018 年 2 月 5 日，被告人周某某伙同杨某海（另案处理）经事先预谋驾驶大众牌宝来型小型轿车（京 Q 牌照，作案时使用的假汽车牌照为津 A 号牌）到天津市红桥区一学校附近伺机骗取老年人钱款。当日 8 时许，被告人周某某自称老同事“王某”与被害人鹿某（男，89 岁）搭讪并取得信任，后被告人周某某、杨某海冒充政府拆迁办工作人员并谎称被害人居住地即将拆迁，驾车与被害人一同来到天津市红桥区被害人家中。被告人周某某、杨某海以拆迁时能给被害人多量室内面积以及送礼为名骗取被害人鹿某、马某（女，79 岁）（二人为夫妻关系）现金人民币 7000 元。

2018 年 2 月 7 日，被告人周某某伙同杨某海经事先预谋又驾驶轿车到天津市南开区富祥园小区附近伺机骗取老年人钱款。当日 9 时许，被告人周某某自称老同事“王某”与被害人宋某（男，81 岁）搭讪并取得信任，后由周某某、杨某海冒充政府折迁办工作人员并谎称被害人的房产即将拆迁，驾车与被害人一同来到天津市南开区金某花园2号楼被害人家中。被告人周某某、杨某海以拆迁时能给被害人多量室内面积及送礼为名骗取被害人宋某、高某（女，80岁）（二人为夫妻关系）现金人民币7000元、白酒3瓶。

2018年8月8日，天津市南开区人民法院以被告人周某某犯诈骗罪，判处有期徒刑1年，并处罚金人民币4000元。

案例3：自2016年11月起，池某以公司化形式，组织被告人李某某、池某某等多人实施电信诈骗。2017年3月，池某将办公地点换至河北省张家口市某超市二楼，又招募了被告人高某某等多人为话务员，继续实施电信诈骗。该诈骗团伙由池某统一组织、指挥、策划，由被告人李某某负责给业务员充值话费、进行考勤、发放客户资料、传递配送单等日常管理工作，由被告人池某某负责联络发货、业绩统计等工作，由被告人李某某等多人担任话务员，其中被告人李某某、郝某某等人自2016年11月起开始担任话务员实施诈骗，其他被告人也有自2017年3月或4月起开始担任话务员实施诈骗的，所有话务员均按照池某提供的“话术”及客户名单联系老年人，冒充北京市慢性病康复中心、北京市医保中心或者银行的工作人员等虚构身份，谎称购买保健品可以享受国家政策补助报销。取得被害人进一步信任后，又谎称需要缴纳手续费、激活费、校正费、建档费等各种名目费用后才能领取报销补助款，采用向被害人寄送快递包裹、货到付款的手段收取现金，从而骗取董某等18名被害人钱财，几组被告人涉案金额分别为50.155万元、47.7万元、46.7125万元、31.5498万元。

2018年6月27日，浙江省湖州市吴兴区人民法院以诈骗罪分别判处李某某等10名被告人5年至2年6个月不等有期徒刑，并分别处以人民币3万元至1万元不等罚金。

案例4：2017年7月至2017年12月22日，被告人宋某某在湖北省英山县石头咀镇、雷家店镇、孔家坊乡多个村以英山县财政局工作人员的名义，谎称能帮助办理村民危房改造补助或低保等理由，骗取18户村民共计12270元。

2017年夏天，被告人宋某某到英山县孔家坊乡王家畈村被害人陈某某家中行骗时，趁被害人陈某某不注意，将其卧室枕头底下的现金2000元盗走。

（1）被害人余某（男，68岁）陈述称："一个陌生男子来我家，自称是财政局局长，跟我说现在政策好，可以交点钱，以后多领好多钱。他说交钱也分几个标准，200元、500元、800元三个档次。我说200元太多了，他就说没关系可以先交20元登个记。我就给了他20元钱。"

（2）被害人蔡某（男，68岁）陈述称："我出门看见一个人，那人问我家的房子是什么时候建的、有没有享受国家政策，他可以帮我享受国家政策，可以得几万元。他说他是财政局的郑局长，是老贯冲村的人，我就相信了。他帮我办就要交给财政的600元、民政的600元、房地产的600元，他抽烟要200元，一共2000元。让我现在交，我就拿了2000元现金交给他。他拿了钱就走了。"

（3）被害人陈某（女，62岁）陈述称："我们院里来了个人，那个人说他是县里财政局的郑局长。他叫我交1000元钱，把我的屋重新做一下，再让我拿200元钱给他抽烟。我就说你什么手续都没有，他说我都拍了照片，下午我就带民政的、你们村里的支书一起过来。我就相信他了，他说你再给300元我，我把你房顶也做一下。之后我给了他1500元。”

（4）被害人罗某（男，64岁）陈述称：“我在家准备做饭，来了一个人，说他是英山县民政局的局长，可以帮我做屋，让我交点钱。他说让我交400元，我就交了400元。后来他走到门口说400元少了点，就让我再交400元。我就在门口又交给他400元。那个人就骑摩托走了。我一共被骗了800元。”

（5）被害人宋某（男，73岁）陈述称：“村里来了一个50多岁的男子，说他是县财政局派来的，跟我说领危房补贴要600元钱。我就到二楼拿了600元下来给他，他接过去数钱的时候，把200元装到荷包里，然后对我说只有400元，我又从包里给他200元。他又说：‘你家两个老儿，还要600元。’我又给600元，他说还要拿100元，我又给100元。我一共被骗1500元。”

（6）被害人闻某（女，65岁）陈述称：“我在英山县孔家坊乡王畈村五保居住点房间里面，看到郑某正在和一个陌生的中年男子聊天，该陌生男子自称县民政局的局长，说可以给我们办一个低保证，到县民政局兑1700元钱，让我们每个人交500元钱给他，他可以帮我办理这个证。我就跟郑某一人交了300元钱给这个自称民政局局长的人，然后他就走了。跟我一起交钱的还有郑某、张某。张某是在这个人出门之后给的300元钱。”

（7）被害人郑某（女，71岁）陈述称：“我与我隔壁的张某在家聊天，看到一个陌生男人站在我家门口，他说他是民政局的领导，现在国家有规定，可以给低保多发2000元，让我交500元钱，我隔壁的闻某也过来了。我说我身上没有钱，闻某说条件不好，交300元可以不，这个陌生人说可以，还给我和闻某拍照，说第三天来给我们钱与卡。我跟闻某一人交了300元钱给陌生人，是在我家屋里面交的钱。张某也交了300元。”

（8）被害人张某（女，63岁）陈述称：“我与我隔壁的郑某在她家聊天，有一个陌生男人说他是民政局的领导，现在国家有规定，可以给低保户每人多发2000元。闻某说我们几个人条件不好，交300元可以不？陌生人同意了。闻某与郑某两人一起一人交了300元钱，我回家去拿了300元，将钱给陌生人了。”

（9）被害人郑某1（男，63岁）陈述称：“一个骑摩托的中年陌生男子把摩托停在我家门口，下了摩托车拿个手机对着旁边的一些垮屋拍照。我就问他是干什么的。他说自己是县财政局的副局长，姓郑，叫郑某某，我就说我的退休金拖了两年了还没有到位，那人就说给他点钱，他帮我去督办这件事，我就叫老婆彭某青去拿了300元现金交给这名自称财政局副局长的男子。这名男子说300块钱太少了，再加一点，我又让彭某青去拿了500元给他。这名男子又问我这里还有哪些人的屋要垮，我就带他来到我的嫂子王某家，这名男子说可以帮王某申请一笔危房改造资金，但是需要王某给点钱好让他打点关系，王某就给了这人200元钱。之后这名男子起身说走的时候还说我刚才给的钱少了点，他回去督办保证资金一次性到位，说要2000元才能办成这个事，我又让老婆彭某青拿了1200元现金给了这个人。我一共被骗了2000元钱。”

（10）被害人王某（女，65岁）陈述称：“有一个陌生人与我村的郑某1（我平时喊六爷）到我家门口，那个陌生人说，我家土砖屋要垮了，他与上级领导说下，给我拨十几万把房屋修一下，让我给200元，过一个月有人来给我家修理屋。我看到是亲戚郑某1领过来的人，没多想我就拿出200元现金交给了这名陌生男子，他拿了钱以后就跟郑某1一起回家了。后来我才知道郑某1家被骗了2000元。”

（11）被害人汪某（男，77岁）陈述称：“我外甥媳妇程某在外面喊我，说外面这个同志问我家房屋的事。我看到门口有个50多岁的中年人，摩托车停放在我家门口，那人自我介绍是财政局的副局长。那人问我房子想不想改造，还问我病的情况，说可以帮我办个残疾证，这样国家一年就可以多发几千块钱。这个人就说办证要500块钱。我信以为真，就去房里拿了500块钱给他，他坐了一会儿，说这个手续要在两个地方办，500块钱还办不下来，还要给650块钱。我看他是我外甥媳妇带来的，就又拿了650块钱给他。我一共被骗了1150元。”

（12）被害人段甲（男，64岁）陈述称：“一个陌生男子自称财政局的领导来下乡走访，说国家可以免费帮我们做屋，要报个名交点手续费。我问要交多少，他说几百块钱。我说我没这么多钱，他说交一点帮我争取一下名额。我就给了这名男子100元。是一张红色票面的100元。”

（13）被害人段某乙（男，72岁）陈述称：“我在同村段甲家玩，看到段甲正跟一名陌生男子交谈，该男子自称是县财政局局长，说可以帮我们贫困户进行危房改造。这名男子又说给他点钱，他可以帮我们报个名上去。我看到段甲给那人报了个名字，我不识字就让段甲给我也报了名字。不一会儿这名男子就跑到我屋里来，直接跟我说让我给他点钱，他好去给我报名。我就摸了200 元给这名中年男子，这人说少了，还要 200 元。我想了想又给了 200 元。然后他就走了。我被骗了 400 块钱。”

（14）被害人闻某甲（女，59 岁）陈述称：“我看到一名中年男人从我家门口路过，到同村的段某乙家去了，我就跟着一起去玩。在段某乙家看到他给这名中年男子 400 元钱，我问段某乙这个陌生人来干什么的。陌生男人说自己是英山县财政局的局长，有权拨 10 万块钱做房子，说现在政策好，交 400 元钱申报名额。我回家拿了 400 元给他了。”

（15）被害人闻某乙（男，58 岁）陈述称：“有个 60 岁左右的男子，自称是英山县财政局局长。我说想重新搞下屋，他说做屋要花十来万，他去给我办手续，要费用 600 元，我就说我只有500 元，我就去屋里拿了 500 元给他。这时候我老婆孟某芳说自己的残疾证不知道搞到哪里去了，那个中年男子就说他可以办到残疾证，他可以找人花钱补办一个。孟某芳就去屋里拿了 400 元给这个陌生男子。陌生男子拿着 900 元钱就走了。”

（16）被害人王某某（女，80 岁）陈述称：“一名自称财政局工作人员的人，说可以帮我申请 20 万元做房子，要我给 1000元钱。我说我没这么多钱，就把荷包里的 400 块钱给他了。”

（17）被害人叶某（男，80 岁）陈述称：“一名自称财政局副局长的陌生男子说可以给我申请危房改造资金，要我给几百块钱他找关系报名。我身上没那么多钱，只有 100 元钱的零钱。我就把这 100 元钱的零钱给他了。”

（18）被害人陈某某（男，64 岁）陈述称：“一个陌生男子自称财政局局长，说可以帮我申请危房改造的项目补助，还可以帮我办个五保证，但是要给点钱他去办手续。那人开口要500 块，我说没这么多钱，只有 100 块，他说那就给 100 块，我去房里枕头底下抽了 100 块钱出来，因为枕头底下有2400 块钱，我怕人看见打歪主意，拿钱的时候我还偷偷看了后面一眼，发现这个人在看我拿钱。我到厅里把 100 块钱给他，接过钱之后他叫我倒点水他喝一下，我到隔壁倒了杯水给他。那人让我现在就去孔坊乡民政办去办手续，他先去等我，还叫我快点，莫说是他叫我去的。我就把门锁了去乡民政办，左等右等没见到他人。我意识到可能是骗子，就回家了，看到放钱的白塑料袋在床上，本来这个应该在枕头底下，我一看里面还剩下一张 100 元，其余的 2200 元现金不见了。我开始给他的 100 元是百元面值的红票子，后来被他偷拿走的 2200 元现金也是百元面值的红票子。”

2018 年 9 月 29 日，湖北省英山县人民法院判决认为，被告人宋某某以非法占有为目的，采取冒充国家工作人员，虚构“帮助办理危房改造补助、低保或残疾证”等事实的方法，多次骗取他人钱财，数额较大，其行为构成诈骗罪；被告人宋某某以非法占有为目的，入室盗窃他人财物，数额较大，其行为构成盗窃罪；被告人宋某某在实施诈骗和盗窃犯罪时，犯罪对象多为老年人、残疾人等弱势群体，可酌情从重处罚。故以被告人宋某某犯诈骗罪，判处有期徒刑 1 年 2 个月，并处罚金人民币 5000 元；犯盗窃罪，判处有期徒刑 8 个月，并处罚金人民币 1000 元，合并执行有期徒刑 1 年 8 个月，并处罚金人民币 6000 元。

案例5：2018年4月8日，被告人陈某某伙同他人冒充国家食品药品监督管理局食品安全调查科工作人员，虚构补交钱款凑齐积分能大额返还现金的事实，在本市海淀区双安商场、天香颐中里小区等地，骗取被害人沈某（女，75岁）人民币5000元、骗取被害人李某（女，74岁）人民币6400元。经被害人报案，被告人陈某某于当日被公安机关抓获归案，后如实供述了上述犯罪事实。涉案钱款人民币11400元被当场起获，已发还被害人沈某人民币5000元，发还被害人李某人民币6400元。

2018年9月14日，北京市海淀区人民法院以被告人陈某某犯诈骗罪，判处有期徒刑6个月，并处罚金人民币1万元。

案例6：2017年9月至2018年7月，被告人杜某红、董某（另案处理）组织被告人成某某、叶某、王某弟，在被告人各自家中及河北省保定市一出租楼房内，由被告人杜某红、成某某、叶某、王某弟冒充北京市公安局工作人员，给被害人打电话，称与“3·15”打假办联合侦破一起卖假收藏品、假保健品的案件，在骗取被害人信任后，以要求被害人缴纳诉讼费、保险费、办案费、个人所得税排号费、异地转账费等事由，要求被害人对其进行数额不等的汇款。被告人杜某红向宋某（另案处理）购买银行卡、被害人信息，并购买手机、手机卡、车辆，提供给董某、成某某、叶某、王某弟诈骗使用，同时负责五人的饮食起居；被告人杜某红、成某某、叶某、王某弟给受害人打电话实施诈骗；董某负责做饭、开车接送其他四名被告人、陪同杜某红取钱。被告人成某某、叶某、王某弟诈骗成功后，所得诈骗款分别与杜某红五五分成，杜某红仅在前两个月从成某某、叶某、王某弟诈骗数额中扣除了几百元钱的个人信息费。被告人杜某红、成某某、叶某、王某弟于2017年9月至2018年7月使用7部手机，分别以赵某、白某、王某、杨某甲、杨某乙名字开户的5张银行卡实施电信诈骗，拨打诈骗电话7296人次，发送诈骗信息1303条，查证属实的被害人11人，涉案金额共计人民币28.03万元。具体事实分别是：或以“韩文杰”，或以“夏红雨”，或以“韩文浩”，或以“王丽”，或以“王文杰”的名字，冒充北京市公安局警察或冒充公安部东城分局的刘警官，诈骗被害人左某（76岁）人民币14.15万元；诈骗被害人李某（71岁）7800元；诈骗刘某4300元；诈骗黄某（77岁）1.14万元；诈骗被害人于某（79岁）1.14万元；诈骗被害人周某（80岁）2.93万元；诈骗被害人张某（82岁）400元；诈骗被害人杜某（74岁）800元；诈骗被害人刘某2（68岁）3700元；诈骗被害人童某（70岁）6.75万元；诈骗被害人覃某（77岁）2200元。

2019年1月29日，内蒙古自治区额尔古纳市人民法院以被告人杜某红犯诈骗罪，判处有期徒刑7年，并处罚金人民币2万元；以犯诈骗罪分别判处被告人成某某、叶某、王某弟6年6个月有期徒刑，并分别处以2万元人民币的罚金。

防骗攻略

对老年人招摇撞骗，不仅会造成老年人的财产损失，还会损害人民政府在老年人心目中的形象，严重破坏国家惠民政策的落地，在老年人心中留下阴影。所以，一方面应当加强对这类刑事犯罪的打击力度，严惩犯罪分子；另一方面还应当及时有效地做好被害老年人的安抚工作，必要时给予心理辅导等安慰。

多数老年人自身警惕性低、贪图便宜以及犯罪分子的花言巧语等固然是其被骗的主要原因，但是案例4中这么多老年人都视给人民政府官员送钱为正常，都视获得国家补助需要行贿国家公务人员为正常，似乎与我们当地政府惠民政策宣传不到位、政府公信力有所欠缺、贪腐风气仍需整治等客观原因也有很大的关系。当地农村的老年人显然还存在着反腐是山高皇帝远、优抚是不花钱就别想、县官不如现管等一些陈旧思想，存在着社会治理的死角。我们一些基层政府工作人员是否存在长期不作为、乱作为的现象？如果这些问题仍然存在，有关惠及老年人的福利政策就会被不法分子利用，党和政府的形象就会在这些地区的百姓心目中受到损害，也会影响到政府对农村老年人各项权益的保障。剖析案例4，我们不难看出，犯罪分子正是抓住了老百姓不花钱就难办事的这种顾虑，抓住了如果不给管事的一些好处，再好的政策和待遇也不一定能够轮到自己头上的守旧观念，才使这么多困难、残疾老年人上了当、受了骗。该案的18起老年人受害乱象，值得我们各级政府部门反思。

我国当前已进入全面扶贫的攻坚期，国家给予农村的各种惠民、扶持政策也越来越多。如何让农村地区老年人能够公平地享受到党和国家的关怀，减少基层腐败现象、让好政策光明正大落地、让老百姓信正不信邪，才是减少此类案件、杜绝此类现象的根本出路。

那么，如何防范招摇撞骗犯罪行为呢？

1. 加强正确引导，切实让老百姓明辨是非

随着老龄化社会的到来，面对诈骗老年人案件日益增多的严峻形势，加大有关政策和法律知识的宣传宣讲力度显得尤为迫切。特别是在广大农村地区，对于国家给予的各种惠民政策和制度保障，各级政府部门要采取多种形式让政策切实宣传到位，做到人人皆知、人人尽知。对一些农村地区老年人群的宣传工作更要做扎实、做细致，对残疾老年人、困难老年人的关心一定要落到实处。同时，还要把落实的具体方法和步骤以及相关信息加以公示，引导老年人主动监督政策落地，做到不偏听偏信、不走歪门邪道。

2. 搞好建章立制，确保好政策真正落地

各级政府要逐级建立详细周密的工作落实体系，引导和规范落实行为。要通过此类案件的发生，反思工作中存在的漏洞和问题，既要做好事前对接、事中监管，又要做好事后检查验收等工作，确保让好政策真正在基层落地，让符合条件的困难群众及时得到实实在在的优惠。相反，国家出台了一项惠民政策，如果不能及时地落实到位，在一些歪风邪气盛行的地区，一定会让不法分子有空可钻。

3. 加大反腐力度，重塑政府良好形象

要加大对基层政府公职人员的廉洁教育和违纪违法的惩治力度，公职人员不得以职务之便谋取任何私利，坚决杜绝在行政过程中的吃、拿、卡、要等行为发生，切实把那些遵纪守法、勤政

廉洁的好干部派下去，通过他们的好素质、真作为，把各级政府部门的好形象重新树起来，让百姓满意，让群众放心。

4. 要大力发挥社会组织作用

就我国国情而言，目前优抚的重点依然在农村，各级政府部门承担着繁重的扶贫减负任务。社会组织具有专业技术强、专业人才资源多、群众基础好、地域分布广等优势，尤其是其机制灵活、工作方式细致，能够准确定位需要帮助的人群，简化中间环节，有效地传递资源，同时创新工作方式，在推动社会治理重心向基层下移中可以发挥重要作用，也必将成为政府扶贫助困工作的有力补充和参与脱贫攻坚的主力军。政府应当考核、监督好社会组织执行落实情况，确保党的各项惠民政策及时落地。

5. 案件适用法律应当统一

刑事审判的重要职能作用，就是公开、有力、准确地惩治犯罪，保护好老百姓的人身财产安全。根据案例 4 的事实和法律规定，在其他类似案例中，一般会认为被告人宋某某的行为应当定性为招摇撞骗罪，并属于情节严重，处刑区间应当在 3 年至 10 年有期徒刑，从重处罚。

招摇撞骗罪是以冒充国家机关工作人员的方式骗取包括财产在内的各种利益；而诈骗罪的行为对象仅限于财物或者财产性利益，但不限于冒充国家机关工作人员的方法。如果行为人以冒充国家机关工作人员的特定方式招摇撞骗，骗取了包括财产在内的各种利益，不论骗取财产利益的多少，都不影响招摇撞骗罪的成立。如果招摇撞骗骗取钱财的数额较大，同时也构成诈骗罪，依法应当选择处刑较重的罪名定罪量刑。

案例4中宋某某的犯罪行为既属于诈骗公民财物数额较大构成诈骗罪，也属于典型的招摇撞骗罪的犯罪情形。

根据《刑法》第266条的规定，诈骗公私财物，数额较大的，处3年以下有期徒刑、拘役或者管制，并处或者单处罚金；根据《刑法》第279条的规定，构成招摇撞骗罪的，处3年以下有期徒刑、拘役、管制或者剥夺政治权利。但是，《刑法》同时规定，构成招摇撞骗罪情节严重的，处3年以上10年以下有期徒刑。所谓“情节严重的”，一般是指：多次进行招摇撞骗的；招摇撞骗所得非法利益巨大的；造成被骗人精神失常、自杀等严重后果或恶劣政治影响的；等等。依照司法实践，多次进行招摇撞骗的“多次”，一般可认定为三次或三次以上。

在案例1中，被告人文某某的类似犯罪行为就被定性为招摇撞骗罪，完全符合前述立法精神。

2018年5月11日14时许，被告人翟某在贵州省赫章县白果镇七家湾江西庙内冒充赫章县民政局工作人员，以国家有专款修缮寺庙、要领取补助需先交1800元红包为由，骗取被害人朱某现金人民币400元；2018年5月22日15时许，被告人翟某在赫章县野马川镇观音地母庙内冒充赫章县民政局工作人员，以国家有专款修缮寺庙、领取修缮费需要给领导1200元红包为由，骗取被害人杜某现金人民币400元；2018年6月初，被告人翟某在赫章县城关镇茶吁岩寺庙内冒充赫章县民政局工作人员，以民政局有生活补助费、领取补助费需先缴纳1200元保证金为由骗取被害人王某现金人民币400元。2018年11月1日，赫章县人民法院判决认为，被告人翟某身为无业游民，为牟取非法利益，多次冒充国家工作人员招摇撞骗，骗取他人财物，情节严重，翟某的行为已构成招摇撞骗罪，可依法予以惩处。故以被告人翟某犯招摇撞骗罪，判处有期徒刑3年6个月。

贵州省赫章县人民法院判决认定被告人翟某构成招摇撞骗罪，和案例1的贵州省务川仡佬族苗族自治县人民法院判决适用的法律无疑都是正确的。而案例4的被告人宋某某招摇撞骗犯罪18起，远远高于被告人翟某的3起，骗取的金额也是被告人翟某骗取的10倍还多，而且还是针对老年人，其中多数为农村困难老年人、残疾老年人，严重破坏了国家机关的威信及其正常的活动，两相比较，也应定性为招摇撞骗罪，应当在3年至10年有期徒刑区间处刑并考虑被告人宋某某有犯罪前科等情节依法从重量刑。

只有进行依法公正的刑事追究，严厉打击犯罪行为，才能有效震慑不法分子的犯罪行为，老年人的合法权益才能得到切实维护。这也是老年人防骗维权的最有效的手段，有利于净化当地的社会风气。

6. 不要追求不当得利

不当得利，是指没有合法依据，有损于他人而取得的利益。不当得利的法律事实发生以后，就在不当得利人与利益所有人之间产生了一种权利义务关系，即利益所有人有权请求不当得利人返还不应得的利益，不当得利者有义务返还。这也就在双方之间产生一种债的关系。

在案例6中，被害老年人当中确实有一部分可能曾经被骗过，但是与所谓“北京侦破的诈骗案”都不会有关系，都不是真正的被害人。因为相信了骗子是警察，认为侥幸可能获得犯罪嫌疑人的退赔，所以有追求不当得利之心，那么被诈骗的概率也就会成倍增加。如果“北京侦破的诈骗案”真实存在，该不当得利好像是来自犯罪嫌疑人的诈骗赃款，但是这些财物的利益所有人是案件的真正被害人，即使“天上掉馅饼”、如愿获得了，将来也要依法返还，这本身就是得不偿失的选择。

第四节 密码泄露他人，财产瞬间失盾

卡上被盗已成风，受骗多是不小心。不是手机没锁屏，就是密码示他人。卡上余额勤记牢，重要信息值千金。多卡设密不雷同，一卡一码最放心。

银行卡就是保护我们财产安全的一把锁，那密码无疑就是开启这把锁的钥匙。随着科技的发展和社会的进步，银行的有人柜台逐渐被自动柜员机所取代。中国银联2015年6月8日宣布，ATM跨行转账业务已在全国所有银行开通，持卡人可在任意银行ATM机上，用任何一张银联卡向其他银联卡跨行转账，限额是每天5万元。2017年8月1日起，个人异地本行柜台取现手续费取

消，暂停收取本票、汇票的手续费、挂失费、工本费等6项收费。我国银行向365天、24小时更加便民的营业方式发展成为趋势，自动柜员机在金融行业的应用必将越来越广泛。其他社保资金、电费、燃气费等也都存储在卡中。银行卡密码是进行银行账户交易的最有效凭证，一旦泄露，后果将不堪设想。保护好个人银行卡密码的隐私安全，对于每个老年人来说都至关重要。但是，越来越多的银行保安或者自己信任的亲友成了老年人用ATM机取钱或者进行其他操作时的帮手，出于信任"泄露"了密码，问题往往就出现在这一环节。

典型案例

案例1：2018年4月28日，被害人袁某到江西省吉水县金滩支行取钱，因不会操作自动取款机，便向保安即被告人王某某求助，将社会保障卡交给王某某，并告知了密码。王某某发现袁某携带的其本人、许某、周某三张社保卡中共有5万余元（许某卡上5万余元，袁某、周某卡上各1000余元），而袁某不知情，遂起非法占有之念。王某某对袁某谎称三张社保卡内总共仅有7000余元，通过POS机转账方式盗刷三张社保卡中的4000元钱至金滩支行委托其保管使用的廖某银行卡（盗刷许某卡上2000元，袁某、周某卡上各1000元）后，又分三次在自动取款机上分别取出5000元、2000元、3000元共计1万元。王某某将前两次取出的共计7000元交给袁某的同时，趁袁某蹲在地上数钱之机，将第三次取出的3000元藏于口袋。袁某离开后，王某某将廖某银行卡中的4000元取出，并在下班后将盗得的共7000元藏于其家中。

2018 年 5 月 6 日，被害人罗某来金滩支行取钱，又因年纪大，不会操作自动取款机，请保安被告人王某某帮忙取款，将社会保障卡交给王某某并告知其密码。王某某发现该卡内有 15558.78 元，而罗某误以为仅有 1000 多元，遂起非法占有之念。王某某分四次在自动取款机取出 5000 元、3000 元、3000 元、3000 元共计 14000 元，趁机将其中 12500 元藏于自己口袋，其余 1500 元给了罗某。

2018 年 9 月 17 日，吉水县人民法院以被告人王某某犯盗窃罪，判处有期徒刑 1 年，缓刑 2 年，并处罚金人民币 1 万元。

案例 2：被告人童某元与被害人曾某国（女，79 周岁）均属陕西省紫阳县洞河镇街道常住人口，二人相邻居住。2017 年农历九月，童某元以能给曾某国帮忙办理低保、土地补偿费为由，先后获得曾某国的身份证、私章和农村金融机构活期储蓄存折。同年 11 月 11 日至 22 日，童某元先后 8 次共在曾某国存折内取款人民币 12100 元。

2018 年 9 月 17 日，紫阳县人民法院以被告人童某元犯盗窃罪，判处有期徒刑 6 个月，并处罚金 1000 元。

案例 3：2016 年 11 月 9 日，被告人冯某某向福建省将乐县黄潭信用社申请在其经营的“运超自行车”店开办农村信用社便民服务点，申请成功后信用社配发一部“福建信用社多媒体自助终端”刷卡机，该机绑定冯某某的社保卡账户 62……53。便民服务点可以通过刷卡机办理查询、存取款、代缴电话费、电费、领取养老金、政府相关补助等便民业务。冯某某在办理村民查询和领取养老金、政府相关补助业务中，利用被害人年老及缺乏使用社保卡知识，采取从被害人社保卡内转出比被害人实际取款额多的金额至自己社保卡内的方法，先后盗取26名被害人社保卡内金钱共计人民币6297元。

2018年8月9日，将乐县人民法院判决认为，被告人冯某某多次盗窃老年人的财物，具有从重处罚的情节；归案后，被告人冯某某如实供述自己的罪行，具有从轻处罚的情节；被告人冯某某积极退清全部违法所得，具有酌情从轻处罚情节。故以被告人冯某某犯盗窃罪，判处有期徒刑6个月，并处罚金人民币7000元。

案例4：2017年7月，被告人黄某某帮助居住在武汉市汉阳区的被害人刘某（男，70岁）在网上投资比特币，从而掌握其比特币钱包的账号和密码。2017年12月21日11时许，被告人黄某某在武汉市硚口区一网吧内，使用上述账号和密码，从刘某的比特币钱包中盗取0.22个比特币转入自己账户。销赃后获赃款人民币2.4万元。赃款已被其挥霍。

2018年7月10日，湖北省武汉市汉阳区人民法院以被告人黄某某犯盗窃罪，判处有期徒刑1年3个月，并处罚金人民币3000元。

案例5：2018年1月12日，被告人曾某忠、李某仔经预谋窜至青海省化隆县巴燕镇中国农业银行自助取款区伺机作案，此时被害人闫某因不识字让曾某忠帮忙取款，将银行卡交由曾某忠操作并告诉其密码，被告人曾某忠佯装取款，趁被害人闫某不备秘密窃取银行卡并迅速离开现场。后到附近的其他银行自助取款机将该卡内的5000元（养老金）现金取走，赃款被二人平分。

2018年5月14日，被告人曾某忠、李某仔、王某某、曾某某在化隆县巴燕镇中国农业银行自助取款区伺机作案，被害老年人郭某因不会操作柜员机便让旁边的曾某忠帮忙取款，曾某忠谎称柜员机没钱，此时李某仔往地上丢了10块钱，并故意对郭某说钱掉了。同时王某某、曾某某进行遮挡掩护，曾某忠趁郭某捡钱时将银行卡调包，后四人迅速离开现场。之后曾某忠立即到附近的邮政储蓄银行自助取款机将该卡内的2万元现金取走。随后曾某忠、李某仔又持该卡到旁边的阳光女人超市的正大赛菲尔金店刷卡购买了一枚价格为7123元的金戒指。返回西宁后，2万元现金被四被告人平分，金戒指由被告人曾某忠持有，曾某忠给其他三名被告人每人1500元现金。

2018年5月15日，被告人曾某忠、李某仔、王某某、曾某某窜至青海省大通县农业银行桥东支行自助取款区伺机作案，当被害老年人白某前来取款时便主动向其靠近，白某请曾某忠帮忙取款，曾某忠趁机记住银行卡密码。这时被告人李某仔故意在地上扔了10块钱，并提醒白某钱掉了，曾某忠趁白某捡钱之际将银行卡调包，后迅速离开现场，随后到附近银行的自助取款机将该卡内的5600元现金取走。事后被告人曾某忠给其余三名被告人每人分了1200元。

2019年1月16日，化隆回族自治县人民法院以被告人曾某忠犯盗窃罪，判处有期徒刑3年10个月，并处罚金6000元；被告人李某仔犯盗窃罪，判处有期徒刑3年2个月，并处罚金5000元；被告人王某某、曾某某犯盗窃罪，分别判处有期徒刑3年，并分别处以4000元的罚金。

防骗攻略

通过上一节案例和本节的以上案件可以看出，老年人最容易相信的是公职人员和银行保安。

我国各商业银行对于客服人员都有严格的规范要求，当客户输入密码时，所有银行从业人员都必须转身回避，这一人为“防火墙”的设立以及各项规范的严格执行，几乎杜绝了相关盗窃客户账户资金犯罪的发生。而从这类案件的多发态势来看，也应当严把银行保安的入职关，进一步规范当值保安人员的行为，加强监督和监控，保护好老年人账户资金的安全。

银行卡的应用无疑属于现代科技，老年人群比年轻人接受新事物相对要慢，使用银行卡也都比年轻人稍晚一步，用卡安全意识也是相对欠缺的。

1. 银行卡密码千万不要告诉他人

相信老年人一般不会随便把自己家门的钥匙送给他人，甚至送给一个陌生人。在案例 1、案例 2、案例 4、案例 5 中，被害老年人都是因为将自己银行卡密码告诉了他人，相当于把自己财产门锁的钥匙交与了他人，也就等于向他人敞开了大门，财产损失也就难以避免了。

在案例 4 中，被告人黄某某称自己是投资高手，曾介绍投资平台给被害人刘某，结果取得了一些收益，故而刘某比较信任黄某某。2017 年 7 月，黄某某找到刘某，游说其参与比特币投资，但因刘某不擅长操作电脑，黄某某遂帮助其注册邮箱并在国外某交易平台上买入比特币，黄某某从而掌握了刘某比特币钱包的账号和密码。随后，被告人黄某某获利2.4万元。

在此顺便提醒一下各位读者：比特币是一种既无财产属性也无交换价值的虚拟财产，因人为炒作，价格剧烈波动，近几年在部分国家成为较流行的“投资”，也吸引了国内一批人投身于此，引发的刑事案件也比较多。许多老年人连电脑操作都不熟练，投资比特币更要慎之再慎。

例如，2018年7月17日16时许，被告人白某来在贵州省铜仁市碧江区天下一品网吧食堂购买炒饭，因多支付了饭钱给被害人杨某，随后杨某通过微信转账返还给白某来，白某来偷看到了对方的支付密码。后被告人白某来趁杨某不注意，将杨某放在桌上的手机拿起，用杨某微信里绑定的银行卡向微信钱包里充值2万元人民币，后通过扫描自己微信二维码付款的方式将2万元转到自己的微信账户上。被告人白某来因犯盗窃罪，被判处有期徒刑10个月，并处罚金人民币2000元。

再如，2018年2月26日晚，被害人温某和朋友到四川省内江市东兴区某音乐派对空间喝酒。次日3时许，被告人陈某（某音乐派对空间客服经理）到温某所在桌喝酒时，在温某向其发送红包和买酒结账时知晓了温某的微信支付密码和手机锁屏密码，并知晓温某手机微信钱包内有31099元。被告人陈某便趁温某喝醉之际，将其苹果手机拿走，并将温某微信内的31099元转至陈某本人微信钱包内供个人使用。被告人陈某为逃避打击，将苹果手机损毁后丢弃至沱江内。被告人陈某因犯盗窃罪，被内江市东兴区人民法院判处有期徒刑2年4个月，并处罚金人民币1万元；

犯故意毁坏财物罪，判处有期徒刑7个月；决定执行有期徒刑2年6个月，并处罚金人民币1万元。

2. 在输入银行卡密码时要防止周围人偷窥

我们取钱的时候，一定要注意遮挡自己的密码输入，也不要一边输入一边在口中念出密码。现在科技比较发达，如果不法分子看到了我们的银行卡号又知道了密码，就可以直接利用黑科技，将我们的银行卡复制下来，从而盗走我们银行卡里面的钱。

例如，2016年12月26日，被告人何某某带被害人黄某来到广州市荔湾区花地大道北中国邮政储蓄银行，帮其办理了一张中国邮政储蓄银行卡并偷窥其密码，被害人黄某在上述银行卡内存入人民币2.5万元。随后，被告人何某某趁被害人不备，用自己的中国农业银行卡调包取得被害人黄某的上述银行卡，并分多次将上述卡内的款项取出挥霍。被告人何某某因犯盗窃罪，被荔湾区人民法院判处有期徒刑10个月，并处罚金3000元。

再如，2016年12月至2017年1月，被告人鞠某某、孙某、丁某某、王某某、陈某在山东省威海市文登区、荣成市等地，采用窃取他人银行卡信息和密码，并复制他人银行卡盗刷的手段，实施信用卡诈骗5起，诈骗人民币（以下币种相同）38363.3元。其中，鞠某某参与作案4起，诈骗38363.3元；孙某参与作案4起，诈骗28763.3元；王某某参与作案2起，诈骗18800元；陈某参与作案2起，诈骗15663.3元；丁某某参与作案1起，诈骗9600元。具体事实如下：

（1）2016年12月，被告人鞠某某、丁某某预谋窃取他人银行卡信息，后鞠某某出资由丁某某负责购买、组装窃取银行卡信息的设备。之后鞠某某、丁某某到威海市文登区踩点，寻找安装设备的银行。2016 年 12 月 29 日 17 时 37 分许，丁某某安排一河南男子（具体情况不详）在威海市文登区中国工商银行文登支行 ATM 机上安装卡口和摄像头等设备，窃取王某交通银行银行卡（卡号 62……88）信息。2016 年 12 月 31 日 18 时 59 分许，丁某某持写入王某银行卡信息的白卡在威海中国工商银行经开支行 ATM 机上盗刷 9600 元，并由鞠某某、丁某某及河南男子进行分赃。

（2）2017 年 1 月 13 日 15 时 23 分许，被告人王某某在威海中国工商银行九龙城支行 ATM 机上安装卡口和摄像头等设备，窃取李某中国工商银行银行卡（卡号为 62……77）信息，后被告人鞠某某、孙某将李某的银行卡信息复制到白卡内。当日 20 时 54 分许，王某某持白卡在威海市农村商业银行悦海分理处 ATM 机上盗刷 13100 元，并由鞠某某、孙某、王某某进行分赃。

（3）2017 年 1 月 14 日 16 时许，被告人孙某驾车载鞠某某从威海到荣成给被告人王某某送窃取银行卡信息的卡口和摄像头等设备，由王某某到荣成中国工商银行城南支行 ATM 机上安装，窃取徐某中信银行银行卡（卡号 62……95）信息。后鞠某某用孙某提供的写卡器将徐某的银行卡信息复制到白卡内。2017 年 1 月 19 日 1 时 25 分许，鞠某某安排被告人陈某持白卡在威海市商业银行经区支行和中国邮政储蓄银行海曈路支行盗刷 5700 元，并由鞠某某、陈某进行分赃。

（4）2017 年 1 月 23 日 18 时 24 分许，被告人陈某在威海中国工商银行温泉支行 ATM 机上安装卡口和摄像头等设备，窃取卢某中国邮政储蓄银行的银行卡（卡号62……69）信息。2017年1月25日左右，被告人鞠某某、孙某将卢某银行卡信息通过QQ发给柬埔寨人，由该人在境外盗刷卢某银行卡内9963.3元，后该人将5900元转入孙某支付宝账户，孙某又将款转给鞠某某。

2018年1月26日，荣成市人民法院以犯信用卡诈骗罪，分别判处被告人鞠某某有期徒刑3年6个月，并处罚金人民币5万元；判处被告人孙某有期徒刑2年3个月，并处罚金人民币3.5万元；判处被告人丁某某有期徒刑10个月，并处罚金人民币2万元；判处被告人王某某有期徒刑1年3个月，并处罚金人民币2.5万元；判处被告人陈某有期徒刑1年3个月，并处罚金人民币2.5万元。

3. 手机谨防落入他人手，最好设置开机密码

使用手机钱包的人越来越多，手机离身片刻钱被秒刷盗走的案件也越来越多。

例1：被告人杨某忠与被害人曾某系工友，同在贵州省锦屏县安置房务工并住在同一工棚。2018年7月16日4时许，被告人杨某忠趁其工友曾某熟睡之机，将其放在床头充电的一部白色手机盗走，因被告人杨某忠知道该手机的解锁密码，其通过发微信红包及支付宝转账的方式先后转出6000元人民币到被告人杨某忠微信及支付宝账户上，之后将该手机丢弃。被告人杨某忠因犯盗窃罪，被判处有期徒刑6个月，并处罚金1000元。

例2：2018年5月13日至28日，被告人彭某某在武汉市沈某家中，趁被害人沈某洗漱、睡觉之机，通过沈某支付宝，先后10次利用事先知道的支付密码，采取消费、转账等方式，盗得沈

某支付宝内人民币25199.92元。被告人彭某某因犯盗窃罪，被判处有期徒刑1年6个月，并处罚金人民币3000元。

例3：被告人杜某供述称："那是2018年3月24日中午的时候，我从石家庄回家去了大丰化村我姥姥家，我姥姥说在路上捡到了一部手机，等了会儿也没有人找，就给我看。我一看是个浅颜色的OPPO手机，一开机没有锁屏密码，微信、支付宝都能登录，就是各种好奇，看看相册里还有身份证照片，我就试着登录支付宝转账但是不知道支付密码，我就试着修改密码，用身份证照片验证，结果成功了，好像修改密码为'789456'，看看余额有2000多元，就试着往我支付宝账号转账2056元，成功了。后来在我姥姥家，微信支付我也同样用那张身份证照片验证修改了支付密码为'789456'，往我的微信账号转账1200元成功了。后来我就把那个修改的微信、支付宝账号登录到我的手机上，晚了点又用微信还转过几次小额的，60元、72元、25.6元、26.9元的，都是转到我自己的微信账上消费了。捡的手机给了我妈妈，在黄庄村家中放着。"被告人杜某因犯盗窃罪，被单处罚金人民币6000元。

例4：2018年3月，被告人谢某应聘到湖北省鄂州市葛店开发区某酒店担任总服务台收银员。4月16日晚上，谢某趁其值班之机，擅自操作前台用于收取顾客房费的公用支付宝账号的手机（该支付宝账号绑定该酒店老板赵某的银行卡），在支付宝界面操作"找回密码"、获取支付宝公司客服发送的验证码，进而对酒店老板赵某的支付宝账户进行密码重设等之后，控制了赵某的支付宝账户。4月17日，谢某离职，当晚其通过支付宝平台转账三次共1.08万元至其控制的银行卡。次日，谢某再次从赵某支付宝账户转账二次共1万元至其控制的银行卡。被告人谢某因犯盗窃罪，被判处有期徒刑1年5个月，并处罚金人民币8000元。

4. 对卡里的钱要做到心中有数

如果工资、补助等采取现金形式发放，许多人又对数钱很感兴趣，仔细数完后塞进钱包，一般记忆比较生动、深刻，不容易忘记。但是，如今大都是将钱通过银行直接打入卡中，不声、不响、不见、不触，老年人的生活对这些钱如果依赖度也不是很高，时间一长，老年人往往就不记得卡里究竟有多少钱了。这时，不法分子知道了您的银行卡密码，又发现卡里还有这么多您并不知道的钱，就很容易发生卡里的钱被盗窃的事件。阅读至此的读者，请提醒身边的老年人都查询一下自己的银行卡，看看钱是否还安全。

5. 在ATM机上取出卡以后，要多按几个数字键

如果没有软键盘输入密码，当我们取完钱后，请不要直接离开。我们的手指在ATM机键盘上按过数字以后，不法分子可能会利用黑科技来提取我们的指纹。如果我们尽量多按几个数字，这样可以混淆密码数字。作者虽然没有看到过相关案例，但是案例5的几名被告人就是伺机获得密码再盗卡后盗刷，若有这种技术他们估计也会使用，所以还是多一道预防措施好，也不算麻烦。

6. 尽量换领芯片卡，磁条卡易被仿制

银行卡是分为芯片卡和磁条卡的，芯片卡是用电子芯片记录

信息的卡，它的安全系数更高，现在新办的银行卡基本都是芯片卡了。如果我们的银行卡还是磁条卡的话，尽量去银行换成芯片卡，因为磁条卡是利用磁信息记录信息的卡，它更容易被复制、被仿造，安全系数低。

7. 一卡一密码最安全

“一把钥匙开一把锁”，这样的锁才具有实际安全意义。银行卡密码和其他支付平台的密码不要设置成同样的，因为一些支付平台的账号密码大多是绑定了你的身份证信息和电话号码的，这就导致我们银行卡密码被泄露和银行卡被复制的风险增加了。

第五节 势单力孤体弱，两抢[①]小心提防

抢劫、抢夺是恶行，下手专找体弱人。老人出行多防备，身上少带贵重品。有财不露是智举，保险柜里多存金。势单力孤搭伴出，一方有事好报警。

老年人体弱，反应迟缓。所以，一些犯罪分子往往将老年人作为抢劫、抢夺的主要犯罪对象，各地案件频发。

---

① 两抢，即抢劫与抢夺，下同。

抢劫罪，是以非法占有为目的，对财物的所有人、保管人当场使用暴力、胁迫或其他方法，强行将公私财物抢走的行为。根据《刑法》第263条的规定，犯抢劫罪的，处3年以上10年以下有期徒刑，并处罚金。《刑法》还规定了下列加重处罚的8种情形，要处10年以上有期徒刑、无期徒刑或者死刑，并处罚金或者没收财产：（1）入户抢劫的；（2）在公共交通工具上抢劫的；（3）抢劫金融机构的；（4）多次抢劫或抢劫巨额的；（5）抢劫致人重伤、死亡的；（6）冒充军警抢劫的；（7）持枪抢劫的；（8）抢劫军用物资或者抢险、救灾、救济物资的。

抢夺罪，是指以非法占有为目的，乘人不备，公开夺取数额较大的公私财物的行为。本罪的犯罪对象是一般的财物，如金钱、物品等，不包括枪支、弹药、公文、证件、印章等特殊物品，否则不构成本罪。根据《刑法》第267条的规定，犯抢夺罪的，处3年以下有期徒刑、拘役或者管制，并处或者单处罚金；数额巨大或者有其他严重情节的，处3年以上10年以下有期徒刑，并处罚金；数额特别巨大或者有其他特别严重情节的，处10年以上有期徒刑或者无期徒刑，并处罚金或者没收财产。

老年人体衰无力，容易成为不法分子的抢夺对象，或者在诈骗过程中“转化成”抢夺犯罪，或者诈骗不成直接变抢。后两种抢夺犯罪，属于暴力侵犯老年人财产权利和诈骗老年人财产犯罪行为的交叉部分，故也列入了本书写作视野。根据《最高人民法院、最高人民检察院关于办理抢夺刑事案件适用法律若干问题的解释》第2条的规定，抢夺老年人、未成年人、孕妇、携带婴幼儿的人、残疾人、丧失劳动能力人的财物的，“数额较大”的标准按照规定标准的50%确定。这体现了法律对老年人等特殊群体的特别保护。

典型案例

案例1：2016年7月8日3时许，被告人陈某某、张某受秦某邀约，三人来到秦某事先踩好点的位于湖北省阳新县兴国镇城东新区莲花湖种蓄场韩某（案发时62周岁）、李某商住一体的便民店处，由陈某某在外望风，秦某和张某各持一把铁锹强行进入屋内，秦某将铁锹抵在韩某脖子处，威胁韩某、李某不要喊叫、交出财物并在房内翻找，后在床头柜及房内桌中抢走现金2000余元，张某则将商店里的硬盒中华牌、软红黄鹤楼牌香烟各1条、软珍黄鹤楼牌香烟3包、硬珍黄鹤楼牌香烟8包、硬红黄鹤楼牌香烟20包、软蓝黄鹤楼牌香烟10余包抢走。事后，陈某某分得100余元现金及部分散装香烟。

2018年9月18日，阳新县人民法院以被告人陈某某犯抢劫罪，判处有期徒刑3年7个月，并处罚金人民币2000元。

案例2：2018年5月13日2时30分许，被告人王某某尾随推着自行车行走的被害人邹某（75岁以上的老年人）至江西省南昌市西湖区解放西路与二七南路交界处的立交桥下时，突然上前将被害人邹某推倒在地，用手去抢被害人邹某口袋里的钱包，被害人邹某用手捂住口袋，王某某便用手将邹某捂住口袋的手掰开，强行拿出钱包，把钱包内的现金人民币400余元拿走，将钱包丢弃在现场，然后迅速逃离现场。

2018年9月12日，南昌市西湖区人民法院判决认为，被告人王某某对老年人实施犯罪，可酌情从重处罚，以被告人王某某犯抢劫罪，判处有期徒刑 1 年 11 个月，并处罚金人民币 1000 元。

案例 3：2017 年 12 月 2 日，被告人孙某某为了筹集吸毒资金，在四川省大邑县某小巷附近一烂房子处，将老年人李某摔倒在地并不准其离开，随后以实施殴打相威胁，抢走李某现金人民币 100 元。

2018 年 4 月 20 日，被告人孙某某为了筹集吸毒资金，在大邑县某酒店后的农田处，以被害老年人代某撞烂其手机要求赔钱为借口，将代某推倒在地并打耳光，抢走代某现金人民币 100 余元。

2018 年 9 月 6 日，大邑县人民法院判决认为，孙某某为筹集毒资实施抢劫，且抢劫对象为老年人，本院在量刑时酌情予以从重考虑。故以被告人孙某某犯抢劫罪，判处有期徒刑 4 年 2 个月，并处罚金人民币 8000 元。

案例 4：2018 年 6 月 5 日，被告人严某某看见被害人李某某在贵州省六盘水市人民医院对面的某某银行门口人行道小凳子上休息，便与李某某聊天，聊了一会儿后李某某表示要给严某某介绍工作，严某某同意。后李某某将严某某带至其做保健的六盘水某器械有限公司应聘，应聘后严某某称自己需要考虑一两天，便与李某某离开该公司。下楼后严某某对李某某谎称自己家就在隔壁，并邀请李某某到自己家坐一下喝杯茶，李某某便跟着严某某从旁边一楼电梯走向二楼，到达二楼楼梯口处时，严某某让李某某给其留电话号码，李某某留下电话号码，为了证明其介绍工作真实可信，又准备拿身份证给严某某看，在拿身份证过程中，严某某看见李某某钱包内有钱，便上前拉住李某某的手，两人发生拉扯，后严某某使用暴力压制李某某反抗，将李某某钱包内的500余元人民币抢走，逃离现场。

2018年8月23日，六盘水市钟山区人民法院判决认为，被告人严某某抢劫的对象系老年人，可酌情从重处罚；被告人严某某到案后如实供述犯罪事实，认罪认罚，其家属赔偿了被害人的经济损失，可从轻处罚。故以被告人严某某犯抢劫罪，判处有期徒刑3年1个月，并处罚金人民币1500元。

案例5：2018年6月15日上午，被告人张某某与何某（另案处理）共谋外出用假币调换真币。之后，何某驾驶摩托车搭载张某某从湖南省道县驱车至江永县源口瑶族乡横开河村，见被害人刘某（出生于1934年8月1日）在家门口，何某停车在路边等候，张某某则持5张面值100元的假币上前对刘某称用面值100元的钱换对方零钱，刘某同意。随后，刘某带张某某进入屋里，张某某将500元假币交给刘某，刘某因身上只有140元零钱，便从床铺内拿出用塑料袋包装的1800元准备与张某某兑换，张某某见状，遂将刘某袋内1800元及140元零钱夺走，并迅速与何某驾车逃离。经法院做工作，被告人张某某的家属代其退赔了被害人刘某的损失2000元，取得了被害人刘某及其家属的谅解。

2018年9月27日，湖南省江永县人民法院以被告人张某某犯抢夺罪，判处拘役4个月，并处罚金人民币1000元。

案例6：2018年2月10日，被告人潘某某在黑龙江省鸡东县鸡东镇德胜村集市上，采取销售商品的方式，诱骗被害人张某某（64周岁）。当张某某从随身携带的包内取钱时，潘某某乘其不备将其包内的人民币1450元抢走。

2018年8月21日，鸡东县人民法院判决认为，被告人潘某某以非法占有为目的，公然抢夺他人财物价值人民币1450元，虽然其抢夺数额未达到抢夺罪定罪数额较大的标准，但是潘某某抢夺的是老年人的财物，根据《最高人民法院、最高人民检察院关于办理抢夺刑事案件适用法律若干问题的解释》的规定，抢夺数额的认定，应当依照犯罪行为实施地司法机关对抢夺数额具体执行标准的50%确定。因黑龙江省对抢夺罪数额较大的标准规定为1500元，故潘某某此次抢夺的数额1450元已达到50%，其行为构成抢夺罪，指控的罪名成立。法院以被告人潘某某犯抢夺罪，判处有期徒刑1年2个月，并处罚金人民币2000元。

防骗攻略

两抢案件似乎与防骗存在一定距离，但以侵占老年人财物为目的的不法分子往往是得骗就骗、得抢就抢，作为老年人的防范财物损害的攻略体系，不可或缺。

1. 老年人外出时不要带大量现金和贵重物品，金银首饰不宜多带，财物外露的老年人是不法分子重点关注的对象。

例如，2018年2月16日，被告人张某在河南省唐河县桐河乡李营村西边公路闲逛时，见该村村民杨某（出生于1938年5月20日）在路边买完馒头后将剩余的钱放进上衣口袋内，遂心生歹念。待杨某驾驶电动三轮车路过时，张某上前拦住杨某去路，向杨某索要财物，遭到拒绝后张某拔掉杨某电动三轮车钥匙，强行将杨某上衣口袋内的20元钱抢走后逃离，杨某追赶时被张某推进路边的水渠内，被附近群众救起后拨打110电话报警。2018年8月8日，唐河县人民法院以被告人张某犯抢劫罪，判处有期徒刑3年6个月，并处罚金1000元。

再如，2018年8月14日5时许，犯罪嫌疑人张某某（在逃）驾驶其无号牌黑色两轮踏板摩托车载被告人杨某某发现被害人李某（73岁）独自步行，在尾随其至卢氏县东明镇解放路核桃公司家属院门口时，被告人杨某某下车趁被害人李某不备，抢走其佩戴的一对金耳环，后乘坐犯罪嫌疑人张某某驾驶的摩托车逃离现场。经鉴定，被抢夺的金耳环一对价值1142元。2019年1月21日，河南省卢氏县人民法院以被告人杨某某犯抢夺罪，判处有期徒刑9个月，并处罚金人民币2000元。

2. 天色昏暗或夜晚时尽量避免单独外出，尽量不要独自在偏僻路段行走，尽量避开空旷的立交桥、地下通道、茂盛的绿化带、街心花园等，不要给犯罪分子可乘之机。

3. 老年人沿街开设的店铺要做好现金的保管，最好将现金放入保险柜或存入银行。安装摄像监控设备，以防被犯罪分子惦记。

4. 应建立刑事被害老年人的社会救济体系。

从这些案件可以看出，抢夺、抢劫老年人财物，不仅会造成老年人的财产损失，还会伤害老年人的身心健康，对犯罪分子应当严惩不贷。近年来，法院审理刑事案件比较注重刑事和解穿插进行，以上案件就多因赔偿获得被害人谅解导致轻罚被告人。希望以后能够建立起刑事被害老年人的社会救济体系，以弥补老年人的财产损失，限缩司法机关人为压力下的刑事和解范围，以减少对侵犯老年人财产权益的犯罪分子处刑畸轻现象发生。

在抢夺案件被害人中，老年人占比一直很高，应当加强防范，加强社会治理，严惩犯罪分子。

第六节 判断力相对弱，切莫轻信失财

自称“亲戚”来串门，嘘寒问暖表贴心。家中老人智不清，常把骗子当远亲。解囊相助情理中，骗术玩的是“亲情”。电信使诈最猖獗，儿女陪伴多提醒。

老年人不仅反应相对迟缓，判断力也有所减弱，加之常常老眼昏花，容易相信他人而被蒙蔽、受骗。从近年来发生的大量类似案件看，犯罪分子编的瞎话不断翻新，花样不断。

典型案例

案例1：被害人熊某的报案笔录及陈述证实，2017年11月13日12时许，一名女子跟着她上楼到她家门口并对她说：“姑姑，我来你家看你。”她以为这女子是她的一个亲戚就让其进了家里。这女子还带了一包百合送给她。聊了一会儿天后，这女子说要买电脑需要借点钱。她给了这女子1200元现金。这女子拿到钱就离开了她家。后来她发现她没这个亲戚，就报警了。

经法院审理查明，2017 年 11 月 13 日，被告人邱某某冒充被害人熊某侄女，谎称需要钱购买电脑，骗得熊某现金人民币 1200 元。除此以外，2018 年 3 月 31 日，被告人邱某某来到江西省赣州市章贡区，利用被害人年迈、辨别能力弱，冒充被害人朱某的亲戚，谎称需要借钱买单车，骗得朱某人民币 700 元；2018 年 4 月 4 日，被告人邱某某来到赣州市某号单元楼室，冒充被害人江某老家的亲戚，谎称急需借钱缴纳车辆罚款，骗得江某现金人民币 1 万元。

2018 年 9 月 27 日，赣州市章贡区人民法院判决认为，被告人邱某某以非法占有为目的，虚构事实，骗取他人钱财，数额较大，已构成诈骗罪。被告人邱某某利用老年人自我保护能力差的弱点，多次骗取老年人钱财，且因诈骗受过公安机关行政处罚后，仍多次作案，应当从重处罚。被告人邱某某的亲属代其退赔了大部分赃款，可酌情从轻处罚。故以被告人邱某某犯诈骗罪，判处有期徒刑 1 年 2 个月，并处罚金人民币 8000 元。

案例 2：被告人蔡某某于 2017 年 11 月至 12 月，在江苏省泰州市海陵区，以老年人为作案目标，冒充老年人的亲戚，并用事先准备好的电话录音骗取老年人信任，再谎称车辆损坏需要修理费，先后骗得被害人邱某人民币 1500 元、孙某 2300 元、唐某 5000 元，合计人民币 8800 元。

2018 年 6 月 22 日，泰州市海陵区人民法院判决认为，被告人蔡某某有诈骗犯罪前科，系多次诈骗，且以老年人为作案目标，主观恶性较大，酌情对其从重处罚。故以诈骗罪判处被告人蔡某某有期徒刑 9 个月，并处罚金人民币 1 万元。

案例3：2017 年 1 月 21 日至 2018 年 8 月 2 日，被告人殷某某多次来到湖南省醴陵市城区以介绍工作和冒充熟人、亲戚的方式进行诈骗，涉案金额 5100 元。具体事实如下：2017 年 1 月 21 日 14 时许，被告人殷某某来到醴陵市青云北路金塔公司附近，谎称是被害人丁某某儿媳妇的叔叔，并虚构需交押金才能让丁某某儿子跟着殷某某做事的事实，骗取其 200 元现金；2018 年 3 月 30 日 15 时许，被告人殷某某来到醴陵市滨河路临豪食府附近，谎称是被害人巫某某的亲戚，并虚构需交押金才能给巫某某的儿子介绍工作的事实，骗取其 300 元现金；2018 年 5 月 23 日 6 时许，被告人殷某某来到醴陵市滨河路与建设西路交会处附近，谎称是被害人吴某某儿子的老表，并虚构吴某某的儿子让其拿 500 元钱给殷某某的事实，骗取其 500 元现金；2018 年 6 月 14 日 14 时许，被告人殷某某来到醴陵市金阳酒店附近，谎称是被害人张某某儿媳妇的叔叔，并以借钱为由，骗取其 400 元现金。

2018 年 10 月 12 日，醴陵市人民法院判决认为，被告人殷某某实施犯罪的对象中年事最高的已有 77 岁，年龄最小的也有 51 岁，属于诈骗老年人财物的行为，其情节较为恶劣，属于酌定从重量刑情节。故以被告人殷某某犯诈骗罪，判处有期徒刑 6 个月，宣告缓刑 1 年，并处罚金 3000 元。

案例4：湖南省东安县被害人李某（79 岁）陈述称：2017 年 3 月 22 日 8 时许，她家里的座机接到一个像其孙女声音的电话，对方没说名字就直接叫奶奶，并称其在外面开车撞了人需要赔钱，让她往一个户名叫何某的银行账户汇钱。她以为对方就是其孙女，挂完电话就去给何某的账户汇了 2 万元，13 时许对方又打电话过来说被撞的人病情恶化需要转院，治疗费要20多万元，她再次按对方要求汇了3万元至何某的账户。17时许，对方又打电话让她汇钱，她称没钱，让其问妈妈或同学借就挂了电话，对方就再也没打过来。

被害人孙女的证言证实：2017年3月22日她奶奶被骗的那天她一直在上班，没有撞到人。3月27日18时许她奶奶问她那个人情况怎样、救到没有，她觉得奇怪，后来经追问才知道奶奶被骗的事情，遂报案。

2018年7月11日，东莞市第二人民法院以被告人林某某等5人犯诈骗罪，分别判处2年6个月至1年5个月不等有期徒刑，并分别处3000元至1000元不等罚金。

防骗攻略

如果没有看到这么多真实的案例，笔者相信许多老年人仍认为自己不会因认错人而被骗，不会引起足够重视。因为，许多相同的诈骗话术，相似的被骗情景，每年都会在大量新发生的案件里“重演”。其中，冒充越近的亲属关系，诈骗数额就越高，常常出现被诈骗数额达10万元之巨的。

1. 突然上门的不走动“亲戚”，热情又借钱，八成就是骗子

在案例1和案例3的共7起犯罪中，犯罪行为人均是冒充亲戚上门行骗的，他们寻找的作案目标一般都是留守老年人。独自留守在家的老年人因平时缺少与人沟通交流，往往情感上处于极度孤独状态，难得遇上个“远房亲戚”又愿意陪自己聊天，自然

感觉很亲切，也就放松了警惕。再加上犯罪分子嘴巴都很甜，“姑姑”“姨妈”“舅舅”什么的叫得很亲切，还要代“自己的长辈”嘘寒问暖……但在摸清对方的承受能力后，马上找理由借钱、盗窃。因为这种情况下一般借的钱也不多，于是老年人便纷纷“慷慨解囊”。直到这个“远房亲戚”快速离开并再无踪影，老人们才察觉自己可能上当受骗了。值得一提的是，有一些老年人在被骗后往往怕被子女责备而选择了沉默，以至于一些诈骗分子屡屡得手，一旦案发就已背负十数起案件，涉案金额累计也常达数万元。

例如，2015年湖北省十堰发生了这样一个案件：被告人吕某寻思着搞点外快，便跑到邻村去冒充留守老人的亲戚。见有年轻人主动打招呼，李老汉热情地将吕某请进家。吕某先后说出同村几个人的名字，最后和老汉攀起“亲戚”。听说是“亲戚”，李老汉就招待吕某喝酒，晚上还让吕某和他睡一张床，吕某则拐弯抹角打听到老人的积蓄放在家里。次日天还没亮，吕某便起床称要回家，李老汉将他送出门。当晚放牛回家后，李老汉发现房门被撬，放在柜子里的1.3万余元现金不见了，赶紧报警。据吕某供述称，6月30日一大早出了李老汉家的门，他就藏在李老汉家附近，15点多，趁李老汉家没人，撬开房门偷走了钱。

再如，最近有一则报道，一天，江苏扬州83岁的王奶奶跟往常一样，锻炼完从公园往家走，哪知道在走到安墩河附近的时候，突然被一个中年男子拦下来，对方表示是她家侄子的小舅子，是盐城来的。王奶奶侄子确实是住在盐城，她也就相信他了。中年男子提出要借2900元去修车子，可王奶奶身上没有带这么多钱，于是对方就拖着王奶奶回家去拿。王奶奶也是好心啊，跟儿子拿了2000块钱，自己掏了900块给这个“亲戚”来救急。哪晓得，这个钱一拿到手，对方就直接消失了。后来王奶奶叫儿子打电话给盐城的侄子，证实是遇到了骗子。

因此，独居老人在遇到陌生的“亲戚”“老家人”“老表”时，尽量不要多透露自己的信息，同时尽快与老家亲戚核实，遇到动用钱财的情况一定要与子女核实。

2. 晚辈要与老人约好变更电话的通知方式，违反约定的“出事了”肯定是骗术

在案例4中，当李奶奶听说宝贝孙女在外面开车撞了人需要赔钱，毫不犹豫地打款5万元。

有记者从广州市反诈中心获悉：2018年3月12日，林某报警称其岳父前一天接到了诈骗电话。嫌疑人冒充林某致电岳父，以犯事被逮捕需要交钱保释为由，要求岳父帮忙转账。林某的岳父没有告诉家人，而是独自到银行，分数次转账共20万元到对方指定账号。后来林某回家，岳父向林某核实才知道自己受骗。

3月14日，赖某报警称父亲接到了诈骗电话。嫌疑人假称自己是赖父的女婿，因前一晚在番禺嫖娼被抓，要交罚款和保释金。因赖父真正的女婿正好在番禺开公司，赖父信以为真，急忙赶到银行转账18万元到对方的指定账号。后来等家人回来，赖父才想起就此事进行核实，方知受骗。

3月20日，卢某报警称岳父于一周前接到冒充卢某的诈骗电话。嫌疑人称更换了手机号码，谎称犯事被抓，需要缴纳罚金和保释金，卢某岳父未觉有诈，直接到银行转账两次共14万元。随后，

嫌疑人又多次联系卢某岳父，分别以做生意急需用钱、需要看病为由向岳父索要钱财，于是岳父又给嫌疑人转账了6.5万元。直到3月20日卢某亲自跟家人联系，岳父提起此事，经核实才发现被骗。

3. 子女要多关爱老年人，多与父母进行沟通，切不能让骗子消费了父母对晚辈的爱

2019年1月10日，多家网络媒体都转载了一则点击率极高的报道：1月8日14点，南京玄武公安分局新庄警务工作服务站接到市民白女士报警，称老母亲走丢了。“我妈今年84岁了，患有阿尔茨海默病，经常忘事儿，腿脚也不利落，走路需要拄个拐杖。这么冷的天，我和爸爸把小区里里外外都找遍了，也没找到她。”白女士说着说着就在警务站里哭了起来。

民警一边安抚白女士，一边仔细询问她母亲马老太太的外貌特征。弄清情况后，值班站长立即安排警力兵分两路，一路去老人居住的小区附近实地调查走访，一路查阅小区周边及进出口监控视频。民警发现，13点34分，马老太太上了一辆灰色的别克轿车。

“难怪找不到人，原来我妈被人拐走了！这可怎么办呐?”心急如焚的白女士哭着说。女警为白女士拿来纸巾擦拭眼泪，同时安慰她先不要着急。

通过调查，民警迅速联系上了这辆轿车的车主胡先生，发现是误会一场，胡先生是一位好心人。记者了解到，当天下午，胡先生送孩子去医院看病，结果马老太太拦下了他的车，告诉他自己腿脚不好，希望胡先生能带她到小区门口。胡先生觉得大冷天

的，老人拄个拐杖挺可怜的，就顺路将老人送到了小区门口的公交站。对于老太太此后的去向，胡先生也不知道。

民警随即转换策略，一边寻找马老太太上了哪一路公交车，一边查看警务平台有无迷路老人警情。16点13分，南京理工大学附属幼儿园报警，称幼儿园门口有位拄着拐杖的老奶奶迷路了。“是不是灰色帽子、红色羽绒服？裤子是黑黄花色的绒裤，还拄着拐杖？这就对了！她就是我们这儿正在找的马老太太！”

民警将找到老人的消息立即告知白女士。白女士非常激动，立即打车去下马坊接母亲。

在下马坊警务站，白女士终于和母亲团聚。“幼儿园工作人员告诉我们，老太太站在门口说要来接孩子，但是她们是第一次见到老人，再三询问得知老人的孩子姓白，但是这家幼儿园里没有这个孩子。”

听到民警这么说，白女士再次流下了泪水！

“我妈这是去接我放学啊。”白女士告诉民警，自己是家里唯一的女儿，母亲生育自己时年龄已经比较大了，所以对她千般呵护。“虽然得了阿尔茨海默病，但是没想到这么多年过去了，我妈还记得小时候接我放学，那可是30多年前的事情了……”

阿尔茨海默病（AD），也就是老年痴呆症，是一种起病隐匿的进行性发展的神经系统退行性疾病。临床上以记忆障碍、失语、失用、失认、视空间技能损害、执行功能障碍以及人格和行为改变等全面性痴呆表现为特征，病因至今未明。该病多见于70岁以上（男性平均73岁，女性为75岁）老年人，少数病人在躯体疾病、骨折或精神受到刺激后症状迅速明朗化。女性较男性多（约为3:1）。主要表现为认知功能下降、精神症状和行为障碍、日常生活能力的逐渐下降。根据认知能力和身体机能的恶化程度分成三个阶段。

第一阶段（1~3年）为轻度痴呆期。表现为记忆减退，对近事遗忘突出；判断能力下降，病人不能对事件进行分析、思考、判断，难以处理复杂的问题；工作或家务劳动漫不经心，不能独立进行购物、经济事务等，社交困难；尽管仍能做些已熟悉的日常工作，但对新的事物却表现出茫然难解，情感淡漠，偶尔激惹，常有多疑；出现时间定向障碍，对所处的场所和人物能做出定向，对所处地理位置定向困难，复杂结构的视空间能力差；言语词汇少，命名困难。

第二阶段（2~10年）为中度痴呆期。表现为远近记忆严重受损，简单结构的视空间能力下降，时间、地点定向障碍；在处理问题、辨别事物的相似点和差异点方面有严重损害；不能独立进行室外活动，在穿衣、个人卫生以及保持个人仪表方面需要帮助；不能计算；出现各种神经症状，可见失语、失用和失认；情感由淡漠变为急躁不安，常走动不停，可见尿失禁。

第三阶段（8~12年）为重度痴呆期。患者已经完全依赖照护者，记忆力严重丧失，仅存片段的记忆；日常生活不能自理，大小便失禁，呈现缄默、肢体僵直，查体可见锥体束征阳性，有强握、摸索和吸吮等原始反射。最终昏迷，一般死于感染等并发症。①

---

① 参见《百度词条：阿尔茨海默病》，来源网址：https：//baike. baidu. com/item/%E9%98%BF%E5%B0%94%E8%8C%A8%E6%B5%B7%E9%BB%98%E7%97%85/4865011？fromtitle=%E9%98%BF%E5%B0%94%E8%8C%A8%E6%B5%B7%E9%BB%98%E7%97%87&fromid=11204682&fr=aladdin，最后访问日期：2019年1月16日。

由此可见，老年人容易被冒充亲戚的不法分子诈骗，其生理上的变化是一个重要因素，而另一个重要因素是老年人一生执着的对晚辈等亲人的爱，两者综合再加上诈骗分子的趁机算计，上当受骗成为必然。临床实践证明，细致科学的护理对患者行为矫正、记忆恢复有着至关重要的作用，对兴奋不安的患者，应有家属陪护，以免发生意外。作为子女，工作之余要多关心老人。老人在世，晚辈一定要多尽孝道，要多挤一点时间陪陪老人，要注意对患阿尔茨海默病老年人的生活能力及记忆力进行康复训练。

4. 老年人对冒充亲戚诈骗的话术应当有所了解，增强防骗的抵抗力

正是由于宣传较多，去年发生的“中奖”类电信诈骗得逞率明显降低，案件数量大大减少，故本书也没有再列为专题防范。所以，对于各类典型的骗术都应当大力宣传，在老年人头脑中要建立起安全防火墙。

(1) 冒充外甥行骗的最多。

古有俗话：“外甥是狗，吃了就走!”当时可能没有想到现在的不法分子还总是冒充外甥行骗，“外甥”更得防着。

例如，2017 年 11 月 16 日，河南省镇平县居民郝某被冒充其外甥的侯某利团伙诈骗 1 万元；2016 年 6 月 23 日，广东省茂名市电白区被害人孙某接到一个谎称是其外甥的电话，被诈骗汇款人民币 8000 元；2016 年 5 月 14 日，广东被害人陆某接到一个谎称是其外甥的电话，被诈骗汇款人民币 2.4 万元；2017 年 3 月至 6 月，被告人李甲驾驶黑色二轮摩托车先后潜至山东省莱芜市辖区

多个乡镇，冒充被害人外甥或者外甥女婿以缺钱办事为名骗取钱财，先后作案22起，骗取年龄区间在66岁至91岁的22名老年人现金人民币38250元。

(2)“亲戚”谎称换手机号了请存一下。

显示陌生来电，对方冒充亲戚以“旧手机掉水里了改用新手机新号码”为由，要求老年人留存该号码。老年人留存电话号码时就标识了自己的亲属名称。第二天或者晚一两天，不法分子就会再打来电话，老年人手机里显示的就是亲属的名称，这时不法分子会说我正在附近出差或办事，可能顺便过来看望一下。等到临近约定的时间时，不法分子就会找借口说在路上临时遇到了一点困境，要汇点钱过来救急……

还有一种是显示陌生来电，冒充亲属称“因被警方拘捕而无法使用原来的号码”等，以筹钱换自由为由进行诈骗的。

(3) 在电信诈骗中冒充亲属的也为数较多。

主要提出如“需要做手术”“遭遇意外事故入院”“招嫖被抓需要交罚款”“酒后伤人被抓要交保释金”“撞车了需要赔钱”“做生意急需用钱”“玩牌出事”等各种理由，营造紧迫气氛，让事主赶紧转账。

(4) 骗子有时会提出“被警方拘捕太丢脸，希望不要告知其他人”，利用老年人“家丑不可外扬”的保守心理，阻断事主跟家人沟通从而暴露骗局的可能性。

可见，这种冒充亲属诈骗案件的被害人群一直都是老年人占多数。所以，加强对老年人的普法，多做一些防范诈骗的宣传，防患于未然，十分必要。

第七节
孤守独居老人，谨防入室隐患

楼道广告多虚假，维修水电找物业。敲门更换有猫腻，多是劣品充良品。门口保安负起责，非法人员挡在外。群防群治是良策，普法宣传要跟上。

居家老年人在需要上门维修家电、燃气时，不仅要多提防冒充品牌售后的“黑维修”虚要高价的欺诈行为，独居老年人更要谨防不法分子借上门检查、维修家电之际窜入家中实施盗窃、诈骗、抢劫等犯罪活动。

典型案例

案例 1：2017 年 9 月至 2018 年 1 月，被告人郭某某、朱某某、杨某某等人共同或单独按照各自的分工，以帮他人清洗、维修油烟机为借口，假冒燃气公司、上海帅康电器有限公司的工作人员，专门寻找老年人并至其家中，谎称使用的燃气灶、油烟机存在安全隐患，诱使老年人更换劣质燃气灶、油烟机，骗取钱财。郭某某提起犯意、负责租房、置办诈骗使用的物品等，其他人引诱老人、将更换的灶具等送至老人家中。其中郭某某参与诈骗 8 次，诈骗数额共计人民币 16090 元；朱某某参与诈骗 4 次，诈骗数额共计6790元；杨某某参与诈骗3次，诈骗数额共计5280元。其中诈骗被害人谢某（1942年11月出生）2500元、沙某（1939年8月出生）2700元、刘某（1949年2月出生）1330元、王某（1950年3月出生）2500元、费某（1942年10月出生）1460元、李某（1949年1月出生）1380元。

2018年7月16日，南京市鼓楼区人民法院判决认为，各被告人专门针对老年人实施诈骗，可酌情从重处罚；郭某某、朱某某当庭如实供述自己的罪行，自愿认罪，本案中被诈骗的款项已全部退回，上述情节均可酌情从轻处罚。故以被告人郭某某犯诈骗罪，判处有期徒刑1年6个月，并处罚金人民币1.7万元；被告人朱某某犯诈骗罪，判处有期徒刑8个月，并处罚金人民币7000元；被告人杨某某犯诈骗罪，判处有期徒刑7个月，并处罚金人民币6000元。

案例2：2017年10月至11月，被告人孙某某、陈某某在北京市海淀区、朝阳区等地，冒充燃气公司员工，以安装燃气报警器为由，通过虚构燃气报警器联网、退还押金等事实，先后骗取被害人陈某（76岁）人民币690元、闫某某690元、曹某（85岁）780元、吴某（74岁）780元、王某780元、牛某780元、孙某（77岁）780元、殷某（64岁）780元、刘某（68岁）780元、须某780元、戈某780元，诈骗数额共计人民币8400元。

2018年6月20日，北京市第一中级人民法院作出终审判决，维持被告人陈某某犯诈骗罪，判处有期徒刑10个月，并处罚金人民币1万元；以上诉人孙某某犯诈骗罪，判处有期徒刑9个月，并处罚金人民币9000元。

案例3：2018年1月，被告人于某某伙同张某某，在河北省任丘市华北石油辖区的社区内，以冒充燃气设备公司的工作人员检查天然气管线为手段，多次进入社区居民家中检查天然气阀门，谎称阀门漏气，先后欺骗被害人何某轩、孙某泉、白某江、牛某叶、李某山、闫某琴、姚某彩、李某芝、陈某培、曾某庭、周某云、王某缓、魏某根、寇某哲、李某珍等购买天然气阀门，从中骗取人民币7800元。

被告人张某某案发后主动投案，如实供述了犯罪事实。被告人于某某到案后如实供述了犯罪事实。案发后，二被告人主动赔偿了被害人的全部损失7800元，并得到了被害人的谅解。

2018年9月28日，任丘市人民法院以被告人于某某犯诈骗罪，判处拘役5个月，并处罚金人民币3500元；被告人张某某犯诈骗罪，判处拘役4个月，并处罚金人民币3500元。

案例4：2017年6月以来，被告人谷某某、梁某、陈某、王某某等人结成诈骗团伙，在安徽省和江西省多地市间流窜实施诈骗。由被告人梁某提供其办理的空壳公司营业执照、工作证件、更换燃气管道的通知、燃气管道等作案物品，再由被告人谷某某、陈某、王某某上门假冒燃气公司工作人员，以为住户更换燃气管道的名义，虚构择日上门安装、安装时会有政府补贴或不更换就停气的事实，按每米200元的价格骗取被害人钱财，诈骗所得赃款由实施诈骗的人与被告人梁某按比例分成。2017年9月，被告人邓某某参与该诈骗团伙在安徽省蚌埠市、凤阳县、淮南市实施诈骗。本案实施的诈骗共计70余起。

2018年7月27日，安徽省淮南市大通区人民法院以犯诈骗罪，分别判处被告人梁某、被告人谷某某、被告人陈某、被告人王某某、被告人邓某某 6 个月至 10 个月不等有期徒刑，并处人民币 6000 元至 3000 元不等罚金。

案例 5：被告人孙某为骗取他人钱财，冒充自来水公司工作人员，以“安装净水机可终身维修，终生不收水费，如果不安装就停自来水”的方式卖净水机，被告人王某某同意。

2018 年 3 月 10 日至 14 日，被告人孙某、王某某在吉林省松原市宁江区、前郭尔罗斯蒙古族自治县、乾安县向被害人周某、邢某、杭某、鞠某、昝某各出售一台净水机，合计骗取 3450 元。

2018 年 3 月 25 日至 26 日，被告人孙某、王某某在黑龙江省安达市向被害人沈某、毛某、苑某、朱某各出售一台净水机，合计骗取 2760 元。

2018 年 4 月 9 日至 12 日，被告人孙某、王某某在黑龙江省农垦九三管理局、鹤山农场、荣军农场、嫩北农场向被害人梁某、葛某、李某、闫某、徐某各出售一台净水机，合计骗取 5520 元。

被告人孙某、王某某在吉林省松原市、黑龙江省安达市、黑龙江省农垦九三管理局等地向居民销售立淳牌超滤净水机，先后骗取被害人周某、邢某等 17 人购买，共骗得人民币 11730 元。

2018 年 10 月 10 日，黑龙江省九三农垦区人民法院以被告人孙某犯诈骗罪，判处有期徒刑 6 个月，并处罚金人民币 5000 元。

案例 6：2017 年 11 月，被告人米某某先后邀约被告人廖某某、陈某某、陈某参与实施诈骗。被告人朱某某驾驶别克商务车搭乘被告人米某某、廖某某、陈某某、陈某从重庆出发前往西安并在沿途作案 8 起。被告人米某某选定作案地点后便让朱某某就近停车并在原地等待，与廖某某、陈某某、陈某携带净水器、文件夹、用户登记表、收据、笔等作案工具进入居民楼，冒充净水单位或污水处理单位工作人员敲门入户，以自来水水质差、水压低、单位或政府补贴改水为理由欺骗被害人缴纳改水费用，得手后便让被害人收拾厨房，然后暗中将净水器放在被害人家中或告知被害人过几天来安装，随即搭乘朱某某驾驶的车辆逃离现场。

被害人张某证实："2017 年 11 月 15 日 14 点多，一男子来我家敲门，说政府统一改水，向我老伴收钱，我就把身上的 700 元给了他，因为不够，老伴又拿出来 100 元。收钱同时，该男子就让我把身份证拿出来开发票，又说我年满 60 岁，政府要免费给安装净水器，我说不用，这名男子说政府规定满 60 岁的统一免费安装，但要补交 300 元，我和老伴只有 200 元，该男子就让我先交 200 元，并在收据金额处写了'加 200'字样。男子收钱之后，从门口抱进来一个纸箱子放在厨房地上，还让我把厨房龙头处的物品收拾下，他好给我们改水。我在收拾物品的时候就听见外面碰门的声音，随后就出门看他开的发票，结果发现不是正规发票，就是一张收据，户主也不是我的名字，意识到被骗了就下楼找该男子，结果没找到。"

被害人贾某证实："2017 年 11 月 16 日 10 点左右，我在家中洗衣服，突然门外响起敲门声，我把门打开后有两个男子站在门口，一个体形中等的男子就直接进屋说'一会儿要停水，我们要换水管'，另外一个较胖的男子手中拿着文件夹也跟着进了门，体形中等的男子就说'改水每户要交 790 元，你快去交钱'，然后我就拿了 800 元交给体形中等的男子。还问他们是不是每户都要改，他回答说是。我又问对门我侄儿媳妇家要改不，他说也要改，我就说我打电话问问，中等体形的男子说我有你侄儿媳妇的电话我给她打，随后我又进屋拿钱，等我出来的时候他说你侄儿媳妇说让你把钱垫上，我又给了他 800 元。之后中等体形男子就把放在门口的一个纸箱子抱到厨房，还让我把厨房收拾一下，等会有人专门给我们换水管。该男子还拿出一本收据给我开了一张红色收据，收款金额‘790 + 790’。然后他们就下楼了，过了几分钟我下楼问邻居是不是在改水换水管，结果他们都说没这回事，我就意识到自己上当受骗了，于是打电话报警了。”

2018 年 7 月 11 日，四川省广元市昭化区人民法院以犯诈骗罪分别判处被告人米某某、陈某 4 个月拘役，并分别处以人民币 3000 元、2000 元的罚金；以犯诈骗罪分别判处被告人廖某某、陈某某 3 个月拘役，缓刑 6 个月，并分别处人民币 2000 元罚金；被告人朱某某犯诈骗罪，判处拘役 2 个月，缓刑 6 个月，并处罚金人民币 1000 元。

防骗攻略

从以上案例可以看出，入室犯罪案件最多的借口是围绕燃气管道安全，也有冒充自来水、空调、宽带、门锁等维修或售后的。如果能够按照下列方法预防，以上这些骗局都是可以避免的。

1. 维修要找物业或者打使用说明书上的客服电话，切莫相信楼道小广告

小区物业公司一般都配有厨卫用具的维修人员，老年人遇到

麻烦尽量去找物业帮忙。如果想选择产品的售后服务，我们就要去找附带的使用说明书，按照上面的售后服务联系方式去预约。一定不要根据楼道里的小广告去联系上门服务，也不要相信网络上的小广告。即使是400开头的电话，也不见得是靠得住的。

例如，在案例1中，被告人郭某某供述称：2015年7月23日21时许，我到北京交通大学家属院张贴维修和更换燃气灶的小广告，广告上留有我的电话。7月24日9时30分左右，我接到一名女子打来的电话问我修不修燃气灶，她说她家燃气灶打不着火，还有点漏气，问我能不能修，多少钱。我说过去看看，换管免费。大约11点多，我到了女子家中，是一个60多岁的老太太，我发现她家燃气灶开关阀门下面漏气造成不好打火，我让她换，并说我这里有新的燃气灶，她就让我给她换个新的燃气灶……

又如，2017年，在河南省三门峡市，被告人何某甲、何某乙、何某丙、何某丁、何某某五人预谋后，由何某乙、何某丙、何某丁、何某某注册400号段电话号码，冒充海尔、格力、美的等品牌电器售后服务电话并发布到互联网上。被害人发现家中电器故障后在互联网上搜索并拨打上述虚假售后服务电话，该四人接到被害人维修请求后遂向何某甲派单，再由何某甲冒充相关品牌售后维修人员上门维修，先后实施诈骗17起，共计骗取8900元。2018年3月15日，三门峡市湖滨区人民法院以被告人何某甲犯诈骗罪，判处拘役6个月，并处罚金6000元；其他四名被告人犯诈骗罪，分别判处拘役5个月，并处罚金5000元。

2. 如遇敲门检查燃气的，一定不要随便开门引狼入室

上述案例中冒充燃气公司诈骗的，一般在实施犯罪时都身穿

印有燃气公司标识的工作服，有的还带上“实名”工牌。因为“全副武装”，所以常常随机敲门入室实施犯罪，老年人很容易受蒙蔽而遭受财产损失。

例如，贵阳市观山湖区人民检察院指控，2017 年 5 月 29 日，被告人刘某、胡某从云南省昆明市到贵州省游玩，于 2017 年 6 月 2 日到达贵阳市。因生活拮据，二人购买了水果刀、手套、口罩、绳子、衣服等作案工具，预谋实施抢劫。后窜至贵阳市观山湖世纪城龙吉苑小区，由刘某进行踩点，选定龙吉苑 9 栋一开奔驰的女子（李某）作为作案目标，并与胡某商量采取敲门入室、杀人灭口等方式实施抢劫。2017 年 6 月 3 日 13 时许，刘某、胡某窜至世纪城龙吉苑小区某室，冒充燃气公司工作人员敲开房门后，见开门的系一男子，并非作案目标，且家庭装修一般，二人遂进入室内佯装检查燃气后离开。2018 年 6 月 28 日，贵阳市观山湖区人民法院以被告人刘某犯抢劫罪，判处有期徒刑 4 年，并处罚金 2000 元；被告人胡某犯抢劫罪，判处有期徒刑 3 年，并处罚金 2000 元。

又如，2016 年 8 月至 11 月，在北京市顺义区、东城区、海淀区等地，被告人朱某某、被告人胡某某冒充燃气公司工作人员，先后以各被害人家燃气灶需要更换为由，以廉价燃气灶骗取孟某（男，72 岁）人民币 2280 元、邓某（男，68 岁）2200 元、于某（男，69 岁）4280 元、刘某（男，76 岁）2280 元、崔某（男，77 岁）1600 元、赵某（男，82 岁）4680 元、殷某（女，65 岁）880 元、吴某（男，62 岁）1080 元、张某甲（女，77 岁）2280 元、陈某（女，59 岁）1880 元、肖某（女，67 岁）1500 元、谈某（女，67 岁）1000 元、王某（男，60 岁）2800 元、李某甲（男，75 岁）2000 元、张某乙（男，71 岁）4080 元、张某丙（男，77 岁）4580 元、李某乙（女，71 岁）2980 元、杨某（男，81 岁）6500 元、蔡某（男，74 岁）1680 元、袁某（男，76 岁）1980 元。

被告人朱某某供述称：我们冒充北京燃气公司的员工，好让事主相信我们，以检查燃气灶的名义瞎编事主燃气灶坏了需要更换。余某准备了燃气通知单、联系电话、票据、上岗证、廉价燃气灶、工作服。我的上岗证上写着“李某某”，上面还有“北京燃气灶维修中心”的字样，但我们和北京燃气集团有限公司没有关系。

3. 不可贪图便宜，购买安装装置后就可以不再交水费或燃气费什么的统统都是骗人的

例如，在案例 5 中，被告人孙某冒充自来水公司工作人员，以“安装净水机可终身维修，终生不收水费，如果不安装就停自来水”的方式卖净水机，实施了多起诈骗犯罪。

又如，2015 年 3 月至 2018 年 5 月，被告人李某某在长沙市芙蓉区辉煌国际城冒充新奥燃气公司员工，虚构每年缴纳一笔资金改装燃气表后可以不限量使用燃气，骗取被害人闵某某共计人民币 2.1 万元。2018 年 10 月 19 日，长沙市芙蓉区人民法院以被告人李某某犯诈骗罪，判处有期徒刑 10 个月，并处罚金人民币 2 万元。

4. 做好群防群治工作，将不法分子堵在社区之外

社区要开展经常性的普法活动，老年人防骗维权讲座更要经常举行。同时，社区应当加强巡防，核对相关检查活动，努力减少非法推销的入内，及时公布相关警讯，让老年人谨防入室犯罪发生。

第八节 欺侮老人可耻，严惩敲诈勒索

借机敲诈常年有，“威胁”“碰瓷”是惯技。遇上团伙不逞强，报警选好合适机。设局圈套早识破，保存证据很重要。要想不被勒索累，平时还要多自律。

敲诈勒索罪，是指以非法占有为目的，对被害人使用威胁或要挟的方法，强行索要公私财物的行为。根据《刑法》第274条的规定，敲诈勒索公私财物，数额较大或者多次敲诈勒索的，处3年以下有期徒刑、拘役或者管制，并处或者单处罚金；数额巨大或者有其他严重情节的，处3年以上10年以下有期徒刑，并处罚金；数额特别巨大或者有其他特别严重情节的，处10年以上有期徒刑，并处罚金。

随着信息传播的发达和我国扫黑除恶的高压态势以及社会综

合治理有效性的不断提升，敲诈勒索案件得到了有效遏止，发案率相对较低。

典型案例

案例1：2018年3月10日，被告人顾某某、吴某某、何某某驾车来到贵州省修文县，共谋利用卖草药骗取老年人钱财。次日9时，被告人顾某某、吴某某、何某某在修文县龙场镇永安巷摆摊卖草药行骗。被告人吴某某和何某某帮助被告人顾某某配置好部分草药后负责在附近向老年人发放免费用药的传单，并将有意向的老年人带至被告人顾某某摆摊处。随后，被告人顾某某向周围老年人宣称自己的草药是祖传苗药秘方，专治风湿、颈椎病和腰椎间盘突出等疾病，可以治好、断根，取得了老年人信任。其中一名叫刘某的老年人吃了14颗所谓的苗药药丸（六味地黄丸）后，被告人顾某某向刘某收取每颗药500元的费用，刘某称没钱，被告人顾某某使用硬币含在口中并偷偷沾上灰尘使刘某认为顾某某会施展苗家蛊术可以将硬币变成灰。刘某因害怕“苗家咒语”而同意去取钱，被告人顾某某便安排被告人吴某某跟随刘某到县农贸市场附近的农村信用社取钱，刘某取钱后向被告人吴某某表示钱不够，被告人吴某某称其无法做主并将裤管撩起称其脚上的伤系被告人顾某某打的，刘某因害怕便将7000元交给被告人吴某某。

2018年8月13日，修文县人民法院判决认为，被告人顾某某、吴某某、何某某以非法占有为目的，佯称会“使用咒语、施展蛊术”，从而使被害人内心感到恐惧，迫使被害人交付现金

7000 元，三被告人的行为已共同构成敲诈勒索罪，依法应予以惩处。故以被告人顾某某、吴某某犯敲诈勒索罪，分别判处 8 个月有期徒刑，并处罚金人民币 2000 元；被告人何某某犯敲诈勒索罪，判处有期徒刑 6 个月，并处罚金人民币 2000 元。

案例 2：2018 年 1 月底，被害人张某在与被告人王某微信聊天时，将其裸露下半身的视频发给王某，并向王某索要裸体视频。王某收到视频后非常生气，经与被告人侯某某商量后决定以此为由向张某敲诈钱财，之后侯某某又联系了被告人张某某。2018 年 2 月 5 日 19 时许，王某伙同侯某某、张某某驾驶侯某某的白色雪佛兰轿车在河南省焦作市毛寨村口以吃饭为由将张某带走，之后侯某某、张某某一直在车上看管张某，至 2 月 6 日 4 时许，侯某某安排将张某看管在焦作市开元洗浴中心房间内。在此期间，侯某某多次以张某对王某性骚扰为由，威胁张某要报警，要在村里公开此事让张某丢人，不给钱就不让张某家好好过年等。2 月 6 日下午，侯某某让张某给其微信转账 500 元。至当日 18 时许，张某的儿子张子也赶到现场，经与王某、侯某某协商后，最后张某答应支付 4 万元了结此事。当天，张子支付侯某某现金 3000 元、微信转账 7000 元，并由张某向侯某某出具一张 3 万元的欠条。2018 年 2 月 8 日，张某又支付侯某某现金 5000 元、微信转账 5000 元。2 月 10 日，侯某某再次向张某要钱后，张某向公安机关报警，焦作市公安局马村分局接警后于当日在张某家将侯某某抓获。

2018 年 9 月 29 日，河南省焦作市马村区人民法院以被告人王某犯敲诈勒索罪，判处有期徒刑 2 年，并处罚金 1 万元；被告人侯某某犯敲诈勒索罪，判处有期徒刑 1 年，并处罚金 5000 元；被告人张某某犯敲诈勒索罪，判处有期徒刑 8 个月，并处罚金 2000 元。

案例3：2017 年 5 月，被告人李某提议并伙同高某某（已判决）等人多次到南昌市西湖区南滨国际的“宁波泰宏堂健康管理咨询有限公司南昌分公司”，以交朋友的名义向公司老板段某索要“保护费”，并威胁如果不给就不让公司正常经营。段某被逼无奈，于当年 6 月将咨询公司迁往南昌市青云谱区井冈山大道世纪欧美中心。2017 年 8 月 22 日，被告人李某及高某某等人又找到公司新地址，继续向段某索要“保护费”并予以威胁。段某无奈只好与高某某等人约定从 8 月 22 日开始，前 6 个月每个月支付人民币 1 万元，第 7 个月开始每个月支付人民币 2 万元，并于当日上交了 1 万元的保护费。

2018 年 11 月 14 日，江西省南昌市青云谱区人民法院以被告人李某犯敲诈勒索罪，判处有期徒刑 7 个月，并处罚金人民币 1 万元。

案例4：被告人孟某于 2017 年 2 月，通过在网上发布不押车、不押证、只装 GPS 即可发放贷款的虚假广告的方式，诱骗外地客户到其位于山东省烟台市芝罘区的办公室内办理车贷。其间，以给车辆安装 GPS 的名义由其雇用人员将客户的车开走隐匿。同时，被告人孟某与被告人王某某共谋，由被告人王某某为客户制作虚假的房产证、银行征信记录等财产证明材料，并在办理贷款前提供给客户，被告人孟某则在担保合同中加入客户如果存在提供虚假材料等欺诈、违约行为就要没收保证金并收取合同额 15%

违约金，否则可由其任意处置质押车辆的合同条款。在签订合同时，由多名雇用人员包围并催促客户快速签字，使客户在未充分知晓合同内容的情况下签订合同。在合同签订过程中，以收取25%保证金、GPS安装费、资料费、合同填写错误重签等各种名目扣除费用。签订合同后，在客户发现被骗索要车辆时或要求放弃贷款时，被告人孟某以客户提供了虚假材料构成诈骗或违约，需依合同没收保证金、收取违约金，否则报警或者起诉，不予发还车辆相威胁，没收客户的保证金，要求客户按合同金额返还借款，要求部分客户加付贷款金额的15%违约金，对12名客户实施敲诈勒索。其中敲诈勒索刘某、刘某娜共计108500元；其他10名客户因多名客户报警，两被告人被及时抓获而敲诈勒索未遂。被告人王某某参与上述犯罪7次，其中敲诈勒索刘某、刘某娜共计108500元，未遂5次。

具体犯罪事实列举其一：2017年2月14日，被告人孟某以上述方法扣押被害人刘某奔驰轿车一辆，并与刘某签订23万元的担保合同，由被告人王某某向刘某提供了虚假的财产证明材料。扣除20%保证金4.6万元及其他各种名目的费用后，实际支付刘某75800元。在刘某索要车辆无果要求解除合同时，被告人孟某以刘某提供虚假材料诈骗为由，以报警相威胁，逼迫刘某按合同数额23万元返还借款，并按合同数额支付15%违约金3.5万元，共计26.5万元。在刘某于同年2月17日支付上述款项后，将车辆返还刘某。实际勒索刘某89200元。

2018年11月13日，烟台市芝罘区人民法院以被告人孟某犯敲诈勒索罪，判处有期徒刑7年，并处罚金人民币8万元；被告人王某某犯敲诈勒索罪，判处有期徒刑5年，并处罚金人民币5万元。

案例5：2017年11月22日下午，被告人孙某某伙同被告人吕某某、项某至江苏省昆山市玉山镇仓基街附近，看到一卖淫女搭识被害人陈某（1940年12月15日出生）进小区后，由被告人项某跟着他们拍照，被告人孙某某、吕某某在小区门口守候，等被害人陈某出来后，被告人项某即开车载着被告人孙某某、吕某某跟着，而后被害人陈某上了公交车，被告人孙某某随即下车也上了公交车，一路尾随被害人陈某至前进路烟草大楼附近，后被告人孙某某、吕某某以发现被害人陈某嫖娼为要挟，向被害人陈某敲诈人民币3000元，之后三被告人均分赃款。

2018年5月4日，昆山市人民法院以被告人孙某某、吕某某犯敲诈勒索罪，分别判处有期徒刑8个月，并处罚金人民币2000元；被告人项某犯敲诈勒索罪，判处有期徒刑6个月，并处罚金人民币2000元。

案例6：被告人张某、吴某某、余某均系贵州省毕节市人，三人经商量，决定到外地去自制假药酒骗取钱财，并约定骗取的钱财除去开支后平分。被告人张某、吴某某、余某还纠集了被告人邱某某和江某某、陈某、胡某某、吕某某、余某某（上述五人均另案处理）等人。被告人邱某某等人明知被告人张某、吴某某、余某使用劣质白酒、酱油配制的“神奇药酒”、用山楂粉制作的“药丸”、用消毒水制作的“解药”均无任何药效，而帮助被告人张某、吴某某、余某向老年人散发传单、虚构药酒可以治百病，将老年人带到被告人张某、吴某某、余某摆的药摊处，由该三人讲课、给老年人擦药，从而骗取老年人钱财。

2016 年 10 月 14 日 8 点，被告人张某、吴某某、余某、邱某某等人来到湖南省耒阳市五一路老菜市场。被告人张某、吴某某、余某将药摊摆于偏僻处，被告人邱某某和陈某、江某某等人拿着事先准备好的“神奇药酒”宣传单到菜市场向老年人散发，推荐该药酒能治百病，并谎称免费提供药酒。被害人谢某某（69 岁）、资某某（62 岁）、张某某（58 岁）三人被骗到张某处，由被告人张某鼓吹药效，称任何病都可以治好，先免费擦药，随后给上述三名被害人切脉，被告人张某称她们病重需要吃药，便拿出“药丸”给资某某吃了 3 颗、张某某吃了 6 颗、谢某某吃了 20 颗，随后问资某某要 1800 元、张某某要 3600 元、谢某某要 1.2 万元。三名被害人均不愿意拿钱。被告人张某则威胁称，刚才涂在被害人手上的药酒会让被害人的手腐烂，必须用其提供的“解药”擦拭后才能解除，若不拿钱则家里会不平安。三名被害人听后均感到害怕，表示愿意拿钱。被告人张某安排陈某拿一包所谓的“解药”跟谢某某去家中拿钱，谢某某从银行取钱之后给了陈某 1.2 万元钱，陈某给了谢某某一包“解药”，并留下一个电话号码后就离开了；被告人张某安排江某某跟张某某到家中拿钱 3600 元钱，张某某丈夫觉得是骗局，准备抓江某某时，江某某逃跑；被告人张某安排被告人邱某某跟资某某到家中拿 1800 元钱，被资某某儿子伍某抓获并报警，将被告人邱某某交给公安机关。

陈某拿到 1.2 万元钱后，赶回该伙人租住的宾馆，与其余人会合，并将 1.2 万元钱交给张某。被告人张某、吴某某、余某各分得 3600 元。

2017年4月24日，耒阳市人民法院以被告人张某、余某犯敲诈勒索罪，分别判处有期徒刑1年，并处罚金人民币4000元；被告人吴某某犯敲诈勒索罪，判处有期徒刑11个月，并处罚金人民币4000元；被告人邱某某犯诈骗罪，判处有期徒刑8个月，并处罚金人民币2000元。

防骗攻略

在案例1中，被告人的行为是构成敲诈勒索罪还是抢劫罪，在不同法院有时会出现不同的判决。敲诈勒索罪与抢劫罪两罪的差异主要在于犯罪的客观方面。在手段行为上，二者都可以使用胁迫方法，而且敲诈勒索罪的行为也可能包含一些暴力行为。抢劫罪中的胁迫，是指以当场立即使用暴力相威胁，使被害人心理产生恐惧而不敢反抗，这种胁迫应达到足以压制对方反抗的程度。敲诈勒索罪中的胁迫，是指以恶害相告，使对方产生恐惧心理。抢劫罪和敲诈勒索罪的行为都可以使用暴力，但两罪的暴力程度是不同的，差别在于是否足以压制对方反抗。暴力程度是判断两罪的实质因素，行为人对被害人实施了足以压制其反抗的暴力后，迫使其日后交付财产的行为，也应认定为抢劫罪。在本案中，行为人实施了一定的暴力，还没有达到足以压制被害人反抗的程度，被害老年人是为了摆脱纠缠而交付财物的，故认定为敲诈勒索罪是正确的。

在案例4中，检察院起诉书的定性是诈骗罪，而法院判决认为：被告人孟某、王某某以非法控制被害人车辆、向被害人提供虚假担保资料制造违约事由为手段，以拒不返还车辆、报警或起诉相胁迫，敲诈勒索他人财物，数额巨大，符合敲诈勒索罪的犯罪构成，已构成敲诈勒索罪，应以敲诈勒索罪定罪量刑。敲诈勒索罪与诈骗罪的犯罪主体都是一般主体，犯罪主观方面都是直接故意，且以非法占有为目的。二罪的根本区别在于犯罪客体和犯罪客观方面的不同。在犯罪客体上，敲诈勒索罪侵犯的是复杂客体，即公私财产所有权和公民人身权利或其他权益；诈骗罪侵犯的是单一客体，即公私财产所有权。在犯罪客观方面，敲诈勒索罪表现为以威胁或要挟方法，迫使被害人因恐惧而被迫交付财物；诈骗罪表现为以虚构事实或隐瞒真相的方法，使被害人受蒙蔽而“自愿地”交付财物。在敲诈勒索案件中，有的行为人具体实施的行为可能包含有欺诈因素，但这种欺诈因素仅为敲诈勒索的“由头”或“借口”，而非敲诈勒索的实行行为，即并非本罪客观方面的行为。换言之，构成敲诈勒索罪，不以是否有“借口”，或者“借口”是否真实为要件。

1. 对于设局型敲诈勒索应当注意收集证据线索，及时报警

案例4就是一种典型的敲诈勒索骗局。被告人王某某的供述证实：其跟孟某在合同中给客户设了一个圈套。圈套就是在合同中标明如果客户提供虚假材料，将没收保证金并收取违约金，而在合同签订的过程中，会主动给客户提供一套虚假材料。孟某安排由其联系开发区德胜彩虹复印店做一套虚假的房产证复印件等材料提供给客户，让客户在虚假材料上签字。客户不知是圈套，为了贷款就会在虚假材料上签字。签完字之后，客户来提车的时候，孟某就以对方提供虚假材料为理由，没收客户的保证金并收

取客户违约金。经其手的虚假材料大概有十几份。孟某一共给了其约 3 万元的返利。

案例 4 中的犯罪行为人狡猾地利用了被害人随意在合同上签字的法律行为，事先预谋敲诈犯罪布局。所谓法律行为，是指以意思表示为要素，依照意思表示内容发生法律效果为目的的行为。“包括签署法律文件在内的法律行为一旦发生就要受到法律的约束，意思表示是法律行为产生的核心，签字认可又是意思表示最为通常的重要表现形式，所以签署名字可不能当儿戏。”[①] 被害人刘某证实：“2 月 16 日，我到贷款公司表示要提前还款，对方说我以虚假资料骗贷，要报警，我有些害怕，我说可以商量。后他们表示要没收我的保证金并交合同金额 15% 的违约金，即共交 26.5 万元才能将车赎回。我于是在当日下午筹款交给对方 26.5 万元，对方将车还给了我。”如果只发生了被害人刘某被敲诈的一起案件，因为可能无法证明自己签字确认的虚假文件系犯罪同伙被告人王某某提供的，单凭个案一般是无法追究各被告人刑事责任的。

在案例 4 中，恰恰是多数被害人都能主动报案，积极提供证据线索，侦查机关将线索集中梳理以后，犯罪分子为了敲诈成心设计的骗局就水落石出。在案例 3 中，被害人段某在受到敲诈威胁时，一开始选择了“惹不起躲得起”的策略，将公司搬到了新址，迁址损失自不必说，二被告人很快就又找到了新址加码进行敲诈。在第一笔敲诈得逞后段某选择了报警，才终于得以摆脱

---

① 陈洪忠编著：《老年人权益维护案例精选与解析》，中国法制出版社 2018 年版，第 266 页。

“恶魔”了。在案例6中，敲诈另一位被害人犯罪已经得逞，是伍某认为他母亲资某某被敲诈了，将被告人邱某某扭送公安机关，才惩治了罪犯，也为被害老年人谢某某追回了被敲诈的1.2万元。

有的蓄谋敲诈勒索犯罪，如果我们能及时报案，不仅可以让犯罪难以得逞，还可以有效避免犯罪分子的逃脱。例如，2016年9月19日，被告人王某某、严某、蓝某某受三名男性犯罪同伙（均在逃）邀约，由同伙事先制造蓝某某左锁骨骨折的伤情，预谋蓄意制造道路交通事故“碰瓷”敲诈他人钱财。当日，该犯罪团伙从广东省佛山市驾车来到江西省萍乡市安源区城郊管委会宝塔路萍乡实验学校门口路段寻找作案目标。次日3时许，由两名同伙驾驶小汽车减速迫使被害人王某和（62周岁）、彭某夫妇驾驶的三轮摩托车超车，由另一同伙骑自行车搭乘蓝某某趁机与三轮车进行擦碰，假意摔倒，伪造交通事故，王某某、严某随即拦住王某和、彭某要求送蓝某某去医院。到萍乡市湘雅萍矿合作医院后，经严某、王某某询问医生，王某和被告知需要治疗费1万余元。之后王某某用手机联系同伙，由同伙假装蓝某某的父亲和王某和通话，恐吓、索要赔偿金人民币3万元“私了”，因两被害人无力筹集，最终确定赔偿人民币1.5万元。之后，王某和、彭某怀疑被敲诈，于是报警，民警赶到湘雅萍矿合作医院将被告人王某某、严某、蓝某某抓获，起获作案用蓝色自行车一辆、诺基亚手机两部。2017年3月29日，萍乡市安源区人民法院以被告人王某某、严某、蓝某某犯敲诈勒索罪，分别判处有期徒刑7个月，并分别处以人民币1万元的罚金。

在司法实践中，每当敲诈勒索犯罪案事发，常会牵出若干起其他案件，其他被害人的应有正义才得以伸张。相信还有许多案件都是因为被害人感到恐惧而选择了隐忍，放纵了犯罪人更加嚣张地继续危害社会，这种选择是非常错误的。

2. 对于因为自己过错导致敲诈犯罪得逞的被害人，需要勇敢地选择报警处理

在许多敲诈勒索的案件中，犯罪分子都事先设局，比如安排女色主动勾引被害人发生性关系，或者趁被害人大意制造违法事态，或者碰瓷形成交通违章事故假象等，然后以报警或者公开隐私相胁迫，达到侵占被害人财产的犯罪目的。

掉入圈套的老年人往往担心自己晚节不保、会让晚辈家人蒙羞，选择“打碎了牙往肚子里咽”，即使财产损失巨大也不去报案。客观上，尽管老年人的先前行为是违法的，但通过公安机关侦查确系犯罪分子设局导致老年人一时犯错，这种错误一般是不予追究的。通过司法追究程序，既惩罚了对老年人的罪行，也挽救了家庭财富，家人多半都是会原谅的。如果借机调整一下家里的生活节奏，家人从此多一些团聚，互相更加关心，可能会很快“康复”如初。案例 2 中老人在家人帮助下选择了报警，既避免了财产的损失，借机敲诈勒索钱财的人又被追究了刑事责任，张某的选择是值得点赞的。

3. 老年人报警要选择好时机，身处险境时一般不要威胁对方

敲诈勒索罪是指以非法占有为目的，对被害人使用威胁或要挟的方法，强行索要数额较大或者多次敲诈勒索的行为。行为人

使用了威胁或要挟手段，非法取得了他人的财物，就构成了敲诈勒索罪的既遂。如果行为人仅仅使用了威胁或者要挟手段，被害人并未产生恐惧情绪，因而没有交出财物，或者被害人虽产生了恐惧心理，但并未交出财物，均属于敲诈勒索罪的未遂。如果老年人感觉到对方要实施敲诈犯罪就立即选择报案，对方到案后否认将要实施勒索钱财的预谋，不能形成完整证据链条，那么根据疑罪从无的原则，行为人可能连敲诈勒索罪未遂都不能构成。所以说，向公安机关报案也要选择好时机。

在案例 2 中，被害人张某先以吃饭为由被骗出并被限制了人身自由，在与不法分子独处时如果不择时机报警或者以言语威胁报警，很可能会惹祸上身、危及健康和生命，得不偿失。相对来说，在存在危险的环境下，佯装害怕，暂时答应对方条件，约定时间、地点交钱物，待对方离开后报警，才是上上策。例如，2010 年 10 月 20 日夜间，被告人药家鑫驾车不小心撞上前方同向骑电动车的张妙女士，因见张妙用笔记录其车牌号，便将张妙杀人灭口……药家鑫并无犯罪前科，只是因其追求理想中的完美人生而动了杀机。针对老年人犯罪的不法分子多数是累犯或有前科劣迹，相对更容易被激怒、一不做二不休而下狠手。

4. 对于仍可能接触、打交道的犯罪嫌疑人、被告人，在诉讼程序中尽可能通过刑事和解缓释社会危害程度

刑事和解，是指在刑事诉讼过程中，通过辩护律师、代理人或其他组织使被害人与犯罪嫌疑人、被告人直接沟通、共同协商，双方达成民事赔偿和解协议后，司法机关根据案件的具体情况从

轻、减轻刑事责任或对犯罪嫌疑人、被告人不再追究刑事责任的诉讼活动。

对于被告人与被害人原本就相识、有交往，以后还可能继续有往来的，往往还是自己有错在先，如案例2事发有因，通过刑事和解，知情人和嫌疑人家属明白了利害关系，体会到被害人不得已而为之的苦衷，通过家属向被害人请求出具谅解书争取对嫌疑人的从轻处罚以及被告人的认罪悔罪，降低了其行为的社会危害程度，从而依法获得相对较轻的刑罚。

第九节

非法行医误治，生命重要远离

所谓“神医”有玄妙，无非迷信那一套。有些“庸医”胆子大，不明病理就下药。千万莫信百病消，几次试水把命要。无证行医是违法，人人见了要举报。有病不要乱投医，正规医院是首选。现在看病有医保，花费多了能报销。

非法行医贻误治疗，可生命只有一次，老年人一定要远离非法行医。从2018年审理的案件看，在老年人遭遇非法行医犯罪的案件中，造成被害老年人死亡的占多数。

非法行医罪，是指未取得医生执业资格的人擅自从事医疗活动，情节严重的行为。根据《刑法》第336条第1款的规定，未取得医生执业资格的人非法行医，情节严重的处3年以下有期徒刑、拘役或者管制，并处或单处罚金；严重损害就诊人身体健康的，处3年以上10年以下有期徒刑，并处罚金；造成就诊人死亡的，处10年以上有期徒刑，并处罚金。

根据《最高人民法院关于审理非法行医刑事案件具体应用法律若干问题的解释》第2条的规定，具有下列情形之一的，应认定为《刑法》第336条第1款规定的“情节严重”：（一）造成就诊人轻度残疾、器官组织损伤导致一般功能障碍的；（二）造成甲类传染病传播、流行或者有传播、流行危险的；（三）使用假药、劣药或不符合国家规定标准的卫生材料、医疗器械，足以严重危害人体健康的；（四）非法行医被卫生行政部门行政处罚两次以后，再次非法行医的；（五）其他情节严重的情形。

典型案例

案例1：2017年10月16日14时许，被害人拉某甲（1957年出生）请被告人王某某为自己的妻子贺某治病。在此期间，被害人拉某甲称自己腰痛，被告人王某某提出为其免费治疗。被告人王某某在未取得《医师执业证书》的情况下，用自制的中药制剂为被害人拉某甲输液。当日18时许，被害人拉某甲出现发热、头痛、呕吐等不良反应，后经四川省宁南县人民医院抢救无效死亡。经鉴定，死者拉某甲为过敏性休克死亡，其过敏性休克死亡与输入非法的中草药制剂存在因果关系。

2018年7月27日，宁南县人民法院以被告人王某某犯非法行医罪，判处有期徒刑6年，并处罚金人民币1万元；由被告人王某某赔偿附带民事诉讼原告人贺某（被害人拉某甲之妻）、拉某乙（拉某甲之长子）、拉某丙（拉某甲之次子）、拉某丁（拉某甲之三子）的丧葬费29335.50元。

案例2：被告人丁某某在未取得《医疗机构执业许可证》《医师执业证书》的情况下，私自在天津市北辰区宜兴埠镇某胡同租赁房屋内进行非法行医活动。2018年1月16日11时许，丁某某在该租赁房内将注射用炎琥宁、二羟丙茶碱混合后采用肌肉注射方式对被害人王某进行治疗，造成王某当场死亡。经法医学尸体检验鉴定书认定，王某系因肌肉注射药物致过敏性休克死亡。

被告人丁某某亲属代为赔偿被害人王某部分近亲属经济损失，并获得谅解。

2018年6月13日，天津市北辰区人民法院以被告人丁某某犯非法行医罪，判处有期徒刑10年，并处罚金人民币5万元。

案例3：2016年12月4日至13日，被害人黄某因身体不适在黑龙江省北兴农场大东林场被告人陈某某家中，要求陈某某注射消炎药，陈某某在未取得医生执业资格证的情况下，给黄某静脉注射青霉素，同月13日9时许，陈某某给黄某静脉注射0.96克/支的青霉素6支，而后陈某某发现黄某倒地，又给黄某注射1支地塞米松磷酸钠，在场人王老太太（黄某的亲家母）将此事电话通知黄某的长女刘某1，刘某1通知家人来到现场，拨打七台河市“120”急救中心电话，黄某经救护人员抢救无效死亡。经司法鉴定中心法医学尸体检验：黄某系生前在患有脑动脉硬化、心脏肥大及多脏器炎症反应基础上用药后发生急性心衰死亡；陈某某的用药行为与黄某死亡存在因果关系，参与度为30%。

另查明，案发当日，被告人陈某某及其亲属与被害人黄某近亲属就黄某死亡民事赔偿事宜达成和解协议，陈某某已给付黄某子女刘某1、刘某2、刘某3、刘某4赔偿款16万元，并取得谅解，就本案不提附带民事诉讼。

2018年6月12日，黑龙江省红兴隆农垦法院以被告人陈某某犯非法行医罪，判处有期徒刑11个月，并处罚金1万元。

案例4：2016年8月11日9时许，被告人孙某某经人介绍，来到吉林省梨树县侯某家为侯某“跳大神”看病。8月12日，被告人孙某某在未取得医生执业资格的情况下给侯某开了六服中药。8月13日侯某服用孙某某开的中药后发生呕吐、腹泻症状，并于8月14日死亡。经鉴定，侯某系在本身疾病基础上因呕吐、腹泻未进行有效的治疗引起电解质紊乱、脱水而死亡；被告人孙某某在对侯某诊疗的过程中，存在无根据盲目用药的过错，其非法行医行为是造成侯某服药后死亡的直接原因，应对病人的死亡后果承担主要责任。

2018年8月10日，梨树县人民法院以被告人孙某某犯非法行医罪，判处有期徒刑10年，并处罚金人民币1万元；被告人孙某某赔偿附带民事诉讼原告人陶某某（侯某老伴）、陶某甲（侯某之长女）、陶某乙（侯某之次女）、申某某人民币30249元。

案例5：被告人周某某未取得医生执业资格。2017年6月30日，被告人周某某应被害人曾某邀请，到贵州省兴仁县曾某家中为曾某治疗风湿、腰椎疼痛。同日，周某某为曾某进行了扎银针和拔火罐。同年8月22日，周某某再次到曾某家中为曾某诊疗。当日15时许，周某某给曾某进行扎银针、拔火罐、用酒搓背部，治疗过程中曾某称身体不适。18 时许，曾某死亡。经鉴定，曾某的死因在排除机械性损伤、自身疾病及药物中毒死亡后，不能排除其因针刺致气胸导致死亡。

2018 年 8 月 31 日，兴仁县人民法院以被告人周某某犯非法行医罪，判处有期徒刑 10 年，并处罚金人民币 3 万元；赔偿附带民事诉讼原告人王某（曾某老伴）、曾某甲（曾某之子）、曾某乙（曾某之女）、曾某丙（曾某之女）人民币 4 万元（不含已支付的 2000 元）。

案例 6：2015 年 1 月 14 日，被告人宋某因开设针灸诊所未取得《医疗机构执业许可证》，被山东省淄博市周村区卫生和计划生育局第一次行政处罚；2016 年 7 月 5 日，被告人宋某因未取得《医师执业证书》，被周村区卫生和计划生育局第二次行政处罚。2017 年年初，被告人宋某继续开办针灸诊所，给吴某等人进行针灸，并对吴某腿部造成损伤。经鉴定，吴某左小腿损伤与宋某对其诊疗行为之间存在因果关系，吴某左小腿所受损伤程度评定为轻伤二级。

另查明，本案系淄博市周村区卫生和计划生育局移送案发。被告人宋某主动投案，到案后如实供述其犯罪事实。在本案审理过程中，被害人吴某向本院提起附带民事诉讼，经本院主持调解，被告人宋某赔偿被害人吴某各项损失，并取得被害人谅解，建议对被告人宋某不予追究刑事责任。

2018 年 8 月 29 日，淄博市周村区人民法院判决认为，被告人宋某未取得医师资格从事医疗活动，情节严重，其行为已构成非法行医罪，公诉机关指控罪名成立，本院予以支持。被告人宋某主动投案，如实供述其犯罪事实，依法可从轻处罚。被告人宋某赔偿被害人各项损失，取得被害人谅解，对其可酌情从轻处罚。被告人宋某系初犯、偶犯，社会危害性较小，对其可酌情从轻处罚。辩护人的相关辩护意见，本院予以采纳。故以被告人宋某犯非法行医罪，判处拘役3个月，缓刑3个月，并处罚金人民币2000元。

防骗攻略

有句俗话叫“病急乱投医”，一般都是做比喻。在本节案例中，因为“病”“医”客观真实存在，所以是本意上的“病急乱投医”。由于非法行医者不具备执业的基本条件，医疗服务无保证，侵犯就诊老年人的身体健康和生命安全的案件频发。

1. 不要相信无证“神医”

有的非法行医者利用巫术、封建迷信行医，他们大多不懂医术，有的略微懂一点医学常识，主要是凭烧香、念经、看手相以及各种封建迷信方式愚弄就诊病人。还有的非法行医者则打着利用气功治病的旗号，其实大多数根本不懂气功，却号称自己的气功如何了得，挂牌行医，骗取钱财。

在案例4中，被害人侯某的丈夫陶某某的证言证实：“2016年8月11日，经人介绍孙某某到我家中‘跳大神’给侯某看病后，孙某某说再吃几次药就好了。8月12日，我女儿陶某乙按照孙某某的说法把药熬好。8月13日7点多我给媳妇喝了第一次药，空腹喝了半杯药，过了2个多小时，侯某开始连拉带吐。我打电话问孙某某，孙某某说‘你喝吧，没事，正常，死了我给你偿命’。听孙某某这么说我就放心了，晚上让侯某又喝了半杯药，侯某喝完后折腾到21点多睡着了。8月14日四五点发现侯某已经死亡。”

2.“包治百病”的医生更可怕

在案例6中，被害人吴某的妻子高某证言证实：“吴某得糖尿病十几年了，我打听到宋某在周村区某胡同内开了一家针灸诊所能治百病，就带着吴某过来了。宋某先给吴某试了脉，给吴某扎针，扎在了头部、腹部、胳膊、手上、腿上、脚踝上，有二三十针，扎了半个来小时左右就拔了，然后宋某先用针把吴某脖子后面刺破，再用拔罐的方式把里面的血吸出来，拔了约五分钟，这样第一次诊疗就完成了。后吴某过来诊疗了六七天之后，发现左腿整个小腿都肿了，疼得下不了床，宋某说是正常的事，宋某继续给吴某针灸，用三棱针把吴某的左小腿多处刺破，然后再拔罐，把里面的血拔出来，还开了三服中药，让烫洗小腿肿的部位，连续治了三四天，吴某的腿疼得直接不能走路了。到了2017年2月27日左右，到了淄博市某医院，经过检查，医生诊断为因针灸把吴某左小腿多处血管刺穿，已形成多处血栓，要进行手术，后在某医院住院20天左右。”这就是被告人宋某包治百病的“高招”，经过“治疗”后，吴某不仅仍然无法停用胰岛素，反而把自己治进了医院。

在案例1中，被害人拉某甲的妻子贺某的证言证实：“2017年10月17日下午，我老公介绍姓王的土医生为我治疗胃病，并把王医生带回我们的租房处。我老公把我在医院的检查报告给医生看了，说愿意出 2 万元为我治疗胃病。王医生说我的病能治好，还说他能治疗脑梗塞、白血病、骨质增生等。我们聊了很久，我老公说他的腰痛，王医生说免费为我老公治疗，我们相信了他，然后王医生拿出一个装有液体的胶瓶子，往里面加了两支药给我老公输液。在输液过程中，王医生说我的胃病百分百能医好，还叫我们先付 1 万元钱给他。后来我老公输完液了，王医生在我们家吃了饭就走了。过了一会儿，我老公说他身上发烫、头痛，眼睛看不清东西，四肢无力，之后呕吐、拉肚子，我就打 120，医生来了检查后说人已经死了。我们问过王医生药是怎么来的，他说他是土医生，自己挖的中草药，还把身份证给我老公看过。”

被告人王某某供述称：“他说他有骨质增生，天气变化时腰部、胯部一直到脚都会痛，我认为是风湿病，就对他说可以用我自制的特效药，一针见效，血管上的问题输液就好……”

可见，被告人王某某不仅吹嘘自己医术高深，连注射到体内的中药制剂都是自产的。

3. 一定要找正规医生看病

看了本节案例的“郎中”的真实出身，我们很容易判断出他们非法行医造成老年人伤亡具有相当大的必然性。所以，看病要选正规的医生，这是根本，很重要。

在案例 1 中，被告人王某某供述：“我没有医师执业资格证，自制的中药也没有经过医药部门备案。”

在案例 2 中，被告人丁某某供述证实：“1990 年左右，我在山东庆云卫校学习中西医临床一年，之后在本村当赤脚医生，到了2015年，我感觉老家地方太小，看病的人少，也挣不到什么钱，11月我就来到天津想自己经营诊所挣钱。我的乡医证过期了，乡医证只允许我在老家的中丁乡行医。我在天津行医之前没有取得天津的《医疗机构执业许可证》《医师执业证书》，我知道没有行医资质不能开设诊所行医……”

在案例3中，被告人陈某某供述：“2006年我因医疗事故罪，被法院判处有期徒刑6个月，执业许可证被农场卫生部门注销。我家就是普通住宅，不是诊所，也没有挂牌，我也不看病，到我家的都是静脉注射的，我根据他们说的病情然后开药给他们打针。我家没有医疗设施，我就是想挣点钱，一般人也不知道。黄某来我家看病时病情就很严重，我打点滴时就想到后果了，但是没想到我给她打消炎针能造成死亡，而且来得这么快，我没想到这么严重。购买的药品是为自己和亲属患病时使用方便，收取的费用是患者自愿支付的用药费用。”

在案例5中，被告人周某某供述：“我没有取得医师证，平时就是摆地摊卖草药。”

在一起非法行医罪案件中，被告人周某某的供述与辩解证实：自己小学毕业，没有接受过正规的医学教育。1993年开始在本县隽水镇白沙咀开药铺，1996年在四庄自己家中给人治病开处方，2012年在沙某租住地给人治病，主要是治疗中医全科，一些普通医院治不好的疑难杂症，不限专科，什么都治。2018年1月8日13点左右，自己给前来看病的周某开了250克自己在山上挖的黄藤根让周某拿回家与半斤瘦肉一起煮一碗汤喝，并交代周某说黄藤吃后7天会死人，需要在第三天服用解药，解药是小雪人参和鸡肉，当时没有将解药交给周某。2018 年 1 月 9 日 8 点多，周某的母亲说周某上吐下泻，周某某就把解药（小雪人参）给了她，让她先带去煮鸡肉给周某解毒。并告诉她只要解药吃下去就没事。没多久，周某的家人打电话给周某某的妻子，说周某不行了，周某某称医院的医生不知道怎样解毒，要周某的家人不要送医院。周某某到周某家里的时候，周某已经死亡，其家人随即报了警。2018 年 6 月 15 日，湖北省通城县人民法院以被告人周某某犯非法行医罪，判处有期徒刑 10 年，并处罚金 5000 元。

4. 遇到非法行医的要举报

现在仍然有许多老年人存在过度医疗现象。其实，我们许多生理现象并不属于病症，根本无需医治。还有一些小恙根本无需用药。所以，一些无证土医生积攒的所谓“神医”业绩，成了一些老年人的“依赖”。非法行医罪的被告人多数有过成绩，有的在一方水土还小有声望，某些因“非法行医被卫生行政部门行政处罚两次以后，再次非法行医”而构成非法行医罪被判刑的“医生”，许多当地百姓还为他们喊冤呢。但是，我们人人都应当自觉地与非法行医行为作斗争，如若发现要及时拨打 12345 或者 110 进行举报。

2018 年 9 月 30 日，北京市丰台区人民法院宣判一起犯非法行医罪的案件。其中证人 120 急救中心医生魏某证实：“2017 年 5 月 20 日 19 时许，我接到市 120 急救中心调度电话，称有一老人晕厥，10 多分钟后我及车组人员赶到现场（出租平房的非法诊所），发现一名老人坐在进门口左侧椅子上，旁边一名家属站在边上扶着老人肩膀。后我对老人进行初步检查，发现老人呼吸心跳停止，面色苍白。我要求家属将老人平放在屋内桌子上，经检测发现老人已死亡。当时我听见家属跟一名男子拿老人死亡的事情谈钱，我觉得不对，我就问老人的儿子和儿媳妇老人的事情，老人的儿子说他们找这房间的人为老人输液。我看为老人输液的男子不像是医生，就拨打了110报警。”判决书中的一项证据《协议》（被害人谢某去世后，被告人姚某某与谢某家属签订的赔偿协议）载明：谢某老人去世，双方协议本人姚某某给老人安葬费用2万元整，后与姚某某无关，另加1万元，共计3万元整，并有谢某家属张某、何某、陈某及姚某某的签字。被告人姚某某供述称：“我给病人输的是林可霉素、地塞米松、盐水，这些药是从朋友介绍的一个卖药人那里进的货，该人真实姓名我不知道，我手机存的名字是‘购药老乡’。我没有行医资格。我父亲曾是乡镇医生，我跟父亲学过四五年的医学知识……”最后，法院以被告人姚某某犯非法行医罪，判处有期徒刑3年，并处罚金人民币1万元……出了人命的案件，被害人的家属竟然还帮着隐瞒，实属不该。此案若不法办，必将危害其他老年人的生命权和健康权。

5. 社会应当注重打击非法行医活动，保护老年人权益

首先，卫生行政部门要加强对非法行医现象的综合治理，引导、培养一些有一定基础的土郎中进入医生队伍，正规服务乡里，纳入标准化管理，防止侵犯老年人生命健康权的非法行医事件发生。

其次，司法部门要依法严厉打击非法行医行为，严格司法行为。在案例6中，法院判决认定："被告人宋某系初犯、偶犯，社会危害性较小，对其可酌情从轻处罚。"而事实上却是："2015年1月14日，被告人宋某因开设针灸诊所未取得《医疗机构执业许可证》，被山东省淄博市周村区卫生和计划生育局第一次行政处罚；2016年7月5日，被告人宋某因开设针灸诊所未取得《医师执业证》，被周村区卫生和计划生育局第二次行政处罚。2017年年初，被告人宋某继续开办针灸诊所，给吴某等人进行针灸，并对吴某腿部造成损伤……"即使没有出现事故，非法行医的行为也已经构成情节严重，非法行医罪就已经"成就"。判决认定的"初犯""偶犯""社会危害性较小"的事实根据在哪儿？"对其可酌情从轻处罚"的法律依据又是什么？犯罪"情节严重"已经是客观存在了，再出现造成他人伤残的后果，本来应当从重处罚！如果不能做到违法必究、执法必严，实际上也是一种对老年人权益的实质侵害。

第四章　老年人维权途径

积极应对人口老龄化是国家的一项长期战略任务。我国第一部老龄基本法就是《老年人权益保障法》，说明老年人权益保护在老龄法中具有重要地位。

第一节　老年人权利概述及维权途径

老年人是社会中的一个特殊群体，其生理、心理调解能力降低，需要社会的特别关爱。

一、老年人依法享有的主要权利

老年人除了享有公民的应有权利以外，还享有一些社会的特别关怀。

1. 从国家和社会获得物质帮助的权利

物质帮助权是《宪法》规定的我国公民的一项基本权利，是指公民在年老、疾病、残疾等丧失劳动能力或部分丧失劳动能力的情况下，有权利从国家和社会获得物质帮助，从而维持基本生活。

（1）基本养老保险制度

国家通过基本养老保险制度，保障老年人的基本生活。基本养老保险是社会保险的主要险种，是指缴费达到法定期限并且个人达到法定退休年龄后，国家和社会提供物质帮助以保证老年人稳定、可靠的生活来源的社会保险制度。我国的基本养老保险制度由三部分组成，即职工基本养老保险制度、新型农村社会养老保险制度、城镇居民社会养老保险制度。

（2）社会救助制度

社会救助，是指国家和社会组织对于遭受自然灾害、失去劳动能力或者其他低收入公民给予物质帮助或精神救助，以维持其基本生活需求，保障其最低生活水平的各种措施。包括最低生活保障、特困人员供养、受灾人员救助、医疗救助、住房救助、教育救助、就业救助和临时救助八项社会救助制度。

社会救助的原则：一是社会救助制度坚持托底线、救急难、可持续，与其他社会保障制度相衔接，社会救助水平与经济社会发展水平相适应；二是社会救助工作应当遵循公开、公平、公正、及时的原则。

（3）发挥社会力量

国家鼓励慈善组织以及其他组织和个人为老年人提供物质帮助。一是主体多元化原则。即应充分发挥市场机制的基础性作用，积极引导和鼓励企业、慈善组织、社会组织以及公民个人等社会力量参与到为老服务的行列中来。二是形式多样化原则。既可以为老年人提供捐赠、救助、物质帮助，也可以通过提供其他第三产业服务、设立帮扶项目、创办服务机构、提供志愿服务等方式，为老年人的吃、穿、住、行提供实实在在的便利，在全社会营造尊老、敬老、爱老的社会风气。

社会力量参与社会救助，按照国家有关规定享受财政补贴、税收优惠、费用减免等政策。

2. 享受社会服务的权利

享受社会服务的权利，主要是指满足老年人在基本生活、日常照顾服务、医疗保健等方面的基本需要，享受由政府或其他社会组织所提供的各种相关服务的权利。

社会福利的法制建构目标，应当定位为社会成员多元需要的满足、生活质量的提高以及社会成员幸福感的提升。政府的基本职能，决定了其在社会福利事业的发展中应居于主导地位，承担主要责任。政府主导社会福利是推动社会福利事业健康持续发展的基础，也是充分发动社会力量参与社会福利服务体系建设的前提和保证。政府在社会福利中的职责主要在于制定社会福利法律法规和发展规划，扩大财政投入，供给基本社会福利，建立健全服务标准，监管社会福利，推动社会福利发展。

现代意义上的居家养老不同于传统的家庭养老，主要是立足家庭、以社会服务进家庭为标志，为老年人提供情感交流、精神慰藉和照料服务，是绝大多数老年人的意愿和实际选择，也是世界各国通行的主要养老方式。

所谓居家养老服务，是指以家庭为基础，在政府主导下，以城乡社区为依托，以社会保障制度为支撑，由政府提供基本公共服务，企业、社会组织提供专业化服务，基层群众性自治组织和志愿者提供公益互助服务，满足居住在家老年人社会化服务需求的养老服务模式。主要内容包括：（1）为老年人提供社区老年餐桌、定点餐饮、自助型餐饮配送、开放单位食堂等用餐服务；（2）为老年人提供体检、医疗、护理、康复等医疗卫生服务；（3）为失能老年人提供家庭护理服务；（4）为失能、高龄、独居老年人提供紧急救援服务；（5）利用社区托老所等设施为老年人提供日间照料服务；（6）为老年人提供家庭保洁、助浴、辅助出行等家政服务；（7）为独居、高龄老年人提供关怀访视、生活陪伴、心理咨询、不良情绪干预等精神慰藉服务；（8）开展有益于老年人身心健康的文化娱乐、体育活动；（9）对经济困难的老年人、失能的老年人，政府应当给予养老服务补贴，提高生活自理能力和生活质量。

老年人的子女及其他依法负有赡养扶助、扶养义务的人，应当履行对老年人经济上供养、生活上照料和精神上慰藉的义务。需要由社会提供服务的，老年人家庭根据服务项目的性质和数量，承担相应费用。

3. 享受社会优待的权利

尊老敬老是中华民族的传统美德，社会不仅要尊重老年人，更要给老年人提供优待。《老年人权益保障法》的第五章“社会优待”对社会优待的具体内容作出了明确的规定。其中第58条规定，提倡与老年人日常生活密切相关的服务行业为老年人提供优先、优惠服务。城市公共交通、公路、铁路、水路和航空客运，应当为老年人提供优待和照顾。

2013 年，全国老龄办等 24 部委发布《关于进一步加强老年人优待工作的意见》指出：老年人优待是政府和社会在做好公民社会保障和基本公共服务的基础上，在医、食、住、用、行、娱等方面，积极为老年人提供的各种形式的经济补贴、优先优惠和便利服务。做好老年人优待工作，是增进老年人福祉的重要举措，也是社会文明进步的重要标志。

根据《老年人权益保障法》和《中共中央、国务院关于加强老龄工作的决定》，明确优待的基本对象为60 周岁以上的老年人。优待项目和范围包括政务服务优待、卫生保健优待、交通出行优待、商业服务优待、文体休闲优待、维权服务优待六类，共 38 项。

（1）政务服务优待。①各地在落实和完善社会保障制度和公共服务政策时，应对老年人予以适度倾斜。②鼓励地方建立 80 周岁以上低收入老年人高龄津贴制度。③政府投资兴办的养老机构，要在保障“三无”老年人、“五保”老年人服务需求的基础上，优先照顾经济困难的孤寡、失能、高龄老年人。④各地对经济困难的老年人要逐步给予养老服务补贴。对生活长期不能自理、经济困难的老年人，要根据其失能程度等情况给予护理补贴。⑤各地在实施廉租住房、公共租赁住房等住房保障制度时，要照顾符合条件的老年人，优先配租配售保障性住房；进行危旧房屋改造时，优先帮助符合条件的老年人进行危房改造。⑥政府有关部门要为老年人及时、便利地领取养老金、结算医疗费和享受其他物质帮助，创造条件，提供便利。鼓励和引导公共服务机构、社会志愿服务组织优先为老年人提供服务。⑦政府有关部门在办理房屋权属关系变更等涉及老年人权益的重大事项时，应依法优先办理，并就办理事项是否为老年人的真实意愿进行询问，有代理人的要严格审查代理资格。⑧免除农村老年人兴办公益事业的筹劳任务。经农村集体经济组织全体成员同意，将未承包的集体所有的部分土地、山林、水面、滩涂等作为养老基地，收益供老年人养老，纳入国家和地方湿地保护体系及其自然保护区的重要湿地除外。⑨政府有关部门要完善老年人社会参与方面的支持政策，充分发挥老年人参与社会发展的积极性和创造性。⑩对有老年人去世的城乡生活困难家庭，减免其基本殡葬服务费用，或者为其提供基本殡葬服务补贴。对有老年人去世的家庭，选择生态安葬方式的，或者在土葬改革区自愿实行火葬的，要给予补贴或奖励。

（2）卫生保健优待。⑪医疗卫生机构要优先为辖区内 65 周岁以上常住老年人免费建立健康档案，每年至少提供 1 次免费体格检查和健康指导，开展健康管理服务。定期对老年人进行健康状况评估，及时发现健康风险因素，促进老年疾病早发现、早诊断、早治疗。积极开展老年疾病防控的知识宣传，开展老年慢性病和老年期精神障碍的预防控制工作。为行动不便的老年人提供上门服务。⑫鼓励设立老年病医院，加强老年护理院、老年康复医院建设，有条件的二级以上综合医院应设立老年病科。⑬医疗卫生机构应为老年人就医提供方便和优先优惠服务。通过完善挂号、诊疗系统管理，开设专用窗口或快速通道、提供导医服务等方式，为老年人特别是高龄、重病、失能老年人挂号（退换号）、就诊、转诊、综合诊疗提供便利条件。⑭鼓励各地医疗机构减免老年人普通门诊挂号费和贫困老年人诊疗费。提倡为老年人义诊。⑮倡导医疗卫生机构与养老机构之间建立业务协作机制，开通预约就诊绿色通道，协同做好老年人慢性病管理和康复护理，加快推进面向养老机构的远程医疗服务试点，为老年人提供便捷、优先、优惠的医疗服务。⑯支持符合条件的养老机构内设医疗机构，申请纳入城镇职工（居民）基本医疗保险和新型农村合作医疗定点范围。

（3）交通出行优待。⑰城市公共交通、公路、铁路、水路和航空客运，要为老年人提供便利服务。⑱交通场所和站点应设置老年人优先标志，设立等候专区，根据需要配备升降电梯、无障碍通道、无障碍洗手间等设施。对于无人陪同、行动不便的老年人给予特别关照。⑲城市公共交通工具应为老年人提供票价优惠，鼓励对 65 周岁以上老年人实行免费，有条件的地方可逐步覆盖全体老年人。各地可根据实际情况制定具体的优惠办法，对落实老年优待任务的公交企业要给予相应经济补偿。⑳倡导老年人投保意外伤害保险，保险公司对参保老年人应给予保险费、保险金额等方面的优惠。㉑公共交通工具要设立不低于座席数 10% 的“老幼病残孕”专座。铁路部门要为列车配备无障碍车厢和座位，对有特殊需要的老年人订票和选座位提供便利服务。㉒严格执行《无障碍环境建设条例》《社区老年人日间照料中心建设标准》《养老设施建筑设计规范》等建设标准，重点做好居住区、城市道路、商业网点、文化体育场馆、旅游景点等场所的无障碍设施建设，优先推进坡道、电梯等与老年人日常生活密切相关的公共设施改造，适当配备老年人出行辅助器具，为老年人提供安全、便利、舒适的生活和出行环境。㉓公厕应配备便于老年人使用的无障碍设施，并对老年人实行免费。

（4）商业服务优待。㉔各地要根据老年人口规模和消费需求，合理布局商业网点，有条件的商场、超市设立老年用品专柜。㉕商业饮食服务网点、日常生活用品经销单位，以及水、电、暖气、燃气、通信、电信、邮政等服务行业和网点，要为老年人提供优先、便利和优惠服务。㉖金融机构应为老年人办理业务提供便捷服务，设置老年人取款优先窗口，并提供引导服务，对有特殊困难、行动不便的老年人提供特需服务或上门服务。鼓励对养老金客户实施减费让利，对异地领取养老金的客户减免手续费。对办理转账、汇款业务或购买金融产品的老年人，应提示相应风险。

（5）文体休闲优待。㉗各级各类博物馆、美术馆、科技馆、纪念馆、公共图书馆、文化馆等公共文化服务设施，向老年人免费开放。减免老年人参观文物建筑及遗址类博物馆的门票。㉘公共文化体育部门应对老年人优惠开放，免费为老年人提供影视放映、文艺演出、体育赛事、图片展览、科技宣传等公益性流动文化体育服务。关注农村老年人文化体育需求，适当安排面向农村老年人的专题专场公益性文化体育服务。㉙公共文化体育场所应为老年人健身活动提供方便和优惠服务，安排一定时段向老年人减免费用开放，有条件的可适当增加面向老年人的特色文化体育服务项目。提倡体育机构每年为老年人进行体质测定，为老年人体育健身提供咨询、服务和指导，提高老年人科学健身水平。㉚提倡经营性文化体育单位对老年人提供优待。鼓励影剧院、体育场馆为老年人提供优惠票价，为老年文艺体育团体优惠提供场地。㉛公园、旅游景点应对老年人实行门票减免，鼓励景区内的观光车、缆车等代步工具对老年人给予优惠。㉜老年活动场所、老年教育资源要对城乡老年人公平开放，公共教育资源应为老年人学习提供指导和帮助。贫困老年人进入老年大学（学校）学习的，给予学费减免。

（6）维权服务优待。㉝各级人民法院对侵犯老年人合法权益的案件，要依法及时立案受理、及时审判和执行。㉞司法机关应开通电话和网络服务、上门服务等形式，为高龄、失能等行动不便的老年人报案、参与诉讼等提供便利。㉟老年人因其合法权益受到侵害提起诉讼，需要律师帮助但无力支付律师费用的，可依法获得法律援助。对老年人提出的法律援助申请，要简化程序，优先受理、优先审查和指派。各地可根据经济社会发展水平，适度放宽老年人经济困难标准，将更多与老年人权益保护密切相关的事项纳入法律援助补充事项范围，扩大老年人法律援助覆盖面。㊱要健全完善老年人法律援助体系，不断拓展老年人申请法律援助的渠道，科学设置基层法律援助站点，简化程序和手续，为老年人就近申请和获得法律援助提供便利条件。㊲老年人因追索赡养费、扶养费、养老金、退休金、抚恤金、医疗费、劳动报酬、人身伤害事故赔偿金等提起诉讼，缴纳诉讼费确有困难的，可以申请司法救助，缓交、减交或者免交诉讼费。因情况紧急需要先予执行的，可依法裁定先予执行。㊳鼓励律师事务所、公证处、司法鉴定机构、基层法律服务所等法律服务机构，为经济困难的老年人提供免费或优惠服务。

4. 参与社会发展和共享发展成果的权利

参与社会发展，就是指老年人发挥自己的才智和特长，力所能及地为社会进步做出新的贡献。我国 GDP 已经位居世界前列，财政收入连年快速增长。这些发展成果为实施基本公共服务均等共享提供了物质条件。当前，国家以解决人民群众最关心、最直接、最现实的利益问题为重点，把更多财政资金投向公共服务领域，以发展社会事业和解决民生问题为重点，优化公共资源配置，注重向农村、基层、欠发达地区倾斜，向老年人、残疾人等弱势群体倾斜，逐步形成惠及全民的基本公共服务体系，逐步实现基本公共服务均等，使全体公民在基本公共服务方面的权利得到实现和维护，努力促进区域之间、城乡之间、经济社会之间协调发展，使不同社会阶层均衡受益，由此确保全体人民公平分享经济社会发展成果，有效解决我国转型期出现的各种社会问题。

（1）国家鼓励老年人从事社会活动

根据《老年人权益保障法》的规定，国家鼓励老年人在自愿和量力的情况下，从事下列活动：①对青少年和儿童进行社会主义、爱国主义、集体主义和艰苦奋斗等优良传统教育；②传授文化和科技知识；③提供咨询服务；④依法参与科技开发和应用；⑤依法从事经营和生产活动；⑥参加志愿服务、兴办社会公益事业；⑦参与维护社会治安、协助调解民间纠纷；⑧参加其他社会活动。

（2）积极应对老龄化

“积极老龄化”的概念最早由世界卫生组织于1996年作为工作目标提出，2002年由联合国第二届世界老龄大会讨论修订并写进《政治宣言》，正式成为应对21世纪人口老龄化的政策框架。该理念认为：老年人有巨大的潜力。老年人积极参与社会不但能改善他们自身的条件，而且还能积极参与社会条件的改善。“积极老龄化”的提出，标志着“老年人是资源”的观点获得了国际社会的认同。

积极老龄化就是要以积极的态度、积极的政策、积极的行动应对人口老龄化，全社会积极接纳老年人，形成良好氛围；各方面积极做好老龄工作，促进老年人的保障、健康、参与、发展；老年人积极面对老年生活、保持身心健康、参与社会发展，提高生活品质；青壮年也要积极为未来养老做好物质和精神准备。积极老龄化包括三个方面的基本支柱，即保障、健康、参与。

树立“积极老龄观”，就是要做到“三个积极看待”。一要积极看待老年人。老年人曾为国家建设做出重要贡献，在经验、知识、技能方面具有独特优势，是经济社会发展可以依靠的重要力量。全社会都要尊重和接纳老年人，形成敬老、爱老、助老的良好氛围，同时要重视继续发挥老年人的作用。二要积极看待老年生活。老年期是人生发展的重要阶段，人人都要积极面对老年生活，老有所学、老有所为、老有所乐，保持身心健康，实现终身发展。三要积极看待人口老龄化。我国人口老龄化是经济社会发展进步的产物。我们既要看到人口老龄化带来的不利影响和各种挑战，又要看到应对人口老龄化的有利条件和发展机遇；既要发挥老年人作用，又要努力满足广大老年人不断增长的物质文化精神需求，实现经济社会的持续稳定、繁荣发展。积极老龄观是积极老龄化的内核，体现积极老龄化的根本性质和基本特征，反映积极老龄化的丰富内涵和实践要求，是积极老龄化的高度凝练和集中表达。

《关于进一步加强老年人优待工作的意见》要求政府有关部门要完善老年人社会参与方面的支持政策，充分发挥老年人参与社会发展的积极性和创造性。习近平总书记在中央政治局第32次集体学习时强调，积极应对人口老龄化要坚持党委领导、政府主导、社会参与、全民行动。

5. 其他的一些具体权利

例如：公民政治权利；婚姻自由的权利；对个人的财产，依法享有占有、使用、收益和处分的权利；有依法继承父母、配偶、子女或者其他亲属遗产的权利；有接受赠与的权利；等等。

同时，法律规定禁止歧视、侮辱、虐待或者遗弃老年人。保障老年人合法权益是全社会的共同责任。

近年来，老龄法学者对于老年人的劳动权、体育权（以广场舞为背景）、同居权（搭伴养老）、尊严离去权（安乐死），以及新权利（如过世后信息封存权等）等研究成果丰富，促进了老年人权利更加全面保护的研究。

二、老年人的维权途径

因为对于维权渠道不够熟悉，老年人在生活中受到了权益侵害，事后主动维权的比例很小，能够主动维权的老年人的维权能力也显得很弱。

《老年人权益保障法》第 73 条规定，老年人合法权益受到侵害的，被侵害人或者其代理人有权要求有关部门处理，或者依法向人民法院提起诉讼。人民法院和有关部门，对侵犯老年人合法权益的申诉、控告和检举，应当依法及时受理，不得推诿、拖延。

1. 政府服务热线

12345，即“非紧急救助服务系统”，有的地方也称“市长热线”“市政府便民电话”，是用来帮助诉求人解决生活、生产中所遇的困难和问题，是地方政府关注民生、倾听民意的平台。

各级老龄工作委员会办公室为了更好地为老年人服务，基本上都开通了老年维权热线，主要受理内容包括法律咨询、老年证办理、老年优待政策落实等咨询类问题。大多数城市的老年维权热线也都与 12345 建立联动机制，实现一号受理，为老年人服务的水平和效率不断得到提升。

2. 向消费者协会、旅游投诉受理机构投诉或者申请调解

消费者协会和其他消费者组织，是依法成立的对商品和服务进行社会监督的保护消费者合法权益的社会组织。中国消费者协会的宗旨是：依据国家有关法律法规，对商品和服务进行社会监督，保护消费者的合法权益，引导消费者合理、科学消费，促进社会主义市场经济健康发展。老年人在消费活动中权益受到侵犯，可以直接拨打 12315 热线进行投诉。

食品药品投诉可以拨打12331。12331是全国开通统一的食品药品监管部门投诉举报电话。除电话外，单位、个人可通过信件、互联网、传真、走访、手机短信等方式，向监管部门反映药品、医疗器械、保健食品、化妆品在研制、生产、流通、使用环节的违法行为以及餐饮服务环节食品安全违法行为。各级食品药品监管部门应建立专门机构，负责受理举报。接到投诉举报后，该机构要统一编码管理，专人负责，并于5日内作出是否受理的决定。对投诉举报对象及违法行为明确，并属于本行政区管辖的，应予受理。全部办结的期限一般为60个工作日，情况复杂的，延长期不得超过30个工作日。

价格虚假举报请拨打12358。12358是物价局举报电话，是更好地帮助群众和社会多方面对价格政策的了解，进一步拓宽群众举报价格违法行为的渠道，方便人民群众参与价格社会监督检查工作。

旅游投诉，是指旅游者认为旅游经营者损害其合法权益，请求旅游行政管理部门、旅游质量监督管理机构或者旅游执法机构，对双方发生的民事争议进行处理的行为。12301平台目前已实现集中受理全国31省的旅游咨询与投诉，游客通过拨打12301语音电话、12301微信公众号、微信城市服务、支付宝城市服务、国家旅游局官网，均可在全球范围内获得旅游咨询与投诉服务。12301国家旅游服务热线还与国内部分省市的12315、12345和12308中国公民领事保护热线实现信息共享，最大限度地保护旅游消费者的权益。

地方各级旅游行政主管部门应当在本级人民政府的领导下，

建立、健全相关行政管理部门共同处理旅游投诉的工作机制。旅游投诉处理机构应当在其职责范围内处理旅游投诉。

旅游投诉处理机构在处理旅游投诉中，发现被投诉人或者其从业人员有违法或犯罪行为的，应当按照法律、法规和规章的规定，作出行政处罚，向有关行政管理部门提出行政处罚建议或者移送司法机关。

3. 提请仲裁

如果老年人购买商品、服务签署了书面合同，有仲裁条款或者达成了仲裁协议，可以据此提请仲裁机构仲裁。仲裁是当事人双方自愿将其争议提交由非司法机构的仲裁员组成的仲裁庭进行裁判，并受该裁判约束的一种制度。仲裁活动和法院的审判活动一样，关乎当事人的实体权益，是解决民事争议的方式之一。

4. 向人民法院提起诉讼

出现侵权纠纷一般是协商解决，当事人也可以向人民法院提起诉讼。对公民提起的民事诉讼，由被告住所地人民法院管辖；被告住所地与经常居住地不一致的，由经常居住地人民法院管辖；因合同纠纷提起的诉讼，由被告住所地或者合同履行地人民法院管辖。

5. 向公安机关报案

如果侵权行为影响了社会治安或者依据刑法应当受到刑罚制裁的，应当通过 110 向公安机关报案或者提出控告。本书前三章所涉案件，都属于应当向公安机关举报的案件。

民事案件一般遵循不告不理的原则，即当事人不主动向国家司法机关请求，国家司法机关一般不介入干预当事人之间的纠纷。而刑事案件一般都由国家刑事司法机关主动介入，受害人或者群众报案、举报后，公安机关即会介入侦查。然后由检察院代表国家对被告人提起公诉，由法院进行公正的审判从而达到制裁犯罪人和保护人民的刑法目的。

第二节 律师的作用和如何聘请律师

律师，是指通过国家统一考试并依法取得律师执业证书，接受委托或者指定，为当事人提供法律服务的执业人员。按照工作性质划分，律师可分为专职律师与兼职律师；按照服务对象和工作身份划分，律师可分为社会律师、军队律师、公司律师和公职律师。

一、律师的作用

依照《律师法》的规定，律师应当维护当事人合法权益，维护法律正确实施，维护社会公平和正义。

（一）律师的业务范围

1. 担任法律顾问

律师可以接受自然人、法人或者其他组织的委托，担任法律顾问。担任法律顾问是我国律师的主要业务之一。

法律顾问，是指解答法律询问，提供法律帮助。例如，受当事人聘请，为当事人处理有关法律事务；或接受非诉讼事件当事人的委托，提供法律帮助；或在民事诉讼中作为当事人的诉讼代理人出庭；或在刑事诉讼中作为被告的辩护人出庭辩护。其责任是为聘请单位就业务上的法律问题提供意见，草拟、审查法律事务文书，代理参加诉讼、调解或者仲裁活动，维护聘请单位的合法权益。

2. 担任村居法律顾问

村居法律顾问律师，目前主要是指政府购买法律服务的“一村（社区）一法律顾问”律师。

在村居（社区），生活中大大小小的事情涉及的法律问题繁多且复杂多样，如果单纯依靠政府职能部门的普法以及法律援助等法律服务工作，根本无法对每一个基层村（居）提供个性化以及精细化的法律服务。所以，国家要求依托网格化管理体系，推动法律服务下沉基层，落实“一村（社区）一律师”工作模式，实现矛盾纠纷化解在基层，不断推进我国基层法治化建设。村居法律顾问律师不同于常年法律顾问。村居法律顾问律师是新时代全民普法的生力军，能主动介入邻里纠纷，定分止争，促进睦邻和谐。

我国各地政府还应当参照村居法律顾问模式设立养老机构法律顾问律师。[①] 老年人群的身体状况日下需要调理，智力转弱成

① 养老机构法律顾问制度，是北京老龄法律研究会提出的一种针对老年人的新法律服务制度构想，由政府向律师事务所购买服务，顾问律师为养老机构依法管理，为老年人个人财富传承等提供法律咨询，律师事务所为老年人遗嘱见证、监护见证只收取成本费。

为社会弱势群体，积累的财富也需要传承，所以，老年人最需要的是医养结合和律师服务。养老机构，是指为老年人提供饮食起居、清洁卫生、生活护理、健康管理和文体娱乐活动等综合性服务的机构。在养老机构，老年人相对集中，老年人的法律服务也具有很强的专业性。所以，应当参照政府为村民、居民购买公共法律服务的模式，为每一家具有一定床位规模的养老机构配备一名养老机构法律顾问，为老年人权益保护提供专业服务。

3. 担任民事、行政案件代理人

律师可以接受民事案件、行政案件当事人的委托，担任代理人，参加诉讼。在一定权限内代替或协助当事人进行民事、行政诉讼，被代替或被协助的当事人称为被代理人。“一定权限”又称为诉讼代理权限，即诉讼代理人为诉讼行为和接受对方当事人诉讼行为的权利范围。民事、行政诉讼一般由当事人亲自进行，但在当事人不能亲自到场或难以进行诉讼时，就需要有人代替或帮助其诉讼。

4. 担任辩护人、刑事诉讼代理人

律师可以接受刑事案件犯罪嫌疑人、被告人的委托或者依法接受法律援助机构的指派，担任辩护人，接受自诉案件自诉人、公诉案件被害人或者其近亲属、附带民事诉讼的当事人及其法定代理人的委托，担任代理人，参加诉讼。

辩护人是指接受被追诉一方委托或者受人民法院指定，帮助犯罪嫌疑人、被告人行使辩护权以维护其合法权益的人。辩护人具有独立的诉讼地位，他既不从属于犯罪嫌疑人、被告人，也不从属于人民检察院和人民法院。辩护人的责任是根据事实和法律，提出证明犯罪嫌疑人、被告人无罪、罪轻或者减轻、免除其刑事责任的材料和意见，维护犯罪嫌疑人、被告人的合法权益。

刑事诉讼代理，是指律师接受公诉案件的被害人及其法定代理人或近亲属、自诉案件的自诉人及其法定代理人、附带民事诉讼的当事人及其法定代理人的委托，以被代理人的名义参加诉讼，进行活动，由被代理人承担代理行为法律后果的一项法律制度。

5. 代理申诉、仲裁

律师可以接受委托，代理各类诉讼案件的申诉，参加调解、仲裁活动。

律师代理申诉，是指对人民法院已经生效的民事、行政、刑事判决、裁定，认为其认定事实的主要证据不足，或适用法律确有错误，或违反法定程序，影响案件正确裁判的，经当事人授权，律师可以代理向人民法院或检察机关提出申诉。

仲裁代理，是指在一定权限范围内，律师以仲裁当事人的名义，为当事人的利益参加仲裁活动。仲裁代理的种类有：（1）法定仲裁代理。由法律规定行使仲裁代理权的人，基于亲权或监护权而产生。（2）指定仲裁代理，是指被仲裁机关指定代理当事人进行仲裁活动，其代理权是基于仲裁机关的委托而产生。（3）委托仲裁代理，是指根据被代理人的委托授权而代为进行仲裁活动。委托代理人参加仲裁必须向仲裁机关提交由委托人签名或者盖章的授权委托书，委托书必须证明委托事项和权限。委托代理人代被代理人承认、变更请求、提起反诉，必须有被代理人的特别授权。

6. 非诉讼法律服务

律师可以接受委托，提供非诉讼法律服务：解答有关法律的询问、代写诉讼文书和有关法律事务的其他文书。

非诉讼法律事务，就广义上来讲，是针对诉讼法律事务而言的，是诉讼法律事务的对称。而在此应作狭义解读，是指法律顾问、诉讼、仲裁以外的法律事务。

（二）聘请律师的意义

新时代全面推进依法治国总目标，是建设中国特色社会主义法治体系、建设社会主义法治国家。法治化必然导致国家法律体系的纷繁复杂，法律事务的处理已经成为一项理论性、技术性都非常强的专业活动，客观上要求法律事务需要由法律专业人士来处理。律师正是这种社会分工和社会需求的产物。

老龄法律服务专业律师，是老龄化法律应对不可或缺的重要力量。因为“法律规定的不完善与缺位，是应对老龄化的短板。律师的作用之一就是专业‘造法’，在法律制度不健全的领域，或者一时规范不能的方面，律师可以在法不禁止的空间内通过建立有效合同关系来弥补法律规定的不足或者不能”[①]。法不禁止且不违背公序良俗皆可为，有效合同即合同当事人之间必须遵守的法律文件。

实践证明，由具备一定法律知识和工作经验的律师来处理法律事务，既可以防范法律纠纷，也可以更好地解决法律纠纷，最大限度地避免或降低经济损失，有效地保障公民、法人的合法权益。

在诉讼或仲裁程序中，最好聘请律师作为代理人，至少也应

① 陈洪忠：《律所的转型与突围——如何打造老龄法律专业律师团队》，载陈洪忠、王冬梅主编：《全国老龄法律论坛 2016 年卷》，法律出版社 2017 年版，第 215 页。

该向律师进行一些咨询。

首先，开庭如战场，需要唇枪舌剑。律师通晓法律，能够指点迷津，较快而准确地指出已经存在的和可能面临的法律问题，并且给出相应的对策。

其次，律师熟悉诉讼、仲裁中的程序性事务，从而使诉讼、仲裁工作的效率大大提高。

最后，律师作为诉讼代理人，在调查取证、查阅案卷以及参加诉讼活动时比普通公民代理更为方便，有利于案件的进行。

在从事一般的人身权、财产权等民事活动中，如权利的取得、转让、交易、许可使用，合同的订立、履行，商务谈判等，聘请律师是为了防范法律纠纷，一方面可以尽可能地避免、减少纠纷，另一方面可以确保在纠纷发生时自己处于最有利的法律地位。

二、如何聘请律师

老年人如何找律师为自己提供法律帮助呢？一般分为聘请律师、申请法律援助和向村居法律顾问咨询三种主要渠道。目前，中国法律服务网（即 12348 中国法网，网址为 www. 12348. gov. cn）正在完善中，可以为社会提供线上法律服务。

1. 聘请律师

到律师事务所聘请律师提供法律服务，这是最正统、最通常、最有效的维权途径。

律师必须在一家律师事务所执业，大多数律师事务所的律师都有专业分工，律师一般都有自己的业务专长。这就像是医院分的科室，医院越大一般科室也就越多，分工越细也就越专业。

律师事务所都是自负盈亏，客户应当按照律师事务所的收费标准缴纳服务费。律师费会因律师事务所的不同和具体承办律师的不同而有区别，有的差距还比较大，聘请律师时可以选择几家律师事务所进行比较后再行确定。

确定律师费时，首先要考虑当地律师费的平均水平，其次要考虑律师本人和所在律师事务所的实际情况。一般说来，处理法律事务的需时长短，律师本人的资历、学历、工作业绩，律师事务所的规模、影响力、可能提供的保障条件、支持等，都是影响律师费的重要因素。客户还需支付律师在办案中的合理支出，如鉴定费、公证费、差旅费等。

收费方法主要有三种：计件收费，主要针对法律咨询、代写文书等事务；按标的比例收费，主要针对涉及财产关系的法律事务；计时收费，主要针对代理诉讼、仲裁等案件。

确定律师以后，要与律师事务所签订律师服务合同，根据律师服务合同的约定向律师事务所支付律师费，并由律师事务所出具税务发票。

2. 申请法律援助

法律援助是为经济困难或特殊案件的当事人给予无偿提供法律服务帮助，而由国家购买律师服务的一项法律保障制度。

第一，以下情况可以申请法律援助：

（1）公民依法请求国家赔偿的。

（2）公民请求给予社会保险待遇或者最低生活保障待遇的。

（3）公民请求发给抚恤金、救济金的。

（4）公民请求给付赡养费、抚养费、扶养费的。

（5）公民请求支付劳动报酬的。

（6）公民主张因见义勇为行为产生的民事权益的。

（7）公民因医疗事故、交通事故、工伤事故造成的人身损害赔偿案件。

（8）公民因家庭暴力、虐待、重婚等，受害人要求离婚及人身损害赔偿案件。

（9）刑事案件中外国籍被告人没有委托辩护人，人民法院指定律师辩护的，可获法律援助。

第二，对以下刑事案件当事人应当提供法律援助：

（1）犯罪嫌疑人在被侦查机关第一次讯问后或者采取强制措施之日起，因经济困难没有聘请律师的。

（2）公诉案件中的被害人及其法定代理人或者近亲属，自案件移送审查起诉之日起，因经济困难没有委托诉讼代理人的。

（3）自诉案件的自诉人及其法定代理人，自案件被人民法院受理之日起，因经济困难没有委托诉讼代理人的。

（4）公诉人出庭公诉的案件，被告人因经济困难或者其他原因没有委托辩护人，人民法院为被告人指定辩护时，法律援助机构应提供法律援助。

（5）被告人是盲、聋、哑人或者未成年人而没有委托辩护人的，或者被告人可能被判处死刑而没有委托辩护人的，人民法院为被告人指定辩护时，法律援助机构应当提供法律援助，无须对被告人进行经济状况的审查。

第三，对老年人的法律援助各地规定不尽相同。

国家规定，老年人因其合法权益受到侵害提起诉讼，需要律师帮助但无力支付律师费用的，可依法获得法律援助。对老年人提出的法律援助申请，要简化程序，优先受理、优先审查和指派。各地可根据经济社会发展水平，适度放宽老年人经济困难标准，将更多的与老年人权益保护密切相关的事项纳入法律援助补充事项范围，扩大老年人法律援助覆盖面。

有的地方规定了“两个凡是”：凡是涉及农村“五保”老人和享受最低生活保障、农村特困户救济等贫困老年人需要法律援助的，优先受理、优先审核和优先指派；凡是对行动不便的老年人电话、网上申请援助的，法律援助中心提供“上门式、预约式、一站式”服务，指派律师进行上门服务，代理老年人诉讼。

天津市规定对70岁以上以及患有重大疾病的老年人，一律免于经济审查；开辟“老年人法律援助绿色通道”，对老年人咨询、申请援助做到优先接待、优先受理、优先审查、优先指派，简化办事程序、快速办理；对高龄、患病、失能等确有困难的老年人，主动提供预约上门服务。

法律援助是为经济困难或特殊案件未聘请律师的人给予无偿提供法律服务帮助，由国家向有意公益付出的律师事务所购买的律师服务。由于国家支付的律师服务的资金补助有限，也禁止向援助对象另行收取费用，服务律师只提供不低于基本标准的法律服务。

3. 村居法律顾问

2018年，全国已经基本建成村居法律顾问全覆盖，基本实现村居法律顾问微信群全覆盖。老年人可以通过村委会、居委会（社区）加入本村居法律顾问微信群，有法律上的问题主要通过线上进行咨询。以北京为例，村居法律顾问律师服务费由区财政统一支出解决，村居法律顾问律师到社区提供现场法律服务每月不少于一次，每个月律师补助费平均在350元至700元不等。村居法律顾问属于律师的半公益法律服务。

4. 12348中国法网

目前我国已经逐渐完善12348中国法网。老年人足不出户，通过网络就能享受到便捷高效的法律服务，可以提问、咨询、查询，由专人予以解答。可以通过中国法网了解律师的服务“产品”，了解律师的基本情况，为线下聘请律师提供客观帮助。

我国正在大力推进法网的四级平台建设，在区县和乡镇两级建设公共法律服务中心，逐渐把法律援助、法律服务、法治宣传、人民调解等职能都放在这个中心平台里，建立窗口化的服务平台，为老年人提供窗口化的服务。

第三节 社会组织在老年维权中的作用

社会组织，是人们为了有效地达到特定目标，按照一定的宗旨、制度、系统建立起来的共同活动集体，包括政党、政府、企业、公司、学校、医院等。根据《民法总则》的规定，社会组织包括法人组织和非法人组织，法人组织包括营利法人、非营利法人和特别法人。

法人是具有民事权利能力和民事行为能力，依法独立享有民事权利和承担民事义务的组织。以取得利润并分配给股东等出资人为目的成立的法人，为营利法人；为公益目的或者其他非营利目的成立，不向出资人、设立人或者会员分配所取得利润的法人，为非营利法人。机关法人、农村集体经济组织法人、城镇农村的合作经济组织法人、基层群众性自治组织法人，为特别法人。非法人组织是不具有法人资格，但是能够依法以自己的名义从事民事活动的组织。

非营利性法人，包括捐助法人（基金会、社会服务机构、宗教活动场所）、社会团体法人、事业单位法人等；特别法人包括基层群众自治性组织、农村集体经济组织、机关法人等；非法人组织包括个人独资企业、合伙企业、律师事务所等不具有法人资格的专业服务机构。

社会团体，是指由公民或企事业单位自愿组成，为实现会员共同意愿，按照其章程开展活动的社会组织，包括行业性社团、学术性社团、专业性社团和联合性社团；基金会，是指利用捐赠财产从事公益事业的社会组织，包括公募基金会和非公募基金会；社会服务机构，是指自然人、法人或者其他组织为了提供社会服务，主要利用非国有资产设立的非营利性法人。

一、助老社会组织概况

根据《老年人权益保障法》第7条的规定，保障老年人合法权益是全社会的共同责任；国家机关、社会团体、企业事业单位和其他组织应当按照各自职责，做好老年人权益保障工作；基层群众性自治组织和依法设立的老年人组织应当反映老年人的要求，维护老年人合法权益，为老年人服务。

助老社会组织，是指依法设立的以服务老年人为主要内容，以满足老年人需求为主要活动目的，或以老年人为参与主体的，非政府性的社会组织，如老年学协会、老年大学协会、老年医学会、老年保健协会、老龄基金会、老龄法学会、老年人体育协会、老龄产业协会、阿尔茨海默病防治协会、老科技工作者协会、老教授协会等。

社会组织在经济、社会、环境及文化等多个领域扮演着重要角色。党的十八大对如何转变政府职能、发挥社会组织在社会管理和公共服务中的作用指明了方向。越来越多的地方政府通过购买社会组织服务，让辖区老年人的生活更加多彩。

1. 基层群众性自治组织

基层群众性自治组织，是我国在城市和农村按居民的居住地区建立起来的居民委员会或者村民委员会，是城市居民或农村村民自我管理、自我教育、自我服务的组织。

民政部、公安部、司法部、财政部、人力资源社会保障部、文化部、卫生计生委、国务院扶贫办和全国老龄办《关于加强农村留守老年人关爱服务工作的意见》要求，发挥村民委员会在农村留守老年人关爱服务中的权益保障作用。村民委员会要在县乡两级政府的统筹协调和组织引导下，加强留守老年人关爱服务工作。协助做好辖区内留守老年人基本信息摸查；以电话问候、上门访问等方式，定期探访留守老年人，及时了解留守老年人生活情况，将存在安全风险和生活困难的留守老年人作为重点帮扶对象，村民委员会要及时通知并督促其子女和其他家庭成员予以照顾，同时报告乡镇人民政府。将关爱服务纳入村规民约，推动形成孝敬父母、尊重老人、互帮互助、邻里相亲的良好乡村社会风尚。鼓励乡贤人士、社会爱心企业和个人资助开展留守老年人关爱服务。

2. 依法设立的老年人组织

社区老年协会，是社区老年人互助组织，其宗旨是维护老年人合法权益，增进老年人社会福利水平。社区老年协会接受村委会、居委会领导，其活动场所与经费由村委会、居委会或自己解决。由于老年协会获得社会资源的渠道较多，开展的老人互助与社会公益活动也较多，因而在许多地区，老年协会成为最富有活力的民间草根组织。

根据2014年全国老龄办的统计，我国城镇社区老年协会约7万个，覆盖率为78.23%，农村社区老年协会约41万个，覆盖率为69.42%。

从近几年的情况看，仍有一些地方对基层老年协会的重视程度不高，经费投入较少；有的基层老年协会能力水平偏低，工作活动形式化；有的基层老年协会功能发挥“空壳化”；还有的老年协会运行被“边缘化”等，一些存在的问题不容忽视。

3. 依法成立的社会团体

以北京老龄法律研究会为例，它是北京市法学会所属的法学专门研究机构，是在北京市民政局登记注册的独立社团法人单位，是学术性群众团体。研究会是以老龄法为研究对象的社会组织，倡导“法护老人权益，保驾老龄产业”，以“研究老龄法律、繁荣老龄法学、培养专业律师，积极应对老龄化”为办会宗旨。该研究会得到了北京各法学院校专家学者的大力支持，与社会信誉良好的多家律师事务所形成了良好的合作关系，获得了诸多社会组织、养老机构和老龄产业界的充分肯定。研究会还吸收了北京大学、中国政法大学、西南政法大学、辽宁大学、辽宁师范大学、华东政法大学、西南交通大学、河南科技大学、长春理工大学、厦门大学、西北政法大学、曲阜师范大学、山东师范大学、首都经贸大学、中央财经大学、北方工业大学等院校100余名老龄法学专家学者为特约研究员，合作开展了多项研究。北京老龄法律研究会承接各种应对老龄化的法律问题研究课题，为各级政府、老龄产业、老年人提供专业的顾问咨询服务，培训老龄业的管理人才，开展国际交流等日常活动。研究会还每年举办一届全国老龄法律论坛、一届京津冀老龄法律研讨会和若干次老龄化法律应对主题沙龙，定期出版专业书刊，开展老龄法治的普法宣传等工作。

二、助老社会组织的作用

社会组织是我国社会养老服务体系的重要依托。国家发展城乡社区养老服务，鼓励、扶持专业服务机构及其他组织和个人，为居家的老年人提供生活照料、紧急救援、医疗护理、精神慰藉、心理咨询等多种形式的服务。

1. 监督赡养协议的履行

根据《老年人权益保障法》的规定，经老年人同意，赡养人之间可以就履行赡养义务签订协议。赡养协议的内容不得违反法律的规定和老年人的意愿。基层群众性自治组织、老年人组织或者赡养人所在单位监督协议的履行。

赡养人、扶养人不履行赡养、扶养义务的，基层群众性自治组织、老年人组织或者赡养人、扶养人所在单位应当督促其履行。

2. 承担遗赠扶养协议义务

根据《老年人权益保障法》的规定，老年人可以与集体经济组织、基层群众性自治组织、养老机构等组织或者个人签订遗赠扶养协议或者其他扶助协议。负有扶养义务的组织或者个人按照遗赠扶养协议，承担该老年人生养死葬的义务，享有受遗赠的权利。

3. 承担居家养老服务

根据《老年人权益保障法》的规定，地方各级人民政府和有关部门、基层群众性自治组织，应当将养老服务设施纳入城乡社区配套设施建设规划，建立适应老年人需要的生活服务、文化体育活动、日间照料、疾病护理与康复等服务设施和网点，就近为老年人提供服务。

据报道，黑龙江省哈尔滨市道里区政府通过购买社会组织服务，让辖区老年人的生活更加多彩。2017 年，道里区通过引入 7 家社会组织开展助餐、助浴、助医、助学、助安、助智、助乐、助聊、助力、助康共“十助”为老服务项目，在抚顺社区、丽水社区、民生尚都社区等 120 个社区全面启动，受益老人达 3000 余人，服务总人次达 3 万余人次，满足了老年人生活和精神服务需求，受到老年人的广泛欢迎。

结　语

综观本书的182个案例①，老年人频频上当被骗已经成为一个不容忽视的社会现象。除了要严厉打击相关诈骗犯罪活动，依法严惩不法分子，不断提高老年人识骗、防骗的能力以外，治标更要治本，加强立法引导与规范、为老年人创造一个良好的社会环境十分必要。

一、提倡积极养老，推动老年人劳动权的立法保护

截至2018年年底，我国60周岁及以上人口达2.49亿人，目前中国已经成为世界上老龄人口规模最大的国家，并呈现出高度老龄化的发展态势。

“人活七十古来稀”的年代相去不远，在传统文化中，老年群体衰弱、迟钝、糊涂，是一副依附性的形象，老年人是养老服务被动的接受者，即“待养群体”，我们称之为消极的养老模式。

随着“长寿时代”的到来，大部分60多岁的人都明确反对用‘养老”来形容自己。有的去周游世界，有的希望补充新知识，希望继续工作，甚至希望再创业。在自由职业领域，80多岁

① 第一、二、三章，典型案例分别为50个、30个、47个，共127个；防骗攻略另引案列分别为6个、8个、41个，共55个。

仍在执业的律师不在少数，94 岁的叶传岵律师仍能挤地铁出行，还能全国各地出差办案，据说还有至96 岁仍每年坚持注册律师执业资格证的。积极老龄化，是指人到老年时为了提高生活质量，使健康、参与和保障的机会尽可能获得最佳的过程。积极老龄化行动包含三个主要的方向，即健康、参与、保障。积极老龄化，就是要改变消极养老的局面，倡导和依法保障老年人用自己积累的知识、技能和经验，多做有益于国家、社会和邻里之事，使老年人退休后仍可做出贡献。

本书中许多欺诈老年人的犯罪案件都是因为老年人消极养老造成的孤独、空虚导致的，积极老龄化可以有效避免一些案件的发生。但是，不仅现行法律对积极养老缺少保障，而且《劳动合同法实施条例》第 21 条还规定："劳动者达到法定退休年龄的，劳动合同终止。"即《劳动合同法》所调整的劳动合同，只能是用人单位与未达法定退休年龄的劳动者之间建立的劳动合同。《国务院关于工人退休、退职的暂行办法》规定，男年满 60 周岁，女年满 50 周岁的应当办理退休。因此，60 岁以上的老年人不是法律意义上的劳动者，这是积极养老遭遇的一个实际法律障碍。

中央全面依法治国委员会在第二次会议上指出："要积极推进重点领域立法，深入推进科学立法、民主立法、依法立法，提高立法质量和效率，不断完善以宪法为核心的中国特色社会主义法律体系，推动形成比较完善的党内法规制度体系。"① 我们应当通过积极养老法律保障体系的建立，消除社会对老年人的歧视和

① 《习近平主持召开中央全面依法治国委员会第二次会议并发表重要讲话》，载中国政府网 http：//www.gov.cn/xinwen/2019 －02/25/content_ 5368422.htm，最后访问日期：2019 年6 月12 日。

偏见，设计提升老年人价值创造能力的措施，规范老年人价值创造的机会、条件和环境，保障老年人的价值创造活动。“莫道桑榆晚，为霞尚满天。”通过理念引领、政策支持和系统化的制度安排，使积极老龄化落到实处，赋予老年群体以新的社会使命，让他们有途径释放更多正能量，做出更多新贡献。

数十年的计划生育导致“人口红利”消失了，如果能有一个适当的老龄社会法律制度体系作保障，“长寿红利”必将发扬光大。

二、推动以房养老，解决好美好晚年生活的资金困境

2018 年 7 月 31 日，银保监会发布了《关于扩大老年人住房反向抵押养老保险开展范围的通知》，即从同年 8 月起把老年人住房反向抵押养老保险推广至全国范围。

以房养老，是指老年人将拥有产权的房屋资产抵押给保险公司，老年人不仅可以继续居住，每个月还可以从保险公司领取一笔养老保险金，如果入住养老机构后将房屋出租又可得一份租金。老年人身故后，保险公司再通过处理遗房来获得保费等相关费用。房屋是许多老年人的重要资产，按传统观念一般要将房产传承给后人继承，以房养老将房产价值的 1/2 至 2/3 转换成稳定的现金流，如果用于 70 岁以后的养老，保守估计也要远高于现在养老金的数额，这无疑可对老年人实现美好晚年生活提供不可替代的资金支持，关系到老年人十分重要的财产权利的处分。以房养老市场规范了，“以房养老”诈骗案就会被杜绝，大部分“理财”类骗术也就难以施展了。

从目前我国现状来看，自 2015 年开始的以房养老保险试点总体是运行平稳的。不过，4 年来，虽有多家保险公司得到了试点

资格，但实际开展业务的仅幸福人寿一家。截至2018年7月底，幸福人寿累计承保139单（99户），签约意向客户201单（141户），其中北京、上海、广州三地的保单数占总数的80%。应当讲，这一举措虽对“以房养老”工作有一定的促进作用，但其作用不甚理想且存在着亟待解决的一些问题。这些问题的存在不仅阻碍了这一措施的进一步推广，而且也使“以房养老”的措施趋于“萎缩”。就主要问题来看，其主要表现在：我国“以房养老”政策宣传的力度不够，社会上的“养儿防老”传统观念难改；房价走势难料，保险银行等险企行动懈怠；为了避免社会的负面作用，一些地方政府往往回避“以房养老”措施落地；国家的政策措施与法律规范尚未到位与完善，使得一些犯罪分子有机可乘，侵害老年人的合法权益。从目前来看，由于上述问题的存在，银保监会从2018年8月起把老年人住房反向抵押养老保险推广至全国范围的措施陷入了困境。

为了进一步推进和落实我国老年人住房反向抵押养老保险的工作，特提出以下几点对策与建议：

其一，积极宣传，正确引导。就我国国情而言，目前我国老年人的收入及养老保险金等较低，但大多数老年人拥有一定不动产，政府应在养老政策的正确实施下，充分发挥国家、单位与个人三方的作用，并有效地利用我国老年人这一特点。我们应当积极宣传，正确引导，使“以房养老”的政策与措施得以推广贯彻与切实执行。

其二，建规立制，保障运行。应当抓紧制定“以房养老”的法治体系，引导和规范市场行为。既要保障好老年人利益防止相关险企暴利，又要平衡好房价不稳带来的企业风险；既要促进

“以房养老”的稳步发展，又要把握住不要给房价和消费市场带来太大的冲击（考虑到房屋财产盘量巨大）；既要做好事前、事中的市场监管保障好老年人权益，又要在事后管理好所遗房产，投入必要的修缮资金，注重遗房的智慧功能与环保安全，促使房屋的保值增值，保障好后人的合法权益。

其三，扩大产品供给端，使“以房养老”产品更加多元化。在“以房养老”政策下，可建立政府“以房养老”的补偿基金制度，根据我国房地产市场的变化，应对险企所面临因房价波动等不确定因素造成的亏损风险，使“以房养老”措施得到平稳的实施。与此同时，在向全国推广的过程中，还可以考虑逐步扩大“不动产”的范围，将其他类型的不动产，如商业类房产、共有产权住房、农村宅基地房产、农村家庭承包的土地使用权等列入抵押范围，以便解决更多老年人（包括城乡）的收入问题。

其四，强化政府协调与监管功能和作用。面对金融与保险机构所面临房价下跌的风险，政府可以成立专门的担保或保险机构，以资产证券化、保险产品等风险缓释工具来化解因房价下跌给险企带来的风险。与此同时，政府还应当强化其监管的功能与作用，为了确保“以房养老”的老年人的合法权益，政府应当对于“以房养老”的金融及保险公司的资质进行相应的事前许可、事中监管与事后监察，从而使“以房养老”依法得到真正的贯彻执行。

其五，发挥社会组织作用。因为房屋性质、权属、价值计算、市场等均可能存在差异，事中、事后利益分配的诉求也会存在差异，所以需要专业复杂的法律服务、财务服务的参与。同时，在做好“以房养老”的同时，可以研究扩大到老年人运用其他不动产财产权益反向抵押保险的举措，开发老年人养老的资金来源。

其六，“老年人住房反向抵押养老保险”已是国际上较为成熟、普遍的金融养老、“以房养老”方式之一。因此，在实施“以房养老”过程中，可根据我国老龄化社会以及老年人的一些具体国情，积极研判国外的先进经验，借鉴相应的教训，从而使“他山之石”为我而用。

三、普及法律服务，为老年人财富安全筑起钢铁长城

人生的老年阶段，对医、对法的需求最为迫切。老年人法律意识提高，或者身边有律师经常提供法律服务，可以帮助传承家庭财富、合理有效支配个人财产，重要的是可以防范大部分欺诈类犯罪行为的侵害。

2012 年以来，全国各地陆续组织开展了律师深入村（居）委会开展“法律服务村居行”和担任村（居）委会法律顾问活动，为城乡居民就近、便捷提供了优质、高效的公益法律服务，取得了良好的法律效果和社会效果。到 2018 年，全国已经基本建成村居法律顾问全覆盖，村居法律顾问制度基本建立。从村居法律顾问实践看，接受法律服务的老年村居民占总服务量的 80% 以上，说明老年人的法律服务需求更加迫切。养老机构是老年人相对集中的场所，封闭管理并以高龄老年人居多。政府应当投入必要资金，参照“一村（社区）一律师”的模式，建立养老机构法律顾问制度。

建立养老机构法律顾问制度，可以促使律师更加专业地服务老年人，同时可以促进村居法律顾问为适应老龄社会开展专业培训。这既促进了律师队伍老龄法律知识的学习和服务水平的提高，也从根本上解决了老年人群普法维权的制度化工作。

除了以上三个重要方面急需加强立法引导与规范之外，老年

人再婚难的研究成果已经很多，搭伴养老的同居法律保障仍然缺位；长照护工的人才培养、发展、表彰机制没有建立，教育停留在一般技能培养阶段；律师提供见证服务的行为规范疏密无序，服务老年人的执业风险较大；行政执法、司法裁判在事关老年人权益保护方面尺度不一，法律效果彰显不够；孝老、敬老的制度体系和社会环境远未形成，伤老、坑老、轻老行为缺少法律引导、规范与震慑……老年人权益保障积极宣传、常抓不懈固然重要，但是，只有以上这些法律制度早日安排得当有序，才是老年人权益得到切实保障之时。“让老年人拥有幸福的晚年，后来人就有可期的未来。”期待法律人积极行动起来，让我们共同来建设老龄社会应有的法律制度体系。

最后，本书案例都是人民法院近期审判的典型案例，能够为老年人的财产安全提供有益的帮助，是作者的最大期待。本书的法律宣传是否有作用，还需要看“疗效”。如果读者因为本书而识破了某一骗局，免遭财产损失，希望能够及时给作者寄一封短信告知经过，以便我们在继续研究时参考。有来无回非礼也，待下一本老年人维权著作出版后，我们将在第一时间寄送一本新书以示敬意。[反馈邮寄地址：北京市石景山区石景山路金融街（长安）中心 54 号院 4 号楼 7 层，北京老龄法律研究会老年人防骗维权与研究中心收；电子邮件地址：bjhongzhong@163.com]

图书在版编目（CIP）数据

老年人防骗维权攻略/陈洪忠，陈子钧，韩洪著
.—北京：中国法制出版社，2019.9（2020.12重印）
ISBN 978-7-5216-0540-2

Ⅰ.①老… Ⅱ.①陈… ②陈… ③韩… Ⅲ.①诈骗-鉴别-案例-中国 Ⅳ.①D669.8

中国版本图书馆 CIP 数据核字（2019）第 194645 号

策划/责任编辑　黄会丽　赵律玮　　　封面设计　李　宁

老年人防骗维权攻略

LAONIANREN FANGPIAN WEIQUAN GONGLÜE

著者/陈洪忠，陈子钧，韩洪
经销/新华书店
印刷/三河市国英印务有限公司
开本/710 毫米×1000 毫米　16 开　　　印张/19.5　字数/186 千
版次/2019 年 9 月第 1 版　　　2020 年 12 月第 3 次印刷

中国法制出版社出版
书号 ISBN 978-7-5216-0540-2　　　定价：48.00 元

北京西单横二条 2 号　邮政编码 100031　　　传真：010-66031119
网址：http://www.zgfzs.com　　　**编辑部电话：010-66071862**
市场营销部电话：010-66033393　　　**邮购部电话：010-66033288**

（如有印装质量问题，请与本社印务部联系调换。电话：010-66032926）